HISTÓRIA DAS CRUZADAS

Com Ilustrações de Gustave Doré

Voltaire
Com Ilustrações de Gustave Doré

HISTÓRIA DAS CRUZADAS

Tradução:
Jefferson Rosado

MADRAS®

Publicado originalmente em francês sob o título *Histoire des Croisades*.
Direitos de tradução para todos os países de língua portuguesa.
© 2015, Madras Editora Ltda.

Editor:
Wagner Veneziani Costa

Produção e Capa:
Equipe Técnica Madras

Tradução:
Jefferson Rosado

Revisão da Tradução:
Fulvio Lubisco

Revisão:
Margarida Ap. Gouvêa de Santana
Ana Paula Luccisano
Jerônimo Feitosa

Dados Internacionais de Catalogação na Publicação (CIP)
(Câmara Brasileira do Livro, SP, Brasil)

Voltaire, 1694-1778.
 História das Cruzadas / Voltaire ; com
ilustrações de Gustave Doré ; tradução
Jefferson Rosado. -- São Paulo : Madras, 2015.
 Título original: Histoire des Croisades
 ISBN 978-85-370-0970-3

 1. Cruzadas - História I. Doré, Gustave,
1832-1883. II. Título.

15-05521   CDD-909.07

Índices para catálogo sistemático:
1. Cruzadas : Idade Média : História 909.07

Os direitos de tradução desta obra pertencem à Madras Editora, assim como a sua adaptação e a coordenação. Fica, portanto, proibida a reprodução total ou parcial desta obra, de qualquer forma ou por qualquer meio eletrônico, mecânico, inclusive por meio de processos xerográficos, incluindo ainda o uso da internet, sem a permissão expressa da Madras Editora, na pessoa de seu editor (Lei nº 9.610, de 19.2.98).

Todos os direitos desta edição, em língua portuguesa, reservados pela

MADRAS EDITORA LTDA.
Rua Paulo Gonçalves, 88 – Santana
CEP: 02403-020 – São Paulo/SP
Caixa Postal: 12183 – CEP: 02013-970
Tel.: (11) 2281-5555 – Fax: (11) 2959-3090
www.madras.com.br

Índice

Introdução à Edição Brasileira 7
O Oriente no Tempo das Cruzadas
e o Estado da Palestina................................23
Da Primeira Cruzada à Tomada de Jerusalém 31
Cruzadas desde a Tomada de Jerusalém. Luís, o Jovem, Toma a Cruz. São Bernardo, Que Também Faz Milagres, Prediz Vitórias e as Batalhas Acontecem. Saladino Toma Jerusalém; Suas Façanhas; Sua Conduta. Como Foi o Divórcio de Luís VII, Chamado de o Jovem, Etc. 45
Saladino 55
Os Cruzados Invadem Constantinopla. Infortúnios dessa Cidade e dos Imperadores Gregos. Cruzada ao Egito. Aventura Singular de São Francisco de Assis. Desgraça dos Cristãos....................................65
São Luís. Seu Governo, Sua Cruzada, o Número de seus Navios, Suas Despesas, Sua Virtude, Sua Imprudência, Seus Infortúnios...79

Sequência à Tomada de Constantinopla pelos Cruzados.
O que Era, na Época, o Império Grego 91
Notas 97
Maomé: Furor e Sedução 117
Notas do Posfácio 125
Vida de Voltaire 131
Referências Bibliográficas 137
    Obras de Voltaire 137
    Estudos sobre Voltaire 138
    Estudos sobre as Cruzadas 139
Ilustrações de Doré sobre as Cruzadas 140

Introdução à
Edição Brasileira

Meus Caros Irmãos Cavaleiros,
Recebam os meus mais sinceros votos de Luz, Amor e Paz...

"Grande insensatez pensar que um poder transitório tenha força para fazer calar a posteridade. Pelo contrário, a perseguição feita aos homens de talento aumenta-lhes a autoridade: os reis e todos aqueles que têm usado dessa violência apenas conseguiram glorificar a eles e desonrar-se a si próprios." [Cornélio Tácito].

E quem tem Deus no coração sabe que não há mal que vingue, nem inveja que maltrate, nem inimigos. Porque para todo mal existe cura.

Ah, inveja, esse sentimento tão antigo quanto o homem... A cada dia que passa mais me espanto com a relação direta que existe entre a baixa autoestima e o sentimento de inveja dos seres humanos. É incrível como uma pessoa com seu senso de valor em baixa é capaz de se sentir ameaçada com o sucesso e o brilho dos outros!

O filósofo inglês Bertrand Russell disse: "O invejoso, em vez de sentir prazer com o que possui, sofre com o que os outros têm". Por que será que a felicidade desperta o sentimento de inveja em pessoas infelizes? Acredito que seja porque o outro que não casou ainda, que não subiu na vida, que não é tão belo, se sente infeliz, mas tão infeliz, a ponto de desejar ser outra pessoa.

Nesse desejo de querer ser o outro, ele olha para aqueles que estão à sua volta vivendo uma vida feliz e se sente incomodado. Ele tenta de todas as maneiras conquistar aquela felicidade para si. Como se a felicidade pudesse ser roubada ou tirada do outro.

Começo esta introdução agradecendo ao Grande Priorado do Brasil das Ordens Unidas, Militares, Religiosas e Maçônicas do Templo e de São João de Jerusalém, Palestina, Rodes e Malta. Conheço muitos homens de bem e tenho a grata satisfação de dirigir essa Ordem.

Faço o que tem de ser feito. Sinto que tudo o que me é possível fazer para o engrandecimento e desenvolvimento dessa Ordem tenho realizado, uma sensação de dever cumprido a cada ação concluída... Espero que esta obra seja muito divulgada. Não poderia ela ficar nas estantes acumulando poeira. Além das obras que editamos sempre em prol da disseminação da cultura maçônica e outras que somente contribuem para o desenvolvimento cultural e espiritual de milhares de seres humanos...

Mas sabem de uma coisa? Essa história eu escreverei depois, pois vamos agora viajar na história contada na época das cruzadas...

Um Pouco de História

"Desde o século IV, um terço da Terra é vítima de emigrações quase que contínuas. Os hunos, vindos da Tartária chinesa, estabelecem-se finalmente à beira do Danúbio de onde, comandados por Átila, penetraram nas Gálias e na Itália e fixaram-se na Hungria. Os hérulos e os godos conquistam Roma. Os vândalos, das margens do mar Báltico, subjugam a Espanha e a África. Os burguinhões invadem uma parte das Gálias e os francos invadem a outra parte. Os Mouros escravizam os visigodos, conquistadores da Espanha, ao mesmo tempo que outros árabes estendiam suas conquistas pela Pérsia, Ásia Menor, Síria e o Egito. Os turcos, a partir da margem oriental do mar Cáspio, dividem os Estados conquistados pelos árabes. Os cruzados da Europa inundam a Síria em um número maior de pessoas do que todas essas nações juntas jamais tiveram em suas emigrações, enquanto o tártaro Gêngis subjuga a Ásia alta. Apesar disso, passado algum tempo, nenhum traço restou das conquistas dos cruzados; Gêngis Khan, ao contrário, como também os árabes, os turcos e outros, estabeleceram domínios longe de suas pátrias.

Talvez seja fácil descobrir as razões do pouco sucesso dos cruzados. Nada nessa época era fácil... Deu para se ter uma pequena ideia do conflito dos interesses de tantos povos... Pelas muralhas e portas, derrubando, destruindo ou prendendo fogo no que se lhe opunha, o exército vencedor penetra então na cidade. O ferro semeia por todas as partes a desolação e a morte, o luto e o horror, suas companheiras. O sangue forma lagos ou corre em arroios, que arrastam no seu curso cadáveres e moribundos." – Torquato Tasso – *Jerusalém Libertada*, canto XVIII, 1575.

"Insondáveis são os desígnios do Senhor!" Assim meditavam os cavaleiros cruzados na sua marcha pela Palestina em junho de 1099. Desde que saíram de Alepo, na Síria, em direção à Cidade Santa, só encontravam pelo caminho areia, pedras e chão árido, esturrado. O Jordão foi-lhes outra decepção. Cavaleiros viajados, como Godofredo, Tancredo e Boemondo, que conheciam os rios europeus, o pó e o Danúbio, largos, fluentes, desiludiram-se ao verem a modéstia daquelas lodosas águas beatas, e, no entanto, fora nelas, dizia a Santa Escritura, que João, o Batista, ungira Nosso Senhor Jesus Cristo. Na expedição vinham ainda, sob o comando dos barões, uns 10 mil homens, tendo a fome e a sede como companheiras. Seria mesmo ali, intrigavam-se, que se dera a Encarnação?

Confirmava, porém, ser aquele um lugar milagroso, a existência de inúmeras capelinhas erguidas pelos peregrinos que, em devoção, homenageavam ali antiquíssimas relíquias. Numa delas, pasmem, encontraram até uma lasca da Arca de Noé! Mais espantados ficaram os cruzados quando lhes mostraram onde forjaram os cravos que prenderam o Salvador na cruz! Cada uma daquelas pedras em seu caminho, asseguravam a eles, testemunhara uma profecia, cada entranha na rocha acolhera um Malaquias ou um Isaías. Não duvidavam mais, a Palestina era o berçário dos iluminados de Deus, aquela era sim a Terra Santa.

Por que o Grão-Mestre do Grande Priorado do Brasil dos Cavaleiros Templários lançaria uma obra de Voltaire, um dos maiores críticos da Igreja?... Ora, Isso eu também sou. Não gosto de Instituições, essa ideia não me agrada. Na minha gestão, presido a Ordem Sagrada de forma bem democrática, perguntando e permitindo que todos participem... Bem diferente de alguns que não faziam e muito menos permitiam que fizessem, realizassem e desenvolvessem os trabalhos.

Voltaire era um dos autores que sempre foi contra os Cavaleiros Templários. Mais tarde, converteu-se ao catolicismo e hoje jaz sepultado dentro de uma igreja católica para desconhecimento de muitos que ainda hoje amam suas antigas mentiras contra a Igreja. Dizia Voltaire quando era um livre pensador anticatólico: "*Mentez, mentez toujours, il en restera quelque chose*", ou seja, "Minta, minta sempre, alguma coisa ficará".

Voltaire foi o pior inimigo que o cristianismo teve no século XVIII, pois ele emitia críticas cruéis. Com o passar dos anos, crescia seu ódio pelo cristianismo e a Igreja. Era nele uma obsessão. Cada noite cria haver afastado a infâmia e cada manhã sentia a necessidade de voltar a declarar: "O Evangelho só havia trazido desgraças sobre a Terra". Manejou como ninguém a ironia e o sarcasmo em seus inúmeros escritos, chegando até o inominável e o degradante.

A Conversão de Voltaire

Pois bem, na edição de abril de 1778 da revista francesa *Correspondance Littérairer, Philosophique et Critique*, tomo XII (páginas 87-88), se encontra nada menos que a cópia da conversão de M. Voltaire que literalmente diz assim:

> "Eu, o que escreve, declaro que havendo sofrido um vômito de sangue faz quatro dias, na idade de oitenta e quatro anos, e não havendo podido ir à igreja, o pároco de São Suplício quis de bom grado me enviar M. Gautier, sacerdote. Eu me confessei com ele, se Deus me perdoava. Morro na santa religião católica em que nasci esperando a misericórdia divina que se dignará a perdoar todas minhas faltas, e que se tenho escandalizado a Igreja, peço perdão a Deus e a ela. Assinado: Voltaire, 2 de março de 1778, na casa do marqués de Villete, na presença do senhor abade Mignot, meu sobrinho, e do senhor marqués de Villevielle, meu amigo".

Infelizmente, o protestantismo continua lançando textos caluniosos nos quais coloca os católicos como agressores, para incitar o ódio muçulmano contra os cristãos católicos, vítimas de fato de toda essa falsidade anti-histórica. Os justos católicos que há 900 anos libertaram Jerusalém da invasão muçulmana, que queria banir o cristianismo da face da Terra, considerariam estúpidos os que lhes tivessem dito que davam cumprimento àquilo que seria chamado de "cruzada". Para eles, era *iter, peregrinatio, succursus, passagium*.

"Cruzada é um termo propagandista anticatólico, criado só no século XVIII pelos inimigos da Igreja, para inventar o "exército sangrento" para a Igreja. O mal intencionado cinema americano vez por outra faz o resto do trabalho sujo." (Fernando Nascimento).

Existem várias contradições e vou colocar uma delas, até para que todos percebam como é a história, ou melhor, como ela é escrita...

Voltaire (1694-1778) é considerado um dos maiores defensores da liberdade civil e religiosa de todos os tempos. Iluminista consagrado, foi referencial para grandes nomes que se envolveram com a Revolução Francesa e a independência dos Estados Unidos.

Em matéria de religião, o filósofo não deixou de revelar seu ponto de vista e, embora não tendo sido ateu, nem católico, pediu que lhe fosse dada a extrema unção. Pedido não aceito, acabou assinando uma última declaração. Em carta a Diderot, escreveu:

> "Confesso que não sou, em absoluto, da mesma opinião que Saunderson, que nega um Deus porque nasceu cego. Talvez eu esteja errado, mas no lugar dele eu reconheceria uma grande Inteligência que me deu tantos substitutos da visão; e percebendo, ao meditar, as maravilhosas relações entre todas as coisas, eu deveria ter desconfiado que existe um artífice infinitamente capaz. Se é muito presunçoso adivinhar o que Ele é e por que Ele fez tudo o que existe, parece-me também muito presunçoso negar que Ele existe".

Voltaire não acreditava em milagres. Falando sobre um caso em que uma dona de um pardal havia rezado nove Ave-Marias em favor de seu referido passarinho (que acabou sobrevivendo), o filósofo retrucou: "Eu acredito numa Providência geral, cara irmã, que estabeleceu desde a eternidade a lei que governa todas as coisas, como a luz do sol, mas não creio que uma Providência particular altere a economia do mundo por causa do vosso pardal".

Voltaire era deísta, embora vez por outra desse indícios de crer no panteísmo de Spinoza. Não foi ateu; pelo contrário, ele se achava antilógico.

No final de sua vida, achou que seria um bem para a Humanidade o homem acreditar piamente na existência de Deus. "Eu quero que meu advogado, meu alfaiate e minha mulher acreditem em Deus; assim, imagino, serei menos roubado, menos enganado", dizia Voltaire. E prosseguiu: "Quando essa crença evita até mesmo dez assassinatos, dez calúnias, afirmo que o mundo inteiro deve aderir a ela".

Pelo menos em um ponto Voltaire e Platão comungavam da mesma ideia: "Se Deus não existisse, seria necessário inventá-lo". O filósofo iluminista era prático: se o fato de se acreditar em Deus traz algum benefício, que o mundo todo creia em Deus. Voltaire falava da essência da mensagem cristã, embora soubesse que, na prática, a Igreja não se revelava como ensinava a primitiva doutrina apostólica.

Em 1755, Lisboa fora sacudida por um terremoto, exatamente quando a Igreja comemorava o Dia de Todos os Santos, o que fez com que milhares de mortes ocorressem dentro dos templos. O clero francês se pronunciou dizendo que tal fato ocorrera por causa do pecado do povo.

Voltaire se revoltou e escreveu: "Ou Deus pode evitar o mal, mas não quer; ou quer evitá-lo, mas não consegue".

Próximo de sua morte, o filósofo desejou visitar Paris pela última vez. Em seu último leito, recebeu visitas ilustres, como Benjamin Franklin, que levou um de seus netos para que Voltaire o abençoasse. Depois que colocou as mãos sobre o menino, afirmou: "Dedique-se a Deus e à liberdade".

Ainda em seu último leito, um padre se dirigiu a ele a fim de lhe dar a extrema unção. Voltaire rejeitou e fez a seguinte indagação: "Quem vos mandou aqui, senhor padre?". Este respondeu: "O próprio Deus". Em seguida, Voltaire retrucou: "Pois onde estão as vossas credenciais?". Com este diálogo, o filósofo afirmou que não acreditava que os padres eram mensageiros de Deus aos homens.

Não se sabe se por arrependimento ou se pelo fato de Voltaire ter sido um homem de forte personalidade, ele pediu que outro padre se fizesse presente para que ouvisse sua última confissão.

O novo padre disse que só o faria se Voltaire assinasse uma profissão de plena fé na doutrina católica. Voltaire se rebelou e dispensou o padre. Em vez da confissão de fé na Igreja, terminou assinando uma declaração que diz: "Morro adorando a Deus, amando meus amigos, sem odiar meus inimigos e detestando a superstição. (Assinado) Voltaire, 20 de fevereiro de 1778". Ele morreu no dia 30 de maio do mesmo ano.

A obra de Gustave Doré

Por fim, normalmente há aqueles que afirmam que, se assim fosse, teríamos de proibir Voltaire e seus textos anticlericais. Contra esses, gostaria de lembrar um ponto: Voltaire era corajoso o suficiente para criticar sua própria tradição religiosa. Algo muito diferente é fazer profissão de fé esclarecida, ridicularizando as crenças religiosas de outros povos. Aqueles que não têm coragem de criticar sua própria tradição, melhor fariam se silenciassem sobre as tradições do outro.

Por isso tudo e por muito mais, sou um apaixonado pela História, e não me canso de buscar as tais "verdades"... Tenho me deparado com muitas coisas que me fazem refletir, crescer, aprender e dividir com meus amigos nas mesas, com bons vinhos...

Para os que ainda não entenderam o motivo da edição desta OBRA, eis um dos maiores motivos que me fizeram a editá-la: sou simplesmente um apaixonado pelas ilustrações de Gustave Doré.

Paul Gustave Doré (Estrasburgo, 6 de janeiro de 1832-Paris, 23 de janeiro de 1883) foi um pintor, desenhista e o mais produtivo e bem-sucedido ilustrador francês de livros de meados do século XIX. Seu estilo se caracteriza pela inclinação para a fantasia, mas também produziu trabalhos mais sóbrios, como os notáveis estudos sobre as áreas pobres de Londres, realizados entre 1869 e 1871.

Filho de um engenheiro, começou a desenhar com apenas 13 anos suas primeiras litogravuras e, aos 14, publicou seu primeiro álbum, intitulado *Les Travaux d'Hercule*

("Os Trabalhos de Hércules"). Aos 15 anos, Doré engajou-se como caricaturista do *Journal pour rire*, de Charles Philipon. Em 1848, estreou no Salão com dois desenhos à pena.

Em 1849, com a morte de seu pai, ele já era reconhecido, com apenas 16 anos. Passou a maior parte do tempo com a mãe. Em 1851, produziu algumas esculturas com temas religiosos e colaborou para diversas revistas e o *Journal pour tous*.

Em 1854, o editor Joseph Bry publicou uma edição das obras de Rabelais, contendo uma centena de gravuras feitas por Doré. Entre 1861 e 1868, realizou a ilustração de *A Divina Comédia*, de Dante Alighieri. Após algum tempo desenhando diretamente sobre a madeira e tendo seus trabalhos gravados por amigos, iniciou-se na pintura e na escultura, mas suas obras em tela e esculturas não fizeram tanto sucesso como suas ilustrações em tons acinzentados e altamente detalhadas.

Com aproximadamente 25 anos, começou a trabalhar nas ilustrações de *O Inferno de Dante*. Em 1868, Doré terminou as ilustrações de *O Purgatório* e de *O Paraíso* e publicou uma segunda parte incluindo todas as ilustrações de *A Divina Comédia*.

Sua paixão eram mesmo as obras literárias. Ilustrou mais de 120 obras, como os *Contos Jocosos*, de Honoré de Balzac (1855); *Dom Quixote de la Mancha*, de Miguel de Cervantes (1863); *O Paraíso Perdido*, de Milton; *Gargântua e Pantagruel*, de Rabelais; *O Corvo*, de Edgar Allan Poe; a *Bíblia*; *A Balada do Velho Marinheiro*, de Samuel Taylor Coleridge; contos de fadas de Charles Perrault, como

Vivien (PªII)
Desenho por Gustave Doré e gravação por W. Ridgway
retirada da 1ª edição da Obra Merlin e Vivien, datada de 1867
(From the Rita Carvalho de Sousa Private Collections – Lisbon).

Genoveva (Pªl)
Desenho por Gustave Doré e gravação por W. Ridgway. (From the Nuno Carvalho de Sousa Private Collections – Lisbon).

Chapeuzinho Vermelho, O Gato de Botas, A Bela Adormecida e *Cinderela*, entre outras obras-primas. Ilustrou também alguns trabalhos do poeta inglês Lorde Byron, como *As Trevas* e *Manfredo*.

Em 1869, Doré foi contratado para ilustrar o livro *Londres: Uma Peregrinação*, muito criticado por, supostamente, retratar apenas a pobreza da cidade. Mas, apesar de todas as críticas, o livro foi um sucesso de vendagem na Inglaterra, valorizando ainda mais o seu trabalho na Europa. Ganhou muito dinheiro ilustrando para diversos livros e obras públicas, mas nunca abriu mão dos trabalhos desenvolvidos apenas para seu prazer pessoal.

Encontram-se gravuras da sua autoria na revista *Jornal do Domingo* (1881-1888).

Gustave Doré morreu aos 51 anos, pobre, pois todo o dinheiro que havia ganhado com o seu trabalho foi utilizado para quitar diversas dívidas, deixando incompletas suas ilustrações para uma edição não divulgada de Shakespeare, entre outros trabalhos.

Ele foi um marco na arte da ilustração, influenciando os ilustradores que o sucederam.

Na pintura, encontram-se suas principais obras: *L'Enigme* (hoje no Musée d'Orsay) e *Le Christ Quittant le Prétoire* (1867-1872), um painel medindo 6 metros de altura por 9 metros de comprimento. Esse quadro foi restaurado entre 1998-2003 pelo Museu de Arte Moderna e Contemporânea de Estrasburgo, num salão dedicado a este fim e que ficou aberto à visitação durante todo o trabalho.

Introdução à Edição Brasileira

Em 1931, Henri Leblanc publicou um catálogo que procedeu ao inventário completo das obras de Doré, contendo 9.850 ilustrações, 68 libretos musicais, 5 cartazes, 51 litografias originais, 54 sumi-e, 526 desenhos, 283 aquarelas, 133 pinturas e 45 esculturas.

Vamos debruçar... curtir cada traço, cada palavra aqui contida, refletir, buscar e tentar encontrar um pouco de nós mesmos em cada página desta obra.

Eu adorei!

Wagner Veneziani Costa
Presidente e Editor-Chefe da Madras Editora
Grão-Mestre do Grande Priorado do Brasil das Ordens Unidas Religiosas, Militares e Maçônicas do Templo e de São João de Jerusalém, Palestina, Rodes e Malta

Grão-Prior e Grão-Mestre Nacional da Ordem dos Cavaleiros Benefeitores da Cidade Santa – CBCS

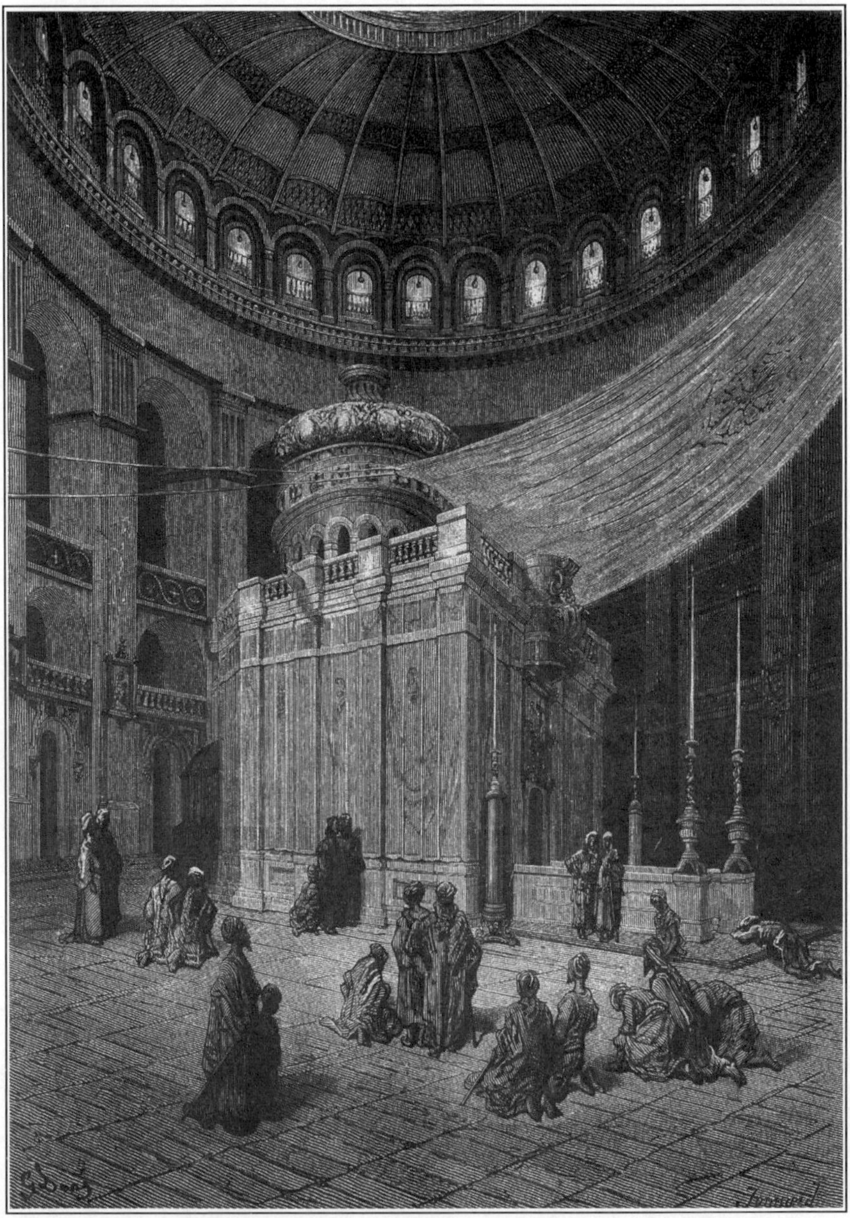

O Oriente no Tempo das Cruzadas e o Estado da Palestina¹

As religiões duram sempre mais que os impérios. O Islamismo florescia, e o império dos califas era destruído pela nação dos turcomanos.² É cansativo procurar a origem desses turcos. Ela é a mesma daquela de todos os povos conquistadores, os quais, antes, foram selvagens que viviam de rapina. Antigamente, os turcos habitavam além do Taurus e de Emaús e, dizem, bem longe do Arax.³ Eles estavam compreendidos entre esses povos tártaros que a Antiguidade chamava de citas. Esse grande continente da Tartária,⁴ bem mais vasto do que a Europa, foi habitado apenas por bárbaros. Suas antiguidades não merecem muito mais do que uma história sobre os lobos e tigres de seu país. Esses povos do Norte praticaram, em todos os tempos, invasões em direção ao Sul. Eles se espalharam, por volta do século XI, ao redor da Moscóvia, e inundaram as margens do Mar Cáspio. Os árabes, sob o comando dos primeiros sucessores de Maomé, haviam subjugado quase toda a Ásia Menor, a Síria e a Pérsia: os turcomanos finalmente vieram e subjugaram os árabes.

Um califa da dinastia dos abássidas, chamado Motassem, filho do grande Almamon e neto do célebre Aaron-al-Raschid,[5] protetor, como eles, de todas as artes, contemporâneo do nosso Luís I, o Piedoso, ou o Fraco,[6] fundou as primeiras pedras do edifício sobre o qual os seus sucessores foram finalmente esmagados. Ele convocou uma milícia de turcos para ser sua guarda pessoal. Nunca houve exemplo maior do perigo que envolve contratar tropas estrangeiras. Foram esses de 500 a 600 turcos, pagos por Motassem, a origem do poderio otomano que tudo engoliu, desde o Eufrates até a extremidade da Grécia, e, até em nossos dias, instalou-se diante da cidade de Viena.[7] Essa milícia turca, aumentada com o passar do tempo, tornou-se funesta para seus mestres. Novos turcos vieram e aproveitaram-se das guerras civis fomentadas pelo califado. Os califas abássidas de Bagdá logo perderam a Síria, o Egito e a África, tomados pelos califas fatímidas.[8] E os turcos despojaram tanto fatímidas quanto abássidas.

(1050) Togrul-Beg, ou Orto-grul-Beg,[9] do qual descende a raça dos otomanos, entrou em Bagdá mais ou menos como tantos imperadores entraram em Roma: ele se tornou mestre da cidade e do califa, que se prostrou aos seus pés. Orto-grul fez com que o califa Caiem[10] montasse em sua mula e o conduziu ao seu palácio segurando as rédeas de sua montaria. Porém, mais hábil ou com mais sorte do que os imperadores alemães tiveram em Roma, ele estabeleceu o seu poderio e deixou ao califa o único cuidado de iniciar, na sexta-feira, as preces na mesquita e a honra de livrar os seus Estados de todos os tiranos maometanos que se faziam soberanos.

É preciso lembrar que, como esses turcomanos imitavam os francos, os normandos e os godos em suas invasões, eles os imitavam também se submetendo às leis, aos costumes e à religião dos vencidos. Foi assim que outros tártaros fizeram com os chineses; e esta é a vantagem que todo povo civilizado, embora sendo mais fraco, deve ter sobre o bárbaro, embora sendo mais forte.

Desse modo, os califas nada mais eram do que os chefes da religião, como o *daïri*, pontífice do Japão, que comanda hoje, aparentemente, o Cubosama, mas que, na verdade, lhe é submisso;[11] tal como o xerife de Meca, que chama o sultão turco de seu vigário e, finalmente, tal como eram os papas sob as ordens dos reis lombardos. Não estou comparando, sem dúvida, a religião maometana com a cristã; comparo, sim, as envolvidas revoluções. Lembro que os califas foram os mais poderosos soberanos do Oriente, enquanto os pontífices de Roma nada significavam. O califado caiu sem qualquer possibilidade de retorno e os papas tornaram-se, pouco a pouco, grandes soberanos, fortalecidos, respeitados pelos seus vizinhos e fizeram de Roma a mais bela cidade da Terra.

Portanto, na época da primeira cruzada,[12] havia em Bagdá um califa investido no cargo e um sultão turco que reinava e, na Ásia Menor, na Pérsia e na Arábia diversos outros usurpadores turcos e alguns árabes ali se estabeleceram. Tudo estava dividido, o que poderia ter proporcionado vitórias às cruzadas. Mas todos estavam armados e esses povos tinham a vantagem de combater em seu próprio território.

O império de Constantinopla[13] se sustentava: nem todos os seus príncipes foram indignos de reinar. Constantino Porfirogeneta, filho de Leão, o Filósofo,[14] ele mesmo filósofo, fez renascer, como seu pai, tempos felizes. Se o governo caíra no desprezo na época de Romano, filho de Constantino, ele tornou-se respeitável diante das nações sob o domínio de Nicéforo Focas, que tinha retomado Cândia[15] antes de se tornar imperador (961). Se João Tzimisces[16] assassinou Nicéforo e sujou o palácio de sangue; se ele acresceu a hipocrisia aos seus crimes, ele foi, por outro lado, o defensor do império contra os turcos e os búlgaros. Mas sob o governo de Miguel, o Paflagônio,[17] perdeu-se a Sicília: no tempo de Romano Diógenes,[18] tudo o que restava no Oriente era a província de Pont[19]; e essa província que hoje chamamos Turcomênia (Turcomenistão) caiu, logo depois, sob o poder do turco Suleiman o qual, sendo senhor da maior parte da Ásia Menor, estabeleceu a sede de seu domínio em Niceia,[20] de onde passou a ameaçar Constantinopla, no tempo em que começaram as cruzadas.

O Império Grego estava, na época, quase limitado à cidade imperial do lado dos turcos; mas ele estendia-se por toda a Grécia, a Macedônia, a Tessália, a Trácia, a Ilíria e Épiro, e até mesmo possuía a ilha de Cândia (Creta). As guerras contínuas, embora sempre fossem desastrosas contra os turcos, ainda demonstravam um resto de coragem. Todos os cristãos ricos da Ásia que não queriam se submeter ao jugo maometano retiraram-se para a cidade imperial, a qual passou a enriquecer-se com os despojos que apurava das províncias. Enfim, apesar de tantas perdas, dos crimes e das revoluções do palácio, essa cidade, na verdade decadente, mas imensa, populosa, opulenta que respirava as delícias, considerava-se a primeira do mundo. Seus habitantes chamavam a si mesmos de romanos e não de gregos. Seu Estado era o Império Romano; e os povos do Ocidente, a quem eles chamavam de latinos, não eram a seus olhos mais do que bárbaros revoltados.

A Palestina nada mais era do que ela é hoje, um dos piores países da Ásia. Essa pequena província tem o comprimento aproximado de 65 léguas, e a largura de 23; é quase toda coberta de rochas áridas sobre as quais não há sequer uma linha de terra. Se esse cantão fosse cultivado, poderia ter sido comparado à Suíça. O Rio Jordão, com uma largura de cerca de 50 pés no centro de seu curso, lembra o Rio Aar dos suíços, que flui em um vale mais fértil do que em outros cantões. O mar de Tiberíades não é comparável ao Lago de Genebra. Os viajantes que examinaram bem a Suíça e a Palestina, incomparavelmente, dão toda a preferência à Suíça. É verossímil à Judeia que, em outras épocas, foi mais cultivada, quando ela era de propriedade dos judeus. Eles tinham sido forçados a levar um pouco de terra sobre as rochas para, ali, plantar vinhedos. Esse estreito pedaço de terra ligado ao brilho das rochas era sustentado por pequenos muros, dos quais ainda vemos vestígios em um ou outro lugar.

Tudo que está situado em direção ao Sul consiste em desertos de areias salgadas, do lado do Mediterrâneo e do Egito, e em montanhas assustadoras até Esiongeber,[21] em direção ao Mar Vermelho. Essas areias e rochas, habitadas hoje por alguns ladrões árabes, são a antiga pátria dos judeus. Eles avançaram um pouco para o Norte, na Arábia Pétrea. O pequeno país de Jericó, que eles invadiram, é um dos melhores que eles já possuíram: o terreno de Jerusalém é bem mais árido e não tem a vantagem de se situar à margem de um rio. Há bem pouco pastoreio: ali, os habitantes nunca puderam criar cavalos; os burros sempre foram a montaria comum. Os bois são magros nesse local e as ovelhas conseguem sobreviver um pouco melhor; em alguns lugares, as oliveiras produzem frutos de boa qualidade; e ainda podem ser vistas algumas palmeiras. Esse país, que os judeus melhoraram a grandes penas, quando sua condição infeliz o permitiu, foi para eles uma terra deliciosa em comparação aos desertos de Sina, de Parã e de Cades-Barneia.[22]

São Jerônimo, que viveu muito tempo em Belém, declara que o povo sofria continuamente pela seca e pela sede [sic] naquele país de montanhas áridas, de pedras e areia, onde raramente chove, onde faltam rios e onde a indústria é obrigada a substituir, a um alto custo, a falta por um sistema de cisternas.

Apesar do trabalho dos hebreus, a Palestina nunca teve o suficiente para alimentar seus habitantes; e, tal como fizeram os 13 cantões,[23] eles enviaram o excedente de seu povo para servir nos exércitos dos príncipes que podiam pagá-los, enquanto outros passaram a exercer a profissão de corretores na Ásia e na África. Assim que a cidade de Alexandria concluía sua construção, foi ali que eles se estabeleceram. Os comerciantes judeus já não moravam mais em Jerusalém e duvido que, no tempo mais próspero desse pequeno Estado, ele jamais tenha tido homens tão ricos quanto o são hoje diversos hebreus de Amsterdã, de Haia, de Londres, de Constantinopla.

Quando Omar,[24] um dos principais sucessores de Maomé, tomou posse das férteis terras da Síria, ele também se apossou das terras da Palestina. Como Jerusalém é uma cidade santa para os maometanos, ele ali entrou vestido com pele de cabra e com uma bolsa de penitente, e apenas exigiu o tributo de 13 dracmas por cabeça, ordenado pelo pontífice: é o que nos conta Nicetas Coniates.[25] Omar enriqueceu Jerusalém com uma mesquita de mármore, coberta de chumbo e ornada em seu interior por um número prodigioso de luminárias de prata, entre as quais havia muitas de ouro puro.[26] Em seguida, quando os turcos, já convertidos ao Islamismo, tomaram posse do país, em torno de 1055,[27] eles respeitaram a mesquita e a cidade continuou com seus de 7 a 8 mil habitantes. Era o que suas muralhas podiam conter e o que todo o território ao redor podia alimentar. Esse povo sobrevivia apenas das peregrinações dos cristãos e dos muçulmanos; dos muçulmanos que visitavam a mesquita e dos cristãos que visitavam o local onde dizem que Jesus foi enterrado. Todos pagavam uma pequena taxa ao emir turco que morava na cidade e a alguns imames (chefes religiosos muçulmanos) que viviam da curiosidade dos peregrinos.

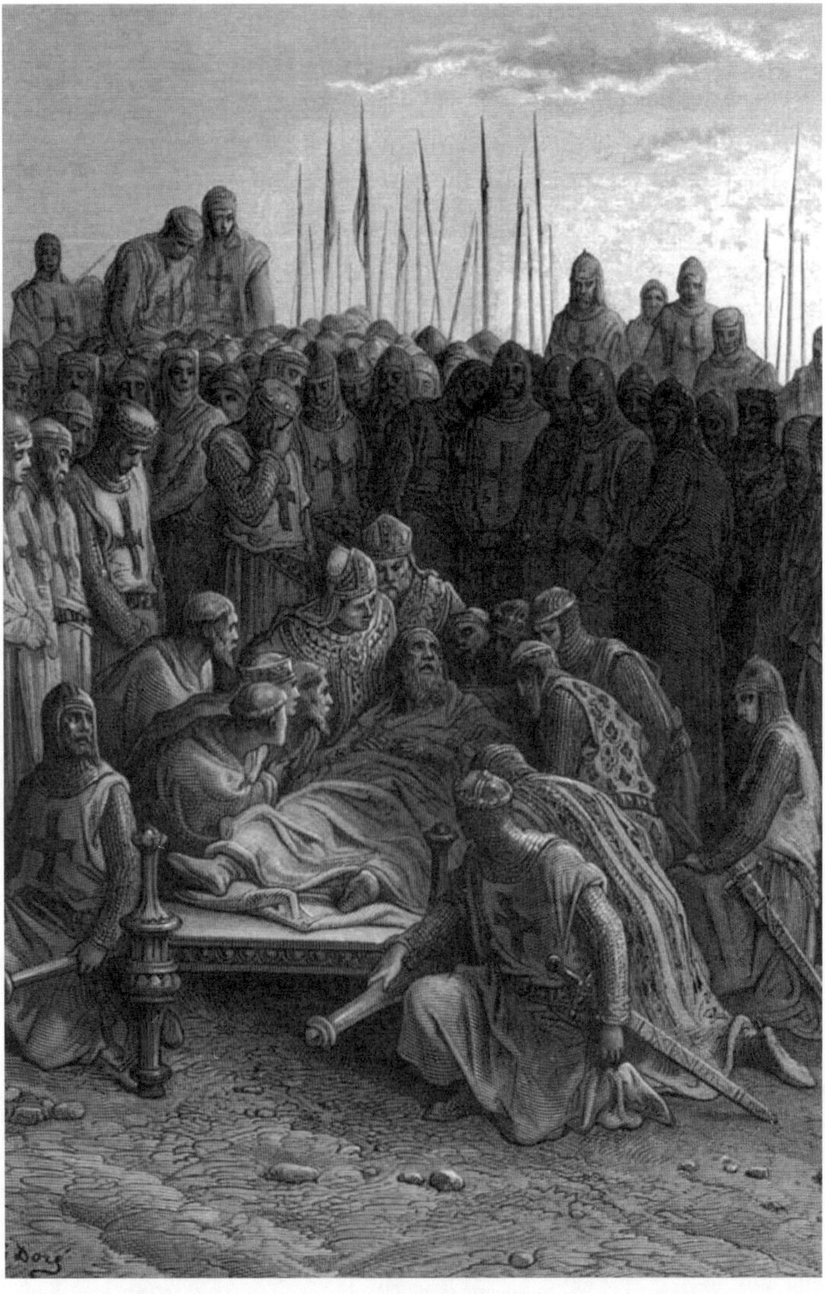
Doré

Da Primeira Cruzada
à Tomada de Jerusalém

ssim era o estado da Ásia Menor e da Síria, quando um peregrino de Amiens suscitou as cruzadas. Ele era chamado apenas de Coucoupêtre ou Cucupiêtre, como disse a filha do imperador Commeno[28] que o viu em Constantinopla. Nós o conhecemos sob o nome de Pedro, o Eremita.[29] Esse habitante da Picardia, que partiu de Amiens em direção à Arábia em peregrinação, foi a causa pela qual o Ocidente armou-se contra o Oriente e o motivo pelo qual milhões de europeus pereceram na Ásia. É assim que os acontecimentos se encadeiam no universo. Ele se lamentou amargamente ao bispo que morava em segredo no país, sob o título de Patriarca de Jerusalém, pelos sofrimentos que os peregrinos passavam; não faltaram para ele revelações. Guilherme de Tiro[30] assegura que Jesus Cristo apareceu ao eremita. "Eu estarei contigo", Ele lhe disse, "é tempo de socorrer os meus servidores". Em seu retorno a Roma, Pedro falou de uma maneira tão viva e criou quadros tão tocantes que o papa Urbano II acreditou ser esse o homem próprio para secundar o grande projeto que os papas tinham há muito tempo, o plano de armar a cristandade contra o maometanismo. Ele enviou Pedro de província em província para espalhar a notícia por causa da sua impressionante imaginação, ao ardor de seus sentimentos, e semear o entusiasmo nas pessoas.

Em seguida (1094), Urbano II presidiu, em Plaisance, um concílio em campo aberto, em que se encontraram mais de 30 mil seculares além dos eclesiásticos. Nesse concílio foi proposta alguma maneira de vingar os cristãos. O imperador da Grécia, Aleixo Commeno, pai da princesa que escreveu a história de sua época, enviou a esse concílio embaixadores para pedir algum socorro contra os muçulmanos, mas ele não devia esperar qualquer ajuda do papa nem dos italianos. Os normandos, nessa época, apossavam-se de Nápoles e da Sicília que pertenciam aos gregos, e o papa que queria ser, ao menos, senhor suserano de seus reinos, por ser também rival da Igreja grega, tornava-se, por seu Estado, necessariamente inimigo declarado dos imperadores do Oriente, como também era inimigo velado dos imperadores teutônicos. O papa, longe de socorrer os gregos, queria sujeitar o Oriente aos latinos.

De resto, o projeto de ir guerrear na Palestina foi apreciado por todos os que assistiram ao concílio de Plaisence, mas ninguém aventurou-se a levá-lo adiante. Os principais senhores italianos tinham nos seus domínios interesses demais para cuidar e não queriam deixar um país agradável para ir guerrear na Arábia Pétrea.

(1095) Foi então necessário convocar outro concílio em Clermond, Auvergne. Ali, o papa apresentou suas repreensões. Na Itália, muito se chorou em relação aos infortúnios dos cristãos na Ásia; e a França armou-se. Nesse país havia uma multidão de novos senhores, inquietos, independentes, que amavam a dissipação e a guerra – a maioria deles estava mergulhada em crimes que somente o abuso acarreta, e em uma ignorância tão vergonhosa quanto os seus abusos. O papa propunha a remissão de todos os seus pecados e abria-lhes o céu, impondo-lhes como penitência seguir as maiores de suas paixões, a de lutar e de praticar a pilhagem. A cruz foi então tomada com entusiasmo. As igrejas e os claustros compraram a um preço vil muitas terras dos senhores, que acreditaram precisar de pouco dinheiro e de suas lágrimas para conquistar os reinos na Ásia. Godofredo de Bulhão,[31] duque de Brabant, por exemplo, vendeu suas terras de Bulhão ao capítulo de Liège e as de Stenay ao bisbo de Verdun. Beaudouin, irmão de Godofredo,[32] vendeu ao mesmo bispo o pouco que tinha naquele país. Os pequenos senhores castelões partiram às próprias custas; os cavalheiros pobres serviram aos outros como escudeiros. Os espólios deviam ser divididos segundo os graus e as despesas dos cruzados. Era uma grande fonte de divisão, mas também uma grande motivação. A religião, a avareza e a inquietude encorajavam igualmente essas emigrações. Uma infantaria inumerável foi arrolada, assim como muitos cavaleiros simples sob mil bandeiras diferentes. Essa multidão de cruzados reuniu-se em Constantinopla. Monges, mulheres, comerciantes, vendedores de alimentos, todos partiram, e contavam encontrar no caminho somente cristãos e ganhar indulgências ao alimentá-los. Mais de 80 mil desses vagabundos organizaram-se sob a bandeira de Coucoupêtre, o qual passarei a chamar de Pedro, o Eremita. Ele caminhava de sandálias, cingido de uma corda na cintura, à frente do exército: novo gênero de vaidade! Nunca a Antiguidade tinha visto essas emigrações de uma parte a outra do mundo movidas por um entusiasmo provocado pela religião. Esse furor epidêmico surgiu então pela primeira vez para que nenhuma calamidade possível viesse a afligir a espécie humana.

A primeira expedição desse general eremita foi sitiar uma cidade cristã na Hungria, chamada Malavilla, porque haviam sido recusados víveres àqueles soldados de Jesus Cristo que, apesar de sua sagrada missão, comportavam-se como grandes ladrões. A cidade foi tomada de assalto, abandonada ao saque e seus habitantes degolados. O eremita então deixou de ser o mestre e condutor de seus cruzados, os quais ficaram cegos pela sede de pilhagem. Um dos lugares-tenentes do eremita, chamado Gualtério Sem-Haveres,[33] que comandava metade das tropas, agiu da mesma forma na Bulgária. Eles logo se reuniram contra esses bandidos, que foram quase todos exterminados e, finalmente, o eremita chegou às portas de Constantinopla com 20 mil pessoas morrendo de fome.

Um pregador alemão chamado Godescalc,[34] que quis imitar o mesmo papel de Pedro, o Eremita, foi ainda mais maltratado; no momento em que ele chegou com seus discípulos nessa mesma Hungria, onde seus predecessores haviam provocado tantas desordens, a simples visão da cruz vermelha, emblema de seus trajes, foi o sinal para que todos fossem massacrados.

Outra horda desses aventureiros, composta de mais de 200 mil pessoas, entre mulheres, padres, camponeses, estudantes, que acreditava estar defendendo Jesus Cristo, imaginou ser necessário exterminar todos os judeus que fossem encontrados em seu caminho. Havia muitos deles nas fronteiras da França e todo o comércio estava em suas mãos. Os cristãos, pensando vingar Deus, pilharam todos aqueles infelizes. Nunca houve, desde Adriano, um massacre tão grande dessa nação; eles foram assassinados em Verdun, em Spire, em Worms, em Colônia, em Mayence; e muitos mataram-se entre si, depois de matarem suas mulheres para que elas não caíssem nas mãos desses bárbaros. A Hungria foi o túmulo desse terceiro exército de cruzados.

Entretanto, o eremita Pedro encontrou na frente de Constantinopla outros vagabundos italianos e alemães, que se juntaram a ele e devastaram os arredores da cidade. O imperador Aleixo Commeno, que ali reinava, foi seguramente sábio e moderado, contentando-se em apenas desfazer-se o mais rapidamente possível desses hóspedes e forneceu-lhes barcos para transportá-los além do Bósforo. O general Pedro viu-se finalmente à frente de um exército cristão contra os muçulmanos. Suleiman, sultão[35] da Niceia, caiu com seus turcos experientes sobre essa multidão dispersa; Gualtério Sem-Haveres ali morreu com muitos da nobreza mais pobre. O eremita, no entanto, retornou a Constantinopla, visto como um fanático que se fazia seguir por furiosos.

Ele não foi como os chefes dos cruzados, mais políticos, menos entusiastas, mais acostumados ao comando, e que conduziam tropas um pouco mais regradas. Godofredo de Bulhão guiava 70 mil homens a pé, e 10 mil cavaleiros paramentados com armadura completa, sob vários estandartes de senhores organizados abaixo do seu.

Entretanto, Hugo,[36] irmão do rei da França, Filipe I, marchava pela Itália com outros senhores que a ele se uniram para aventurar-se em busca de fortunas. Quase todo seu patrimônio consistia em seu título de irmão de um rei bem pouco poderoso por seu próprio mérito. O mais estranho é que Roberto, duque da Normandia, filho mais velho de Guilherme, o conquistador da Inglaterra, deixou a Normandia, onde mantinha com dificuldade o seu domínio. Expulso da Inglaterra por seu irmão menor, Guilherme, o Ruivo, Guilherme, o Conquistador, cedeu-lhe ainda a Normandia para financiar o seu armamento. Dizem que Roberto era um príncipe voluptuoso e supersticioso. Essas duas facetas, que têm sua origem na fraqueza, o levaram a fazer esssa viagem.

O velho Raimundo, conde de Toulouse,[37] senhor de Languedoc e de uma parte da Provença, que já havia combatido os muçulmanos na Espanha, não encontrou em sua idade nem nos interesses de sua pátria qualquer motivo contra a sua vontade de ir à Palestina. Ele foi um dos primeiros a se armar e cruzar os Alpes, seguido de cerca de 100 mil homens. Ele não previa que, em breve, seria pregada uma cruzada contra a sua própria família.[38]

O mais político de todos esses cruzados, e talvez o único, foi Boemundo, filho de Roberto Guiscardo, conquistador da Sicília.[39] Toda essa família de normandos, situada na Itália, procurava expandir seu domínio tanto à custa dos papas quanto sobre as ruínas do império grego. O próprio Boemundo tinha, há muito tempo, travado guerra contra o imperador Aleixo, em Épiro e na Grécia, e, não tendo como herança nada além do que o pequeno principado de Taranto e a sua coragem, aproveitou o entusiasmo epidêmico da Europa para arrebanhar sob seu estandarte 10 mil cavaleiros bem armados e uma pequena infantaria, com os quais podia conquistar províncias, tanto de cristãos quanto de muçulmanos.

A princesa Ana Commena diz que seu pai ficou preocupado com essas emigrações prodigiosas que se precipitavam sobre o seu país. Parecia, diz ela, que a Europa, arrancada de seus alicerces, fosse desabar sobre a Ásia. O que seria então se perto de 300 mil homens, dos quais alguns tinham seguido Pedro, o Eremita, e outros o padre Godeslac, já tivessem desaparecido?

Foi proposto ao papa que chefiasse esses exércitos imensos que ainda restavam; era a única maneira de alcançar a monarquia universal a qual se tornou o objetivo da corte romana. Esse empreendimento demandava o gênio de um Maomé ou de um Alexandre. Os obstáculos eram grandes e Urbano só via obstáculos.

No passado, Gregório VII[40] tinha concebido esse projeto das cruzadas. Ele teria armado o Ocidente contra o Oriente, teria comandado tanto a Igreja grega quanto a latina: os papas teriam sob as suas leis os dois impérios. Mas ao tempo de Gregório VII essa ideia era apenas um sonho; o império de Constantinopla não estava ainda consideravelmente pronto e a fermentação do fanatismo não era suficientemente violenta no Ocidente. Os espíritos somente estiveram bem dispostos no tempo de Urbano II.

O papa e os príncipes cruzados tinham nessa enorme engrenagem diferentes pontos de vista, e Constantinopla temia todos eles. Ali, os latinos eram odiados e considerados hereges e bárbaros; temia-se sobretudo que Constantinopla fosse o verdadeiro e único objeto de ambição, como também seria a pequena cidade de Jerusalém. Certamente, não havia engano, pois eles acabaram, afinal, invadindo Constantinopla e o império.

O que os gregos mais temiam, e com razão, era Boemundo e seus napolitanos, inimigos do império. Mas, embora as intenções de Boemundo fossem puras, com que direito todos esses príncipes do Ocidente assumiam para si mesmos províncias que os turcos tinham arrancado dos imperadores gregos?

Aliás, também podemos julgar a arrogância feroz dos senhores cruzados, pelo que retrata a princesa Ana Commena a respeito de um conde francês qualquer que se sentou ao lado do imperador, em seu trono, em uma cerimônia pública. Balduíno, irmão de Godofredo de Bulhão, pegou esse homem indiscreto pela mão para retirá-lo e o conde disse em voz alta, em seu jargão bárbaro: "Eis uma brincadeira rústica, o fato de esse grego sentar-se diante de pessoas como nós". Essas palavras foram traduzidas para Aleixo, que apenas sorriu. Uma ou duas indiscrições como essas são suficientes para desacreditar uma nação. Aleixo mandou perguntar a esse conde quem ele era. Ele respondeu: "Eu sou da raça mais nobre. Eu ia diariamente à igreja dos meus domínios onde se reuniam todos os bravos senhores que queriam bater-se em duelo e que rogavam a Jesus Cristo e à Santa Virgem para que esses duelos lhes fossem favoráveis. Nenhum deles jamais ousou bater-se comigo".

Era moralmente impossível que tais hóspedes exigissem víveres por muito tempo, e que os gregos se recusassem com malícia. Era motivo de combates contínuos entre o povo e os exércitos de Godofredo, que apareceu pela primeira vez depois do saque praticado pelos cruzados de Pedro, o Eremita. Godofredo chegou a atacar os subúrbios de Constantinopla, e o imperador defendeu-os pessoalmente. O bispo Du Puy, em Auvergne, nomeado Monteil,[41] legado do papa nos exércitos da cruzada, queria absolutamente que se empreendessem as ações contra os infiéis, começando pelo cerco da cidade onde residia o primeiro príncipe dos cristãos: tal era a opinião de Boemundo, que estava então na Sicília, e que enviava correios contínuos a Godofredo para impedi-lo que entrasse em acordo com o imperador. Hugo, irmão do rei da França, teve a imprudência de deixar a Sicília, onde se achava com Boemundo, e de passar quase sozinho pelas terras de Aleixo; a essa indiscrição juntou-se a de escrever ao imperador cartas repletas de uma soberbia pouco decorosa para quem não tinha um exército. O fruto dessa empreitada foi o de ser detido e preso por algum tempo. Finalmente, a política do imperador grego superou e contornou todas essas tempestades; ele mandou doar víveres, fez com que todos os senhores prestassem homenagem a ele para obterem as terras que conquistassem e fez com que todos passassem pela Ásia depois de enchê-los de presentes. Boemundo, a quem mais temia, foi aquele que ele tratou com mais magnificência. Quando esse príncipe foi render-lhe homenagem em Constantinopla e convidado a ver as raridades que havia no palácio, Aleixo ordenou que uma saleta fosse lotada de móveis preciosos, obras feitas em ouro e prata, joias de todo tipo, tudo empilhado sem ordem, e que a porta fosse deixada entreaberta. Ao passar, Boemundo viu todos esses tesouros para os quais os cavaleiros foram alertados a não lhes dar atenção. "É possível", ele exclamou, "que se negligencie coisas tão belas? Se as possuísse, eu acreditaria ser o mais poderoso dos príncipes". Na mesma noite, o imperador enviou para ele tudo o que estava naquela saleta. É o que relata sua filha, testemunha ocular. É assim que agia esse príncipe, que todo homem desinteressado chamaria de sábio e magnífico, mas que a maioria dos historiadores das cruzadas tratou como pérfido, porque ele não quis ser o escravo de uma multidão perigosa.

Finalmente, quando tudo foi resolvido a contento e todos embarcaram para a Ásia Menor, uma revista foi feita, perto de Niceia, pela qual, disseram, que havia 100 mil cavaleiros e 6 mil homens a pé, incluindo nessa contagem as mulheres. Esse número, junto com os primeiros cruzados que pereceram sob as ordens do eremita e de outros, perfazia um total de 1,1 milhão de pessoas. Justifica-se então o que se diz dos exércitos dos reis da Pérsia que tinham inundado a Grécia, e o que se conta das migrações de tantos bárbaros; ou então é um exagero parecido àquele dos gregos que sempre misturaram a fábula à história. Enfim, os franceses, e sobretudo Raimundo de Toulouse encontraram-se na mesma situação dos gauleses meridionais que, 1.300 anos antes, foram assolar a Ásia Menor e deram o seu nome à província de Galácia.

Os historiadores raramente nos informam como eram alimentadas essas multidões; era uma empresa que demandava tanto cuidado quanto a própria guerra. De início, Veneza não queria encarregar-se disso; ela enriquecia mais do que nunca de seu comércio com os maometanos e temia perder os privilégios que tinha com eles. Os genoveses, os pisanos e os gregos equiparam navios carregados de provisões que eram vendidas aos cruzados, indo de costa a costa pela Ásia Menor. A fortuna dos genoveses cresceu e foi surpreendente ver como, em pouco tempo, Gênova tornou-se uma potência.

O velho turco Suleiman, sultão da Síria,[42] que estava sob o poder dos califas de Bagdá, cujos prefeitos tinham estado sob as ordens da raça de Clóvis, não pôde, mesmo com a ajuda de seu filho, resistir à primeira avalanche de todos os príncipes cruzados, pois essas tropas eram bem mais preparadas do que as de Pedro, o Eremita, e disciplinadas tanto quanto permitiam a licença e o entusiasmo.

(1097) Niceia foi tomada; os exércitos comandados pelo filho de Suleiman foram derrotados duas vezes. Os turcos e os árabes não se sustentaram ao iniciarem os choques dessas multidões cobertas de ferro, com seus grandes cavalos de batalha e florestas de lanças aos quais eles não estavam acostumados.

(1098) Boemundo teve a oportunidade de fazer com que os cruzados lhe cedessem o fértil país de Antioquia.

Balduíno foi até a Mesopotâmia para tomar a cidade de Edessa onde formou um pequeno Estado.[43]

E, finalmente, o cerco foi instalado diante de Jerusalém, cujo califa do Egito apossara-se da cidade por meio de seus lugares-tenentes.[44] A maioria dos historiadores conta que o exército dos sitiantes, reduzido pelos combates, pelas doenças e guarnições deixadas nas cidades conquistadas, contava agora com 20 mil homens a pé e 1.500 montados em cavalos; enquanto Jerusalém, bem abastecida de tudo, estava defendida por uma guarnição de 40 mil soldados. Não podemos deixar de acrescentar que havia, além dessa guarnição, 20 mil habitantes bem determinados.

Não existe leitor sensato que não perceba ser possível que um exército de 20 mil homens sitie um efetivo de 60 mil em um local fortificado; mas os historiadores sempre quiseram e procuraram o fantástico.

A verdade é que, depois de cinco semanas de sítio, a cidade foi tomada de assalto e todos aqueles que não eram cristãos foram massacrados. Pedro, o Eremita, de general a capelão, encontrava-se no meio da invasão e do massacre. Alguns cristãos, que os muçulmanos haviam deixado viver na cidade, conduziram os vencedores pelos porões mais remotos onde as mães se escondiam com seus filhos, e ninguém foi poupado. Quase todos os historiadores convêm que, após essa carnificina, os cristãos, enojados de tanto sangue, (1099) foram em procissão ao local onde dizem estar o sepulcro de Jesus Cristo para ali derramarem suas lágrimas. É bem verossímil que eles tenham dado mostras de religião; mas essa ternura, manifestada pelo choro, não é muito compatível com esse espírito de vertigem, furor, abuso e cólera. O homem pode ser furioso e terno, mas não ao mesmo tempo.

Al Makin[45] relata que judeus foram trancados na sinagoga que os turcos lhes haviam concedido, e onde todos foram queimados vivos. É possível acreditar nesse relato depois do furor com o qual eles foram exterminados nas ruas.

(5 de julho de 1099) – Jerusalém foi tomada pelos cruzados quando Aleixo Commeno era imperador do Oriente, Henrique IV imperador do Ocidente[46] e Urbano II, chefe da Igreja romana, ainda vivia. Ele morreu antes de ter conseguido o tão desejado triunfo da cruzada da qual era autor.

Os senhores, mestres de Jerusalém, já se reuniam para dar um rei à Judeia. Os eclesiásticos que seguiam o exército compareceram à assembleia e ousaram declarar nula a eleição que estava para ser realizada, porque era necessário, eles diziam, ter um patriarca antes de eleger um soberano.

Apesar disso, Godofredo de Bulhão foi eleito, não rei, mas duque de Jerusalém. Alguns meses depois chegou um legado chamado Damberto,[47] que se fez nomear patriarca pelo clero, e sua primeira atitude foi tomar posse do pequeno reino de Jerusalém para si mesmo em nome do papa. Foi necessário que Godofredo de Bulhão, que tinha conquistado a cidade a preço de seu sangue, tivesse de cedê-la a esse bispo. Ele reservou para si o porto de Jafa[48] e alguns direitos em Jerusalém. Sua pátria, que ele havia abandonado, valia bem mais do que aquela que ele havia adquirido na Palestina.

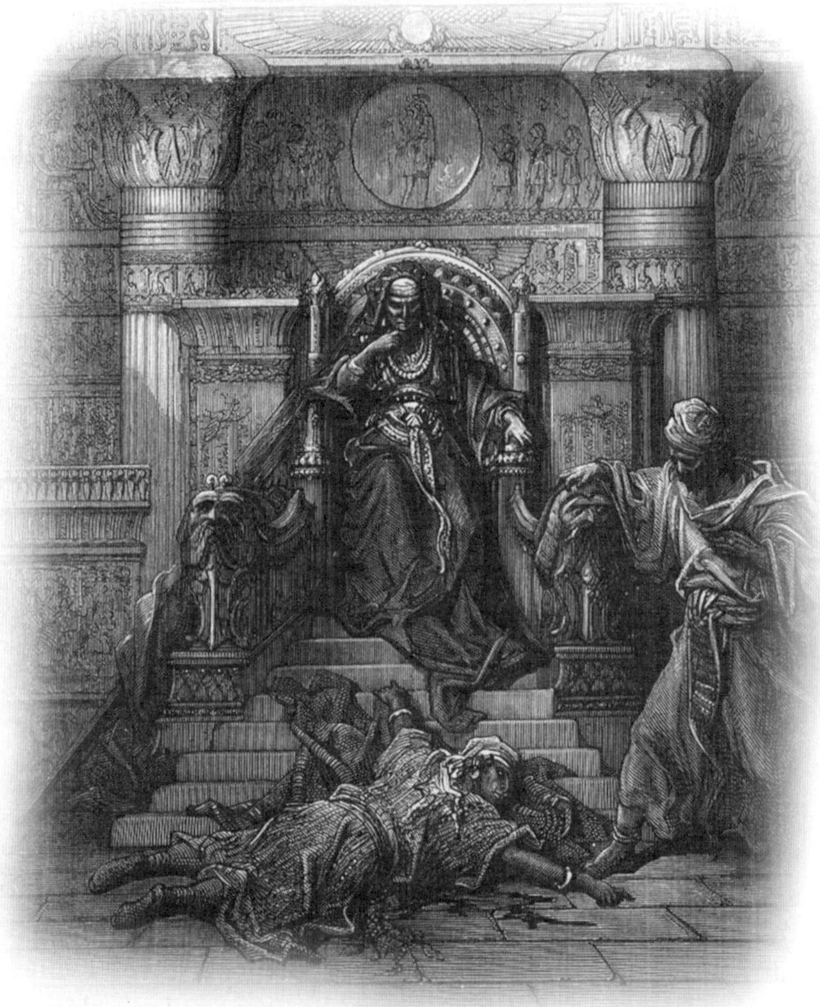

Cruzadas desde a Tomada de Jerusalém. Luís, o Jovem, Toma a Cruz. São Bernardo, que Também Faz Milagres, Prediz Vitórias e as Batalhas Acontecem. Saladino Toma Jerusalém; suas façanhas; sua Conduta. Como Foi o Divórcio de Luís VII, Chamado de o Jovem, etc.

Desde o século IV, um terço da Terra é vítima de emigrações quase contínuas. Os hunos, vindos da Tartária chinesa, se estabelecem finalmente à beira do Danúbio de onde, comandados por Átila, penetraram nas Gálias e na Itália e fixaram-se na Hungria. Os hérulos e os godos conquistam Roma. Os vândalos, das margens do Mar Báltico, subjugam a Espanha e a África. Os burguinhões invadem uma parte das Gálias e os francos invadem a outra parte. Os mouros escravizam os visigodos, conquistadores da Espanha, ao mesmo tempo que outros árabes estendiam as suas conquistas pela Pérsia, a Ásia Menor, a Síria e o Egito. Os turcos, a partir da margem oriental do Mar Cáspio, dividem os Estados conquistados pelos árabes. Os cruzados da Europa inundam a Síria em um número maior de pessoas do que todas essas nações juntas jamais tiveram em suas emigrações, enquanto o tártaro Gêngis[49] subjuga a Ásia alta. Apesar disso, passado algum tempo, nenhum traço restou das conquistas dos cruzados; Gêngis Khan, ao contrário, como também os árabes, os turcos e outros, estabeleceram domínios longe de suas pátrias. Talvez seja fácil descobrir as razões do pouco sucesso dos cruzados.

As mesmas circunstâncias produzem os mesmos efeitos. Pudemos ver que, quando os sucessores de Maomé conquistaram tantos Estados, a discórdia os dividiu. Os cruzados sofreram uma sorte mais ou menos semelhante. Eles conquistaram menos, mas dividiram-se bem mais cedo. Eis que já haviam sido formados de uma só vez três Estados cristãos na Ásia: Antioquia, Jerusalém e Edessa. Alguns anos depois formou-se um quarto, o de Trípoli, na Síria, conquistado por Bertrand, filho do conde de Toulouse. Mas, para conquistar Trípoli, foi preciso recorrer aos navios dos venezianos que tomaram parte na cruzada e fizeram com que lhes fosse cedida uma parte dessa nova conquista.[50]

De todos esses novos príncipes que prometeram render homenagem de suas aquisições ao imperador grego, nenhum manteve sua promessa, e todos invejavam uns aos outros. Em pouco tempo, esses novos Estados divididos e subdivididos passaram por diversas mãos. Elevaram-se, como na França, pequenos senhores, condes de Jafa, marqueses da Galileia, de Sidon, de Acra, da Cesareia. Suleiman, que havia perdido Antioquia e Niceia, continuava residindo nos campos habitados também por colonos muçulmanos e sob o seu domínio, como também, depois dele, a Ásia era uma mistura de cristãos, turcos e árabes que guerreavam entre si. Um castelo turco era vizinho de outro castelo cristão, assim como na Alemanha as terras dos protestantes e dos católicos estavam incrustadas umas nas outras.

Desse milhão de cruzados, bem poucos ainda sobreviviam na época. Pela repercussão de seu sucesso e fortalecidos pelo renome, novos enxames partiram ainda do Ocidente. O príncipe Hugo, irmão do rei da França, Filipe I, conseguiu reunir uma nova multidão, engrossada por italianos e alemães. Dizem que contavam 300 mil, mas, mesmo reduzindo esse número a dois terços, ainda foram 200 mil homens que deram suas vidas em nome da cristandade. Eles foram tratados em Constantinopla tal como o foram os seguidores de Pedro, o Eremita. Aqueles que conseguiram chegar à Ásia foram destruídos por Suleiman, e o príncipe Hugo morreu quase abandonado na Ásia Menor.[51]

O que prova ainda, ao que me parece, a extrema fraqueza do principado de Jerusalém pelo estabelecimento desses religiosos soldados, Templários e Hospitalários. Era preciso que esses monges, criados em princípio para ajudar os doentes, não estivessem em segurança, uma vez que eles tomaram as armas: aliás, quando a sociedade em geral é bem governada, associações particulares nunca são feitas.

Os religiosos consagrados ao serviço dos feridos, tendo feito o voto de lutar, por volta de 1118,[52] formaram rapidamente uma milícia de mesmo teor, sob o nome de Templários, título que eles assumiram por viverem perto de uma igreja que, segundo dizem, havia sido outrora o Templo de Salomão. Esses estabelecimentos devem-se exclusivamente aos franceses, ou, pelo menos, aos habitantes de um país anexado à França. Raymond Dupuy, primeiro Grão-Mestre e instituidor da milícia dos Hospitalários, era da província de Dauphiné.

Assim que essas duas Ordens foram estabelecidas pelas bulas dos papas, elas tornaram-se ricas e rivais; lutavam entre si tão frequentemente quanto lutavam contra os muçulmanos. Logo depois, uma nova Ordem ainda foi estabelecida a favor dos pobres alemães abandonados na Palestina; essa foi a Ordem dos Monges Teutônicos a qual, na Europa, tornou-se depois uma milícia de conquistadores.[53]

Enfim, a situação dos cristãos era tão pouco fortalecida, que Balduíno, primeiro rei de Jerusalém, o qual assumiu o trono depois da morte de Godofredo, seu irmão, foi capturado por um príncipe turco,[54] às portas da cidade.

As conquistas dos cristãos enfraqueciam dia a dia. Os primeiros conquistadores não existiam mais e seus sucessores haviam-se acomodado. O Estado de Edessa tinha sido retomado pelos turcos, em 1140,[55] e Jerusalém estava sendo ameaçada. Como os imperadores gregos não viam nos príncipes de Antioquia, seus vizinhos, nada além de usurpadores, faziam-lhes a guerra, não sem justiça. Os cristãos da Ásia, perto de serem destruídos por todos os lados, solicitaram à Europa uma nova cruzada geral.

A França tinha começado a primeira inundação e foi a ela que a segunda foi endereçada. O papa Eugênio III, discípulo de São Bernardo e fundador de Clervaux, escolheu, com razão, o seu primeiro mestre por ele ser o instituidor de um novo despovoamento.⁵⁶ Jamais um religioso conciliou melhor o tumulto dos negócios com a austeridade de seu Estado; nenhum religioso tinha chegado, como ele, a essa consideração puramente pessoal que está acima da própria autoridade. Seu contemporâneo, o abade Suger,⁵⁷ era primeiro-ministro da França; seu discípulo era papa; mas Bernardo, simples abade de Clervaux, era o oráculo da França e da Europa.

Em Vézelay, na Borgonha, foi colocado um palanque, onde Bernardo apareceu ao lado de Luís, o Jovem, rei da França. Bernardo falou primeiro e o rei, em seguida. Todos os que estavam presentes tomaram a cruz. Luís pegou-a primeiro das mãos de Bernardo. O ministro Suger não era da opinião de que o rei abandonasse o bem, certo que ele podia fazer aos seus Estados para tentar, na Síria, conquistas incertas; mas a eloquência de Bernardo e o espírito do momento, sem o qual essa eloquência nada significaria, colocaram-no acima dos conselhos do ministro.

Luís, o Jovem, é descrito como mais cheio de escrúpulos do que de virtudes. Em uma dessas pequenas guerras civis que o governo feudal tornava inevitáveis na França, as tropas do rei tinham incendiado a igreja de Vitry e uma parte das pessoas que se haviam refugiado nessa igreja pereceu em meio às chamas. O rei foi facilmente persuadido de que somente poderia expiar esse crime indo à Palestina em vez de tentar repará-lo na França por meio de uma administração sábia. Ele fez voto de mandar degolar milhões de homens para expiar a morte de 400 ou 500 habitantes de Champagne. Sua jovem esposa, Leonor da Aquitânia,[58] foi à cruzada com ele, seja porque o amasse, seja porque era o costume, naquela época, acompanhar o marido nessas aventuras.

Bernardo havia adquirido um crédito tão singular que, em uma nova assembleia em Chartres, ele mesmo foi escolhido como chefe da cruzada. Esse fato parece quase incrível; mas tudo é possível a partir da cólera religiosa dos povos. São Bernardo tinha muito espírito para se expor ao ridículo que o ameaçava. O exemplo de Pedro, o Eremita, era recente demais e ele recusou a função de general, contentando-se com aquela de profeta.

Da França, ele correu para a Alemanha onde encontrou outro monge que pregava a cruzada. Ele fez com que o rival se calasse, pois não havia recebido a missão do papa. Finalmente, ele mesmo dá a cruz vermelha ao imperador Conrado III e promete publicamente, da parte de Deus, vitórias contra os infiéis. Logo depois, um de seus discípulos, chamado Filipe, da França, escreveu que Bernardo havia feito muitos milagres na Alemanha. Não eram, na verdade, mortos ressuscitados, mas cegos que voltaram a enxergar, aleijados que voltaram a andar e doentes que foram curados. Podemos contar entre esses prodígios o fato de que ele pregava aos alemães no idioma francês.

A esperança de uma vitória certa levou a maioria dos cavaleiros de seus Estados a seguir o imperador e o rei da França. Dizem que havia em cada um dos dois exércitos 70 mil soldados, com uma cavalaria rápida prodigiosa: a infantaria não foi levada em conta. Não é possível reduzir muito essa segunda emigração em menos de 300 mil pessoas as quais, junto a 1,3 milhão que contamos anteriormente, perfazem, até essa época, 1,6 milhão de habitantes que saíram da Europa. Os alemães partiram primeiramente, os franceses em seguida.[59] É natural que, dessas multidões que passam de um clima para outro, grande parte seja atingida pelas doenças; foi sobretudo a intemperança que causou mortalidade no exército de Conrado nas planícies de Constantinopla. Dali surgiram os boatos espalhados no Ocidente de que os gregos tinham envenenado os poços e as fontes. Os mesmos excessos que os primeiros cruzados haviam cometido foram imitados pelos segundos, e provocaram os mesmos sentimentos de alarme a Manuel Commeno,[60] sentimentos que haviam sido despertados em seu avô, Aleixo.

Depois de ter passado pelo Bósforo, Conrado conduziu-se com a imprudência própria de suas expedições. O principado de Antioquia subsistia. Teria sido possível unir esses cristãos da Síria e esperar o rei da França, de maneira que esse número superior teria condições de levar a vitórias; mas o imperador alemão, com inveja do príncipe de Antioquia e do rei da França, afundou-se no meio da Ásia Menor. Um sultão de Icone, muito mais astuto, atraiu para as rochas essa pesada cavalaria alemã, cansada, desgostosa, incapaz de agir nesse terreno, o que permitiu que os turcos só tivessem o trabalho de escolher suas vítimas. O imperador ferido, com apenas algumas tropas fugitivas, salvou-se em direção de Antioquia de onde fez a viagem para Jerusalém como peregrino, em vez de aparecer ali como general de um exército. O famoso Frederico Barba-Roxa,[61] seu sobrinho e sucessor ao império da Alemanha, acompanhava-o em suas viagens, aprendendo com os turcos a exercer uma coragem a qual os papas passariam a sentir seus efeitos em diversos momentos da História.

Luís, o Belo, passou pela mesma experiência. É necessário afirmar que aqueles que o acompanhavam não tinham mais prudência do que os alemães e muito menos justiça. Com muita dificuldade, o exército chegou à Trácia, onde um bispo de Langres propôs tornar-se mestre de Constantinopla; mas a vergonha desse tipo de ação era grande demais e o sucesso muito incerto. O exército francês passou o Helesponto (atual cidade de Abidos) nos rastros do imperador Conrado.

Acredito que não exista ninguém que não tenha observado que esses poderosos exércitos de cristãos combateram nos mesmos países onde Alexandre sempre obteve vitórias com bem menos tropas e contra inimigos incomparavelmente mais poderosos do que os turcos e os árabes. Não há dúvida de que houvesse na disciplina militar desses príncipes cruzados um erro radical que, claramente, devia tornar sua coragem inútil. Esse erro provavelmente era o espírito de independência que o governo feudal havia estabelecido na Europa; líderes sem experiência e sem arte levavam para esses países desconhecidos multidões indisciplinadas e sem qualquer tipo de organização.

Surpreendido, tal como o imperador alemão o fora nas rochas a caminho da Laodiceia, o rei da França foi derrotado, tal como o foi seu antecessor alemão. Porém, em Antioquia, ele passou por males domésticos ainda mais sensíveis do que essas calamidades. Raimundo, príncipe de Antioquia, em cuja residência o rei se refugiou com a rainha Leonor, sua esposa, fez amor publicamente com essa princesa a qual, dizem, tentava esquecer as fadigas dessa cruel viagem nos braços de um jovem turco de rara beleza chamado Saladino.[62]

Luís retirou sua mulher de Antioquia e levou-a para Jerusalém, arriscando-se a ser atacado, com ela, seja pelos muçulmanos, seja pelas tropas do príncipe de Antioquia. Ele, ao menos, teve a satisfação de cumprir o seu voto e poder dizer um dia a São Bernardo que ele tinha visto Belém e Nazaré. Mas, durante essa viagem, o que restava de seu exército foi derrotado e disperso por todos os lados.[63] Por fim, 3 mil franceses desertaram de uma só vez e converteram-se ao Islamismo para poder conseguir alimento (1148).

A conclusão dessa cruzada foi o retorno de Conrado, quase sozinho, à Alemanha. O rei Luís, o Jovem, levou de volta para a França apenas sua esposa e alguns cortesãos. Em seu retorno, ele pediu a anulação de seu casamento com Leonor de Aquitânia, sob pretexto de parentesco, pois o adultério, como já foi mencionado, não anulava o sacramento do casamento; mas, pela mais absurda das leis, o crime de ter desposado sua prima distante anulava esse sacramento. Luís não era poderoso o suficiente para manter o dote ao devolver Leonor. Foi assim que ele perdeu a Aquitânia, essa bela província da França,[64] depois de ter perdido na Ásia o mais próspero exército que seu país já tinha conseguido formar. Mil famílias desoladas manifestaram-se contra as profecias de Bernardo, que se eximiu de culpa ao comparar-se com Moisés, o qual, segundo dizem, prometera aos israelitas, em nome de Deus, conduzi-los a uma terra de felicidade e que, no entanto, viu a primeira geração perecer nos desertos.

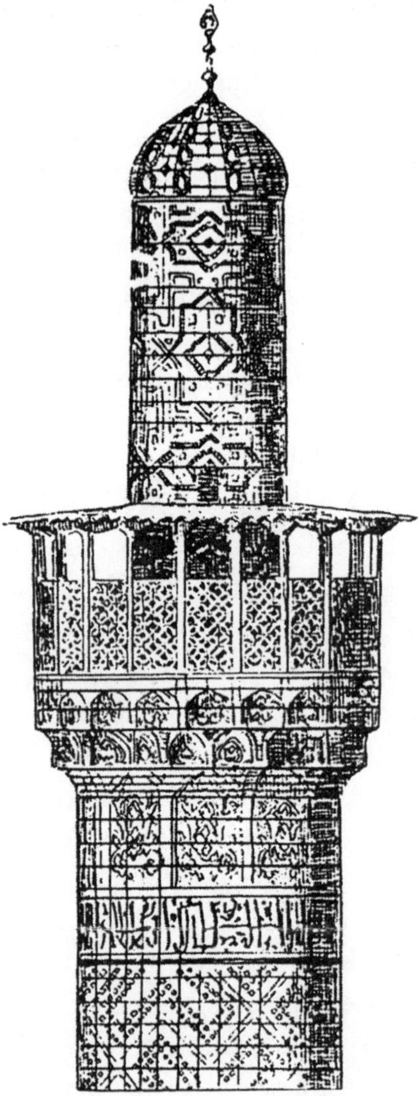

Saladino

Depois dessas expedições infelizes, os cristãos da Ásia ficaram mais divididos do que nunca. O mesmo furor reinava entre os muçulmanos. O pretexto da religião não mais fazia parte dos assuntos políticos. Ao redor do ano de 1166, até mesmo Amaury, rei de Jerusalém, uniu-se ao sultão do Egito para combater os turcos. Mas assim que o rei de Jerusalém assinou esse tratado, ele acabou violando-o. Os cristãos ainda possuíam Jerusalém e disputavam alguns territórios da Síria com os turcos e com os tártaros.

Enquanto a Europa era consumida por essa guerra, Antonio Commeno subia ao trono cambaleante de Constantinopla em razão da morte de seu sobrinho,[65] e Frederico Barba-Roxa e os papas mantinham a Itália armada (1182), a natureza produziu um desses acidentes que deveriam fazer com que os homens se conscientizassem do quão pouco representativos eles são e do quão pouco é o que eles disputam entre si.

Um terremoto, mais extenso do que aquele que ocorreu em 1755,[66] derrubou a maioria das cidades da Síria e daquele pequeno Estado de Jerusalém; em muitos lugares a terra engoliu animais e homens. Pregava-se aos turcos que Deus punisse os cristãos, enquanto se pregava aos cristãos que Deus se declarasse contra os turcos; e os dois continuavam confrontando-se sobre os destroços da Síria.

No meio de tantas ruínas, surgia o grande Salaheddin, chamado na Europa de Saladino. Ele era de origem persa, do pequeno país dos curdos, nação sempre guerreira e sempre livre. Foi um dos comandantes que se apossaram das terras dos califas e nenhum foi tão poderoso quanto ele. Em pouco tempo, conquistou o Egito, a Síria, a Arábia e a Mesopotâmia.

Saladino, senhor de tantos países, logo sonhou em conquistar o reino de Jerusalém. Violentas facções dividiam esse pequeno Estado e aceleravam a sua ruína. Guy de Lusignan, coroado rei, mas cuja legalidade era questionada,[67] reuniu na Galileia todos os cristãos divididos, unidos apenas pelo perigo que corriam, e marchou contra Saladino. O bispo de Ptolemais[68] ostentava uma capa por cima da armadura e carregava em seus braços uma cruz com a qual persuadiu os cristãos, dizendo tratar-se da mesma cruz que havia sido o instrumento da morte de Jesus Cristo. No entanto, todos os cristãos foram mortos ou presos.[69] O rei cativo, que não esperava nada senão a morte, ficou espantado ao ser tratado por Saladino como hoje são tratados os prisioneiros de guerra pelos generais mais humanos.

Saladino ofereceu uma taça de licor fresco a Guy Lusignan. O rei, após ter bebido, quis dar a taça a um de seus capitães, chamado Reinaldo de Châtillon.[70] Era um inviolável estabelecido entre os muçulmanos, ainda conservado entre os árabes, de não matar os prisioneiros aos quais havia sido dado de beber ou de comer: esse direito da antiga hospitalidade era sagrado para Saladino. Ele não se importou com o fato de que Reinaldo de Châtillon bebesse depois do rei. Esse mesmo capitão tinha violado diversas vezes suas promessas: o vencedor tinha jurado puni-lo e, mostrando que sabia tanto vingar-se quanto perdoar, ele decepou a cabeça daquele pérfido com um só golpe de sabre.

(1187) Chegado às portas de Jerusalém, que não podia mais se defender, ele concedeu à rainha, mulher de Lusignan, uma capitulação que ela não esperava. Ele permitiu que ela se retirasse para onde quisesse e não exigiu qualquer resgate pelos gregos que moravam na cidade. Quando ele fez sua entrada em Jerusalém, diversas mulheres prostraram-se aos seus pés, umas implorando pelos maridos, outras por seus filhos ou pais que estavam encarcerados. Ele os libertou com uma generosidade nunca vista nessa parte do mundo. Saladino mandou lavar com água de rosas, pelas próprias mãos dos cristãos, a mesquita que tinha sido transformada em igreja; colocou nela um púlpito magnífico, trabalhado pelo próprio sultão de Alepo, Noradine, e mandou gravar na porta da mesquita essas palavras: "O rei Saladino, servidor de Deus, colocou esta inscrição depois que Deus tomou Jerusalém por meio de suas mãos".

Ele estabeleceu escolas muçulmanas; mas, apesar de seu apego à religião, ele devolveu aos cristãos orientais a igreja que é chamada de Santo-Sepulcro, ainda que não seja verossímil que Jesus tenha sido enterrado nesse local. É preciso acrescentar que Saladino, ao final de um ano, concedeu a liberdade a Guy de Lusignan, fazendo-o jurar que nunca usaria as armas contra o seu libertador. Lusignan não manteve a sua palavra.

Enquanto a Ásia Menor tinha sido palco do zelo, da glória, dos crimes e dos males de tantos milhões de cruzados, o furor de anunciar a religião com armas nas mãos havia-se expandido nos confins do Norte. Vimos em um momento Carlos Magno converter a Alemanha setentrional a ferro e fogo como também vimos, em seguida, os dinamarqueses idólatras fazerem a Europa tremer e conquistarem a Normandia sem jamais tentar forçar a idolatria entre os vencidos. Assim que o Cristianismo se firmou na Dinamarca, na Saxônia e na Escandinávia, uma cruzada foi pregada contra os pagãos do Norte, os chamados esclavos ou eslavos, que deram o nome de Eslavônia, país que faz divisa com a Hungria. Os cristãos armaram-se contra eles a partir de Bremen até os confins da Escandinávia. Mais de 100 mil cruzados levaram a destruição àqueles povos: muitos foram mortos e ninguém foi convertido. Podemos juntar a perda desses 100 mil homens ao 1,6 milhão que o fanatismo daqueles tempos custou à Europa.

No entanto, somente restava aos cristãos da Ásia a Antioquia, Trípoli, Jafa e a cidade de Tiro. Saladino dominava todo o restante, seja sob seu próprio comando, seja pelo de seu genro, o sultão de Iconium ou Konya.[71]

O eco das vitórias de Saladino deixou toda a Europa perturbada. O papa Clemente III congregou a França, a Alemanha e a Inglaterra. Filipe-Augusto,[72] que na época reinava na França, e o velho Henrique II, rei da Inglaterra, suspenderam as suas disputas[73] e colocaram sua rivalidade para marchar no desejo de socorrer a Ásia. Eles ordenaram que, em cada Estado sob seus domínios, aqueles que não aderissem à cruzada pagariam um décimo de seus ganhos e de seus bens móveis para financiar os gastos do armamento.[74] É o que se chamou de *dízimo saladino*; taxa que serviria de troféu à glória do conquistador.

O imperador Frederico Barba-Roxa,[75] tão famoso por suas perseguições contra os papas, tornou-se cruzado quase ao mesmo tempo. Ele parecia ser para os cristãos da Ásia o que Saladino era para os turcos: político, grande capitão e experimentado pela sorte. Ele estava à frente de um exército de 50 mil combatentes e foi o primeiro a tomar a precaução de ordenar que não fosse recebido ninguém como cruzado que possuísse menos de 50 escudos, a fim de que cada um pudesse, por seu próprio esforço, prevenir as horríveis privações que haviam contribuído para a morte dos exércitos precedentes.

Foi antes necessário que ele combatesse os gregos. A corte de Constantinopla, cansada de ser continuamente ameaçada pelos latinos, finalmente firmou uma aliança com Saladino.[76] Essa aliança revoltou a Europa; mas é evidente que ela era indispensável: não se faz aliança com um inimigo natural sem necessidade. Nossas alianças com os turcos, talvez menos necessárias, não causaram tantos murmúrios. Frederico abriu uma passagem na Trácia com as armas em mãos contra o imperador Isaac Ângelo e, tendo sido vitorioso sobre os gregos, ganhou duas batalhas contra o sultão de Konya, mas, ao se banhar suado nas águas de um rio, que dizem ser o Cydnus (Rio Tarso), ali ele morreu[77] e suas vitórias acabaram sendo inúteis. Elas tinham custado caro, sem dúvida, já que seu filho, o duque da Suábia, dos 150 mil homens, não conseguiu reunir mais do que 7 ou 8 mil. Ele os conduziu à Antioquia e juntou suas tropas às do rei de Jerusalém, Guy de Lusignan, que ainda desejava atacar seu vencedor Saladino, apesar da fé dos sermões e da desigualdade de armas.

Depois de diversos combates, dos quais nenhum foi decisivo, o filho de Frederico Barba-Roxa, que poderia ter sido o imperador do Ocidente, perdeu a vida perto de Ptolemais. Aqueles que escreveram que ele morreu mártir da castidade e que ele teria fugido do assédio das mulheres, são ao mesmo tempo bajuladores audaciosos e fisiologistas pouco instruídos. Os mesmos comentários estúpidos foram expressos a respeito de Luís VIII, rei da França.

A Ásia Menor era um abismo no qual a Europa acabou por precipitar-se. Não somente esse imenso exército do imperador Frederico estava perdido como também perderam-se as frotas de ingleses, franceses, italianos, alemães, que precederam a chegada de Filipe-Augusto e de Ricardo Coração de Leão,[78] que levaram tantos e novos cruzados para serem vitimados.

O rei da França e o rei da Inglaterra finalmente chegaram à Síria em frente a Ptolemais. Quase todos os cristãos do Oriente tinham sido reunidos para sitiar aquela cidade. Saladino estava ocupado no Eufrates com uma guerra civil. Quando os dois reis uniram suas forças às dos cristãos do Oriente, contava-se mais de 300 mil combatentes.

(1190) Ptolemais, na verdade, foi tomada; mas a discórdia, que devia necessariamente dividir dois rivais pela glória e pelo interesse, tal como eram Filipe e Ricardo, causou mais mal do que os 300 mil homens em suas infelizes façanhas. Filipe, cansado dessas divisões e, mais ainda, da superioridade e da ascendência que Ricardo, seu vassalo, assumia, retornou à sua pátria, quando ele talvez não devesse ter abandonado, mas ter reconsiderado com maior glória.

Senhor honorário do campo de batalha, mas não dessa multidão de cruzados, mais divididos do que eram os dois reis, Ricardo fez mostras de uma coragem das mais heroicas, mas tudo foi em vão. Saladino, que havia retornado como vencedor da Mesopotâmia, atacou os cruzados perto de Cesareia. Ricardo teve a glória de desarmar Saladino, mas foi quase tudo o que ele ganhou nessa expedição memorável.[79]

O cansaço, as doenças, os pequenos conflitos, as brigas constantes arruinaram aquele grande exército; Ricardo voltou com mais glória, na verdade, do que Filipe-Augusto, mas de modo bem menos prudente. Ele partiu com somente um navio que sofreu um naufrágio na costa de Veneza; ele atravessou, disfarçado e mal acompanhado, metade da Alemanha. Na Síria, ele tinha ofendido, por sua superioridade, um duque da Áustria, e cometeu a imprudência de passar por suas terras. (1193) Esse duque da Áustria capturou-o e colocou-o a ferros para então entregá-lo ao bárbaro e covarde imperador Henrique VI, que o prendeu em uma prisão como um inimigo de guerra, exigindo, segundo dizem, 100 mil marcos de prata como resgate. Mas 100 mil marcos de prata fina seriam equivalentes, hoje (em 1778), a cerca de 5,5 milhões de marcos. Nessa época, a Inglaterra não estava em condições de pagar tal soma: era provavelmente 100 mil marcos (*marcas*) que equivaleram a 100 mil escudos. Nós já falamos a respeito no capítulo 49.[80]

Saladino, que tinha feito um trato com Ricardo, pelo qual ele deixava aos cristãos a costa do mar, desde Tiro até Jafa, manteve fielmente a sua palavra. (1195) Saladino morreu três anos depois em Damasco, admirado até mesmo pelos cristãos.[81] Em sua última doença, ele carregou consigo um lençol com o qual devia ser sepultado no lugar da bandeira que esvoaçava em frente à sua porta; e ordenou que aquele que viesse a sustentar esse estandarte da morte gritasse em alta voz: "Eis tudo o que Saladino, vencedor do Oriente, leva de suas conquistas". Dizem que em seu testamento ele deixou distribuições iguais de esmolas aos pobres maometanos, judeus e cristãos; ele queria fazer com que fosse entendido, por suas disposições, que todos os homens são irmãos e que, para socorrê-los, não é preciso saber em qual religião eles acreditam, mas saber de qual mal eles sofrem. Poucos de nossos príncipes cristãos tiveram essa magnificência; e poucos cronistas, dos quais a Europa está repleta, souberam render-lhe justiça.

O ardor das cruzadas não diminuía, e as guerras de Filipe-Augusto contra a Inglaterra e a Alemanha não impediram que um grande número de senhores franceses ainda se tornassem cruzados. O principal móvel dessa ação foi o príncipe flamengo Balduíno, conde de Flandres,[82] tal como foi Godofredo de Bulhão, o comandante da primeira cruzada. Quatro mil cavaleiros, 9 mil escudeiros e 20 mil homens a pé compuseram essa nova e quinta cruzada.[83]

Veneza se tornava dia a dia uma república temível que apoiava o seu comércio pela guerra. Era preferível dirigir-se a ela do que a qualquer rei da Europa. Ela se colocou em posição de equipar frotas que os reis da Inglaterra, da Alemanha e da França não podiam fornecer. Esses republicanos engenhosos ganharam com essa cruzada dinheiro e terras. Primeiramente, eles receberam 85 mil escudos de ouro apenas para transportar somente o exército em seu trajeto (1202). Depois, eles se aproveitaram do mesmo exército, ao qual eles adicionaram 50 navios para fazer as primeiras conquistas na Dalmácia.

O papa Inocêncio III excomungou-os, seja pela forma, seja porque ele já temia a grandeza desse povo. Esses cruzados excomungados tomaram Zara e seu território, o que aumentou as forças de Veneza na Dalmácia.[84]

Essa cruzada foi muito diferente de todas as outras; ela encontrou Constantinopla dividida enquanto as precedentes tiveram como comandantes imperadores fortalecidos. Os venezianos, o conde de Flandres, o marquês de Montferrat[85] uniram-se a eles, os principais chefes, sempre políticos quando a multidão está desenfreada, e perceberam que havia chegado o momento de executar o antigo projeto contra o império dos gregos. Assim, os cristãos dirigiram sua cruzada contra o primeiro príncipe da cristandade.

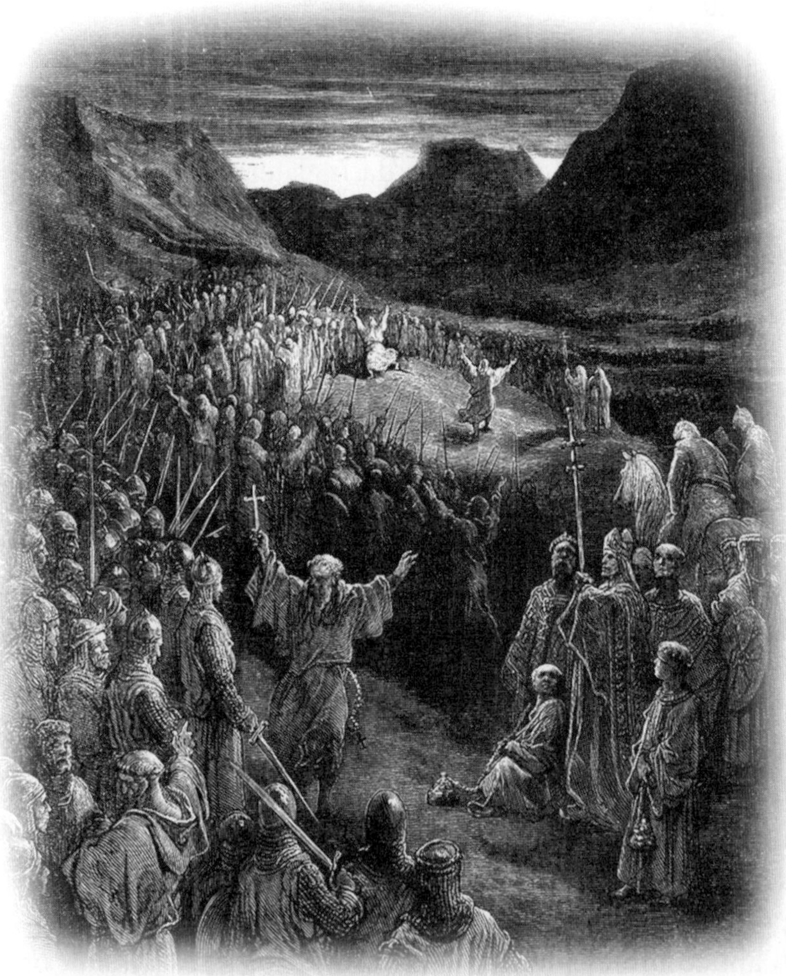

Os Cruzados Invadem Constantinopla. Infortúnios dessa Cidade e dos Imperadores Gregos. Cruzada ao Egito. Aventura Singular de São Francisco de Assis. Desgraça dos Cristãos

O império de Constantinopla, que continuava a carregar o título de império romano, ainda possuía a Trácia, toda a Grécia, as ilhas, Épiro e estendia o seu domínio na Europa até Belgrado e a Valáquia. Ele disputava os restos da Ásia Menor com os árabes, os turcos e os cruzados, e sempre cultivou as ciências e as belas-artes na cidade imperial. Houve uma sucessão constante de historiadores que vinha desde os tempos em que Maomé II[86] tornou-se seu mestre e senhor. Os historiadores eram imperadores ou príncipes, ou ainda homens de Estado, e sabiam escrever bem; eles só falavam de devoção;

dissimulavam todos os fatos; procuravam apenas usar um jogo vão de palavras; da antiga Grécia, eles só tinham a loquacidade; a controvérsia era o estudo da corte.

No século XII, o imperador Manuel[87] discutiu por muito tempo com seus bispos sobre estas palavras: "Meu pai é maior do que eu",[88] uma vez que ele tinha de temer os cruzados e os turcos. Havia um catecismo grego no qual se anatematizava com execração esse versículo tão conhecido do Alcorão, que diz: "Deus é um ser infinito, que não foi gerado e que não gerou ninguém". Manuel quis que se retirasse do catecismo esse anátema. Essas disputas marcaram o seu reino e o enfraqueceram. Mas percebam que, nessa disputa, Manuel favorecia os muçulmanos. Ele não queria que um povo vitorioso fosse insultado no catecismo grego, um povo que só admitia um Deus incomunicável e para o qual a nossa Trindade revoltava.

(1185) Seu filho, Aleixo Manuel, que desposou uma das filhas do rei da França, Luís (o Jovem), foi destronado por Andrônico, um de seus parentes. Por sua vez, esse Andrônico foi destronado por um oficial do palácio, chamado Isaac Ângelo.[89] O imperador Andrônico foi traído e, nas ruas, cortaram-lhe uma das mãos, furaram-lhe os olhos e jogaram água fervente sobre o seu corpo; ele expirou sob os mais cruéis suplícios.

Isaac Ângelo, que havia punido um usurpador com tanta atrocidade, foi também deposto por seu próprio irmão, Aleixo Ângelo,[90] que mandou furar seus olhos (1195). Aleixo Ângelo tomou o nome de Commeno, ainda que ele não tivesse sido da família imperial dos Commenos; e foi ele a causa da tomada de Constantinopla pelos cruzados.

O filho de Isaac Ângelo foi implorar socorro ao papa e, sobretudo, aos venezianos, contra a barbárie de seu tio. Para ter certeza de sua ajuda, ele renunciou à Igreja grega e abraçou o culto da Igreja latina. Os venezianos e alguns príncipes, como Balduíno, conde de Flandres, e Bonifácio, marquês de Montferrat, ofereceram-lhe um socorro perigoso. Tais auxiliares foram igualmente odiosos para todos os partidos. Eles acampavam fora da cidade, sempre repleta de tumulto. O jovem Aleixo, detestado pelos gregos por ter introduzido os latinos, foi logo imolado por uma nova facção. Um de seus parentes, de sobrenome Mirziflos,[91] estrangulou-o com as próprias mãos, e calçou as botas vermelhas, que eram a marca do império.

(1204) Os cruzados, que tinham então o pretexto de vingar seu povo, aproveitaram-se das sedições que assolavam a cidade para destruí-la. Ali entraram quase sem resistência; e, após terem assassinado tudo o que se apresentasse, eles abandonaram-se a todos os excessos do furor e da avareza. Nicetas[92] assegura que o espólio dos senhores da França foi avaliado em 200 mil libras de prata bem pesadas. As igrejas foram pilhadas e – o que marca bem o caráter dessa nação que nunca mudou – os franceses dançaram com mulheres dentro do santuário da igreja de Santa Sofia, enquanto uma das prostitutas que seguiam o exército de Balduíno cantava canções próprias de sua profissão no púlpito patriarcal. Os gregos frequentemente rezavam à Santa Virgem enquanto assassinavam seus príncipes; os franceses bebiam, cantavam e acariciavam mulheres na catedral, enquanto a pilhavam; cada nação com sua característica.

Foi a primeira vez que a cidade de Constantinopla foi tomada e saqueada por estrangeiros, e isso ocorreu pelos próprios cristãos que haviam feito voto de combater somente os infiéis.

Não é possível perceber o mínimo efeito desse fogo ardente tão exaltado pelos historiadores. Se fosse tal como dizem, isso teria proporcionado uma vitória segura tanto em terra quanto no mar. Se tivessem alguma coisa semelhante aos nossos fósforos, a água poderia, na verdade, conservá-los, mas, mesmo assim, eles ainda não teriam qualquer atividade dentro da água. Enfim, apesar desse segredo, os turcos tinham tirado dos gregos quase toda a Ásia Menor e os latinos arrancaram-lhes o resto.

O mais poderoso dos cruzados, Balduíno, conde de Flandres, fez com que fosse eleito imperador. Eram quatro os pretendentes ao trono. Na igreja de Sofia foram colocados, à sua frente, quatro grandes cálices cheios de vinho: aquele que estava destinado a ser eleito seria o único consagrado. Balduíno bebeu o seu cálice, pegou as botas vermelhas e foi reconhecido. Esse novo usurpador condenou o outro usurpador, Mirziflos, a ser jogado do alto de uma coluna. Os outros cruzados dividiram o império entre si. Os venezianos presentearam-se com o Peloponeso, a ilha de Cândia (Creta) e várias cidades das costas da Frígia, que não haviam sofrido muito sob o jugo dos turcos. O marquês de Montferrat tomou para si a Tessália. Assim, Balduíno não ficou com muito mais do que a Trácia e a Moésia.[93] Quanto ao papa, ele ganhou, pelo menos por um tempo, a Igreja do Oriente. Essa conquista poderia, com o tempo, valer um reino: Constantinopla era uma coisa bem diferente de Jerusalém.

Assim, o único fruto dos cristãos em suas bárbaras cruzadas foi exterminar outros cristãos. Esses cruzados, que arruinavam o império, teriam conseguido, facilmente, bem mais que todos os seus predecessores: expulsar os turcos da Ásia. Os Estados de Saladino estavam em farrapos. Mas entre a grande quantidade de cavaleiros que haviam feito voto de prestar socorro a Jerusalém, pela Síria passou apenas o pequeno número daqueles que não puderam tomar parte do que foi roubado dos gregos. Desse pequeno número fazia parte Simão de Montfort,[94] o qual, havendo procurado em vão um Estado na Grécia e na Síria, assumiu a liderança de uma cruzada contra os albigenses, para usurpar, com o auxílio da cruz, alguma coisa que pertencesse aos cristãos, seus irmãos.

Havia ainda muitos príncipes da família imperial dos Commenos, que não perderam a coragem com a destruição de seu império. Um deles, que também carregava o nome de Aleixo,[95] refugiou-se com alguns navios na Cólquida onde, entre o Mar Negro e o Monte Cáucaso, formou um pequeno Estado que foi chamado de Império de Trebizonda; abusava-se demais do uso da palavra império.[96]

Teodoro Láscaris[97] retomou a Niceia e estabeleceu-se na Bitínia, servindo-se do propósito dos árabes contra os turcos. Ele também assumiu o título de imperador e fez eleger um patriarca de sua comunhão. Outros gregos, unidos com os próprios turcos, chamaram ao seu socorro seus antigos inimigos, os búlgaros, contra o novo imperador Balduíno de Flandres, que bem pouco aproveitou a sua conquista (1205). Vencido por eles perto de Adrianópolis (atual Edirne), cortaram-lhe os braços e as pernas, e ele morreu vítima de bestas ferozes.

Os cursos dessas emigrações deviam então estancar, mas os espíritos dos homens estavam em movimento. Os confessores ordenavam aos penitentes a irem à Terra Santa. As falsas notícias que vinham daqueles lados também davam, todos os dias, falsas esperanças.

Um monge bretão, chamado Elsoin, conduziu na Síria, ao redor de 1204, uma multidão de bretões. A viúva de um rei da Hungria tornou-se cruzada juntamente com outras mulheres, acreditando que o céu pudesse ser alcançado somente por meio dessa viagem. E essa doença epidêmica passou até para as crianças.[98] Houve milhares que, conduzidas por mestres de escola e monges, deixaram as casas dos pais pela fé destas palavras: "Senhor, tu tirastes tua glória das crianças". Seus condutores venderam uma parte delas aos muçulmanos e a outra parte morreu de miséria.

O Estado da Antioquia era o que os cristãos tinham conservado de mais considerável na Síria. O reino de Jerusalém só existia dentro de Ptolemais.[99] No entanto, estava estabelecido no Ocidente que era necessário um rei para Jerusalém. Com a morte, em torno do ano de 1205, de Émeri de Lusignan,[100] rei titular, o bispo de Ptolemais propôs pedir à França um rei para a Judeia. Filipe-Augusto nomeou um dos filhos mais novos da casa de Brienne, em Champagne,[101] que possuía apenas um pequeno patrimônio. Pela escolha do rei é possível perceber qual era o reino.

Esse rei titular, seus cavaleiros, os bretões que tinham atravessado o mar, diversos príncipes alemães, um duque da Áustria,[102] André, rei da Hungria,[103] seguidos de belas tropas, dos Templários, dos Hospitalários, dos bispos de Munster e de Utrecht; tudo isso podia ainda formar um exército de conquistadores, se eles tivessem um chefe, mas foi isso que sempre faltou.[104]

Tendo-se retirado o rei da Hungria, um conde da Holanda[105] empreendeu aquilo que muitos reis não conseguiram fazer. Os cristãos pareciam ter alcançado o tempo de se restabelecer; suas esperanças haviam aumentado com a chegada de uma multidão de cavaleiros que um legado do papa lhes concedera. Um arcebispo de Bordeaux, os bispos de Paris, de Angers, de Autun e de Beauvais acompanharam o legado com tropas consideráveis; 4 mil ingleses e a mesma quantidade de italianos, todos vieram sob diversas bandeiras. Finalmente, João de Brienne, que tinha chegado a Ptolemais quase sozinho, encontra-se então no comando de perto de 100 mil combatentes.

Safadin,[106] irmão do famoso Saladino, que tinha anexado há pouco o Egito a outros Estados seus, acabava de demolir o que restava das muralhas de Jerusalém, que nada mais era do que um povoado arruinado; mas como Safadin parecia mal fortalecido no Egito, os cruzados acreditaram poder conquistá-lo.

De Ptolemais, o trajeto é curto até a boca do Nilo. Os navios que haviam transportado tantos cristãos os levaram em três dias à antiga cidade de Pelúsio.[107]

Foi perto das ruínas do Pelúsio que Damieta foi elevada sobre um dique que a defende das inundações do Nilo. (1218) Os cruzados começaram o cerco durante a última doença de Safadin e o mantiveram depois de sua morte. Meledin,[108] seu filho mais velho, reinava então no Egito, e era conhecido por amar as leis, as ciências e o repouso mais do que a guerra. Corradino,[109] sultão de Damasco, para quem a Síria havia sido dividida, veio socorrê-lo contra os cristãos. O sítio, que durou dois anos, foi memorável na Europa, na Ásia e na África.

São Francisco de Assis[110] que, na época, estabelecia a sua ordem,[111] visitou pessoalmente o campo dos sitiantes e, por imaginar que pudesse facilmente converter o sultão Meledin, dirigiu-se, com seu companheiro, frei Leão, ao campo dos egípcios. Eles foram presos e conduzidos ao sultão. Francisco pregou para ele em italiano. Ele propôs a Meledin mandar acender uma grande fogueira na qual seus imames, de um lado, e Francisco e Leão do outro, se jogariam para provar qual era a religião verdadeira. Meledin, para quem um intérprete explicava essa proposta singular, respondeu rindo que seus sacerdotes não eram homens que se jogassem ao fogo pela sua fé. Então Francisco propôs jogar-se sozinho para provar a sua. Meledin disse que, se ele aceitasse tal oferta, pareceria que ele duvidasse de sua própria religião. Em seguida, ele libertou Francisco com bondade, percebendo que não se tratava de um homem perigoso.

Tão grande era a força do entusiasmo de Francisco que, não conseguindo jogar-se em uma fogueira, no Egito, e converter o sultão ao Cristianismo, quis tentar essa aventura no Marrocos. Porém, antes de embarcar para a Espanha, ele adoeceu e pediu ao frei Egídio e a quatro outros de seus companheiros que fossem converter os marroquinos. Frei Egídio e os quatro monges embarcaram para Tetuan e, chegando ao Marrocos, eles começaram a pregar em italiano, em cima de uma carroça. O muralmuminim[112] (califa dos crentes entre os muçulmanos), com pena deles, obrigou-os a embarcarem de volta para a Espanha; mas eles retornaram uma segunda vez e foram devolvidos. Quando voltaram pela terceira vez, o imperador, levado ao limite, de seu divã condenou-os à morte e, ele mesmo, cortou-lhes a cabeça (1218). Trata-se de um costume supersticioso, tanto quanto bárbaro, que os imperadores fossem os primeiros carrascos de seu país. Os muralmuminins diziam-se descendentes de Maomé. Os primeiros que foram condenados à morte, sob seu império, pediram para morrer pela mão do mestre, na esperança de uma expiação mais pura. Esse abominável costume foi tão bem conservado que o famoso imperador do Marrocos, Mulai Ismael,[113] executou com suas próprias mãos perto de 10 mil homens durante a sua longa vida.

Essa morte dos cinco companheiros de Francisco de Assis ainda é celebrada todos os anos em Coimbra,[114] por uma procissão tão singular quanto a sua aventura. Foi solicitado que os corpos desses franciscanos voltassem para a Europa após sua morte e eles foram sepultados em Coimbra, na igreja da Santa Cruz. No aniversário da noite da chegada desses mártires, os jovens, as mulheres e as moças, todos os anos, realizam uma procissão desde a igreja da Santa Cruz até a igreja dos franciscanos. Os rapazes vestem apenas calções na altura das coxas; as mulheres e as moças usam uma saia tanto quanto curta. A caminhada é longa e as paradas são frequentes.

(1220) Damieta, entretanto, foi tomada, e parecia abrir caminho para a conquista do Egito; mas Pelágio Albano,[115] beneditino espanhol, legado do papa e do cardeal, foi a causa de sua perda. O legado pretendia que o papa, por ser o chefe de todos os cruzados, aquele que os representava, fosse incontestavelmente o general; que o rei de Jerusalém, que só era rei por permissão do papa, devia obedecer em tudo ao legado. Essas divisões consumiram o tempo. Foi preciso escrever a Roma: o papa ordenou ao rei que retornasse ao campo e o rei voltou para servir sob o comando do beneditino. Esse general colocou o exército entre dois braços do Nilo, precisamente no período em que esse rio, que nutre e defende o Egito, começava a transbordar. O sultão, por meio de eclusas, inundou o campo dos cristãos. (1221) De um lado, ele queimou os navios e, de outro, o Nilo crescia e ameaçava engolir o exército do legado que se encontrava no lugar onde os egípcios são retratados como faraós, quando todos viram um mar negro cair sobre eles.

Os contemporâneos concordam que nesse momento extremo foi necessário fazer um acordo com o sultão, o qual fez com que Damieta lhe fosse devolvida e ordenou que voltassem à Fenícia, depois de fazê-los jurarem que não guerreariam contra ele por um período de oito anos. Ele ainda manteve o rei João de Brienne como refém.

As únicas esperanças dos cristãos estavam no imperador Frederico II.[116] Ao ser libertado, João de Brienne deu-lhe a filha em casamento e os direitos ao reino de Jerusalém como dote.[117]

O imperador Frederico II percebia muito bem a inutilidade das cruzadas. Mas, antes, era preciso cuidar do espírito das pessoas e eludir os golpes do papa. Parece-me que a conduta que ele adotou é um modelo saudável de política. Ele tratou de negociar, ao mesmo tempo, com o papa e com o sultão Meledin. Uma vez assinado um tratado com o sultão, ele partiu para a Palestina, mas com uma comitiva em vez de um exército. Assim que chegou, ele tornou público o tratado pelo qual lhe fora cedida Jerusalém, como também Nazaré e alguns povoados, e espalhou pela Europa a notícia de que, sem verter uma única gota de sangue, ele havia retomado os lugares santos. Foi-lhe reprovada a atitude de deixar, pelo tratado, uma mesquita em Jerusalém. O patriarca da cidade tratava-o como ateu, mas, em outros lugares, ele era visto como um príncipe que sabia reinar.

É preciso confessar que, ao lermos a história dessa época, nem mesmo aqueles que conceberam os grandes romances conseguiram, graças à sua imaginação, alcançar o quanto a própria verdade nos mostrou. É muito pouco o que vimos quando, alguns anos antes, um conde de Flandres que, havendo tomado o voto de ir à Terra Santa, em seu trajeto apossou-se do império de Constantinopla.[118] É muito pouco quando João de Brienne, infante de Champagne e tornado rei de Jerusalém, esteve a ponto de subjugar o Egito; esse mesmo João de Brienne que, sem nenhuma posse, marchava, quase sozinho, para socorrer Constantinopla onde chegava durante um interregno e era eleito imperador (1224). É muito pouco quando o seu sucessor, Balduíno II, último imperador latino de Constantinopla, sempre pressionado pelos gregos, corria com uma bula papal nas mãos, implorando em vão o socorro de todos os príncipes da Europa, os quais estavam fora de suas terras; quando os imperadores do Ocidente corriam para a Terra Santa e os papas estavam quase sempre na França com os reis prontos para partirem para a Palestina.

Teobaldo de Champagne, rei de Navarra,[119] tão célebre pelo amor que se supõe tivesse pela rainha Branca[120] e por suas canções, foi um dos que, na época, embarcaram para a Palestina (1240). Cerca de 70 cavaleiros franceses que com ele assumiram a cruz foram presos e levados ao Grande-Cairo, para o sobrinho de Meledin, chamado Melecsala[121] o qual, havendo herdado os Estados e as virtudes de seu tio, tratou-os com humanidade e os deixou finalmente retornar à sua pátria por um resgate ínfimo. Teobaldo voltou para a sua terra onde viveu feliz.[122]

Nessa época, o território de Jerusalém não pertencia aos sírios nem aos egípcios nem aos cruzados, tampouco aos muçulmanos. Uma revolução sem igual causava uma grande transformação na maior parte da Ásia. Gêngis e seus tártaros[123] haviam cruzado o Cáucaso, o Taurus e percorrido a cidade de Emaús.[124] As pessoas que fugiam diante deles, como bestas ferozes caçadas em seus antros por outros animais mais terríveis, estabeleciam-se, por sua vez, em terras abandonadas.

(1244) Os habitantes do Coraçone, que chamaremos de coraçones,[125] empurrados pelos tártaros, precipitaram-se sobre a Síria, assim como os godos, no século IV, caçados segundo dizem, pelos citas, atiraram-se sobre o império romano. Esses coraçones idólatras mataram o que restava dos turcos, dos cristãos e dos judeus em Jerusalém. Os cristãos que ainda restavam na Antioquia, em Tiro, em Sidon e nas costas da Síria suspenderam, por algum tempo, seus conflitos particulares para enfrentar esses novos assaltantes. Nessa época, esses cristãos estavam ligados ao sultão de Damasco. Os Templários, os cavaleiros de São João e os cavaleiros teutônicos eram defensores sempre armados. A Europa supria-os constantemente com alguns voluntários. Finalmente, aqueles que puderam ser reunidos combateram os coraçones. O fracasso dos cruzados foi total. E esse não foi o fim de seus infortúnios, pois os turcos, novamente, foram assolar as costas da Síria, depois dos ataques dos coraçones, e acabaram com quase tudo o que sobrara dos cavaleiros. Mas essas torrentes passageiras sempre deixaram para os cristãos as cidades da costa.

Os latinos, limitados em suas cidades marítimas, viram-se então sem assistência e seus conflitos internos somente aumentavam seus infortúnios. Os príncipes de Antioquia ocupavam-se apenas em fazer guerra a alguns cristãos da Armênia. As facções de venezianos, genoveses e pisanos disputavam entre si a cidade de Ptolemais. Os Templários e os cavaleiros de São João lutavam contra e por tudo. E a Europa, desanimada, quase não enviava mais esses peregrinos armados. As esperanças dos cristãos do Oriente estavam apagando-se quando São Luís empreendeu a última cruzada.[126]

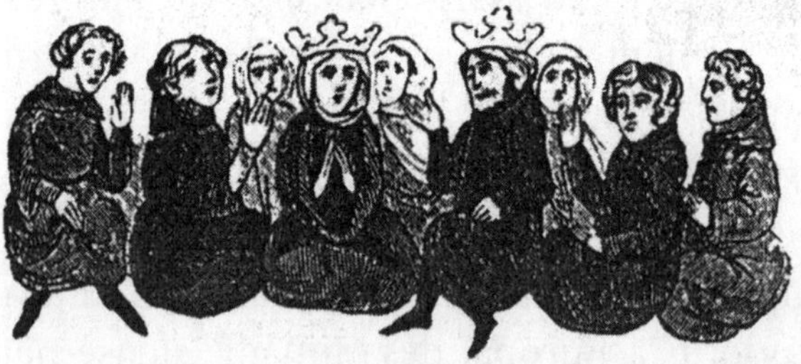

São Luís. Seu Governo, sua Cruzada, o Número de seus Navios, suas Despesas, sua Virtude, sua Imprudência, seus Infortúnios

Luís IX parecia ser o príncipe destinado a reformar a Europa, se ela realmente pudesse ser reformada; a tornar a França triunfante e policiada, para ser em tudo o modelo dos homens. Sua piedade, que era a de um anacoreta, não lhe tirava nenhuma virtude de rei. Uma economia sábia não furtava em nada a sua liberalidade. Ele soube harmonizar uma política profunda com uma justiça exata, e talvez seja ele o único soberano que mereça esse louvor. Prudente e forte no aconselhamento, intrépido nos combates, sem ser violento; compassivo como se nunca tivesse sido infeliz. Não é dado ao homem carregar mais virtudes.

Ele tinha, em conjunto com sua mãe, a regente, que sabia reinar, reprimido o abuso da jurisdição por demais estendida aos eclesiásticos que queriam que os oficiais de justiça tomassem os bens de qualquer um que fosse excomungado, sem sequer examinar se a excomunhão era justa ou não. O rei, distinguindo sabiamente as leis civis, às quais tudo e todos deviam obedecer, e as leis da Igreja, cujo império devia estender-se apenas sobre as consciências, não deixou que as leis do reino fossem dobradas por esses abusos da excomunhão. Desde o início de sua administração, havendo contido dentro dos limites as pretensões dos bispos e dos laicos, ele reprimiu as facções da Bretanha e manteve uma neutralidade prudente entre as violências de Gregório IX e as vinganças do imperador Frederico II.[127]

Seu domínio, já extenso, foi aumentado ainda mais com diversas terras que ele havia adquirido. Os reis da França tinham nessa época, como renda, os seus próprios bens e não os do povo. Sua grandeza dependia de uma economia bem compreendida e aplicada, como a de um senhor particular.

Essa administração colocou-o na posição de levantar exércitos fortes contra o rei da Inglaterra, Henrique III, e contra os vassalos da França que se uniram à Inglaterra. Henrique III, menos rico, menos obedecido pelo seu povo inglês, não possuía tropas boas nem preparadas para um conflito de emergência. Luís derrotou-o duas vezes, sobretudo na batalha de Taillebourg, em Poitou, quando o rei inglês fugiu diante de Luís. Essa guerra deu sequência a um período de paz muito útil (1241).[128] Os vassalos da

França, de volta aos seus deveres, deles não mais saíram. Luís também não se esqueceu de obrigar o rei inglês a pagar 5 mil libras esterlinas pelas despesas da campanha.

Quando imaginamos que ele tinha somente 24 anos e já se conduzia dessa forma[129] e que seu caráter era mais forte do que a sua fortuna, percebe-se o quanto ele poderia ter feito se tivesse ficado na sua pátria; e, ao mesmo tempo nos lamentamos ao saber que a França foi tão infeliz por suas próprias virtudes, as quais viriam a proporcionar felicidade ao mundo.

No ano de 1244, atacado por uma doença violenta, dizem que Luís acreditou em uma letargia, ter ouvido uma voz que lhe ordenava a pegar a cruz contra os infiéis. Assim que ele pôde revelar que fizera o voto de se tornar cruzado, a rainha, sua mãe, e a rainha, sua esposa,[130] o seu conselho e todos os que lhe eram próximos, pressentiam o perigo desse voto funesto e o aconselharam a desistir dele. Até mesmo o bispo de Paris mostrou-lhe as consequências perigosas. Mas Luís enxergava esse voto como um elo sagrado que não era permitido aos homens desfazer. Ele preparou essa expedição durante quatro anos (1248). Finalmente, deixando a sua mãe o governo do reino, ele parte com sua esposa, e seus três irmãos seguiram-no também com suas esposas; quase toda a cavalaria da França o acompanhou. Havia no exército perto de 3 mil cavaleiros nobres. Uma parte da enorme frota que levava muitos príncipes e soldados da parte de Marselha e outra da parte de Aigues-Mortes que, atualmente, não é mais um porto.

A maioria dos grandes navios redondos que transportaram as tropas foi construída nos portos da França. A frota toda era composta de 1.800 navios. Hoje, um rei da França não conseguiria construir uma armada semelhante por causa da escassez de madeira, de todos os gastos proporcionalmente maiores e cuja necessária artilharia tornaria a despesa ainda mais pesada e o armamento muito mais difícil.

Pelas contas de São Luís é possível verificar o quanto esses cruzados empobreceram a França. Ele dava ao senhor de Valery 8 mil libras por 30 cavaleiros, o que chegava perto de 146 mil libras; o condestável recebia 3 mil libras por 15 cavaleiros; o arcebispo de Reims e o bispo de Langres recebiam cada um 4 mil libras pelos 15 cavaleiros que cada um conduzia; 162 cavaleiros comiam na mesa do rei. Essas despesas e preparativos eram imensos.

Se o furor das cruzadas e a religião dos sermões tivessem permitido a Luís ouvir a razão, não somente ele teria visto o mal que estava fazendo ao seu país, mas também a injustiça extrema desse armamento que lhe parecia ser tão justa.

O projeto era somente o de colocar os franceses em possessão do miserável território de Jerusalém[131] ao qual não tinham nenhum direito. Mas se marchava contra o velho e sábio Melecsala, sultão do Egito que, certamente, nada tinha para discutir com o rei da França. Melecsala era muçulmano e esse era o único pretexto para Luís confrontá-lo. Mas não fazia muito sentido assolar o Egito somente porque seus habitantes seguiam os dogmas de Maomé, assim como hoje não faria nenhum sentido atacar a China por ela estar ligada à moral de Confúcio.

Luís ancorou na ilha de Chipre e o rei dessa ilha[132] juntou-se a ele. Dirigiram-se então para o Egito. O sultão do Egito não era mais dono de Jerusalém; a Palestina estava sendo assolada agora pelos coraçones aos quais o sultão da Síria praticamente lhes entregou o poder, abandonando esse país desditoso. E o califa de Bagdá, sempre reconhecido e sempre sem poder, não se envolvia nessas guerras. Ainda restavam Ptolemais, Tiro, Antioquia e Trípoli aos cristãos, mas seus conflitos internos os sujeitavam constantemente ao extermínio seja pelos turcos, seja pelos coraçones. Nessas circunstâncias é difícil entender por que o rei da França tinha escolhido o Egito para o palco de sua guerra. O velho Melecsala, doente, pedia paz, mas ela lhe foi recusada. Luís, fortalecido pelos novos socorros chegados da França, era seguido por 60 mil combatentes, obedecido, amado e imaginando mentalmente inimigos já vencidos, ou seja, um sultão que chegava ao seu fim. Quem poderia não acreditar que o Egito e a Síria seriam logo dominados? Entretanto, metade desse exército florescente morreu de doenças e a outra metade foi vencida perto de Massoure.[133] São Luís viu seu irmão, Robert d'Artois, ser morto (1250); ele foi preso com seus outros dois irmãos, assim como o conde de Anjou e o conde de Poitiers. Não era mais Melecsala que reinava no Egito, mas o seu filho Almoadan.[134] Esse novo sultão certamente tinha grandeza de alma, pois o rei Luís ofereceu-lhe 1 milhão de besantes de ouro para o seu resgate e o dos prisioneiros; Almoadan devolveu-lhe um quinto desse valor. Esse sultão foi massacrado pelos mamelucos com os quais seu pai tinha estabelecido a milícia. O governo, agora dividido, parecia ser funesto aos cristãos. Entretanto, o conselho egípcio continuou a tratar com o rei. O soberano de Joinville[135] relata que os próprios emires propuseram, em uma de suas assembleias, escolher Luís como seu sultão.

Joinville era prisioneiro junto com o rei. Um homem de seu caráter tem, sem dúvida, o seu peso, mas façamos uma reflexão do quanto os indivíduos, em um campo ou em uma casa, são mal informados do que acontece em um campo vizinho ou em uma casa próxima. Quantos muçulmanos, racionalmente falando, sonhariam em dar a si mesmos um rei cristão inimigo, um soberano que sequer conhece a sua língua, as suas maneiras; que detesta a sua religião e que só pode ser visto por eles como um chefe de bandidos estrangeiros. Portanto, podemos chegar à conclusão de que Joinville somente relatou um comentário popular. Dizer fielmente o que ouvimos dizer é, frequentemente, relatar de boa-fé coisas no mínimo suspeitas. Mas não temos a verdadeira história de Joinville; essa é tão somente uma tradução infiel feita, na época de Francisco I, de um escrito que muito dificilmente entenderíamos.

Não saberia muito bem conciliar o que os historiadores dizem sobre a maneira de como os muçulmanos trataram seus prisioneiros. Eles contam que deixavam os presos saírem, um por um, da prisão onde estavam fechados, e perguntavam se eles renegavam Jesus Cristo; aos que persistiam no Cristianismo, cortavam-lhes a cabeça.

Por outro lado, eles atestam que um velho emir mandou perguntar, por meio de um intérprete, se os cativos acreditavam em Jesus Cristo; e os presos diziam que sim. "Consolem-se", disse então o emir: "uma vez que ele morreu por vocês e soube ressuscitar, certamente ele saberá salvá-los".

Esses dois relatos parecem um pouco contraditórios, mas o mais contraditório ainda é que esses emires mandassem matar prisioneiros dos quais eles esperavam um resgate.

De resto, esses emires não quiseram mais do que 800 mil besantes, aos quais o seu sultão teria preferido restringir para o resgate dos cativos; e quando, em virtude do acordo, as tropas francesas que estavam em Damieta devolveram-lhes a cidade, os vencedores souberam comportar-se e não cometeram qualquer ultraje às mulheres sendo permitido, com respeito, que a rainha e suas cunhadas partissem incólumes. Mas isso não significa que todos os soldados muçulmanos fossem moderados, pois em todos os países o vulgar é feroz. Não há dúvida de que houve muita violência: presos maltratados e mortos. Mas, enfim, declaro estar surpreso pelo fato de os soldados maometanos não terem exterminado um grande número desses estrangeiros que, dos portos da Europa, foram, sem razão alguma, assolar as terras do Egito.

São Luís, livre do cativeiro, retira-se na Palestina onde permanece por um período de aproximadamente quatro anos com o que restou de seus navios e de seu exército. Ele visita Nazaré e, finalmente, volta para a sua pátria depois da morte da rainha Branca, sua mãe; mas ele volta somente para formar uma nova cruzada.

Sua estada em Paris lhe proporciona constantes vantagens e glória. Ele recebeu uma honra que pode ser dada apenas a um rei virtuoso. O rei da Inglaterra, Henrique III, e seus barões o escolheram como árbitro de suas diferenças. Ele pronunciou a suspensão da soberania; e se essa suspensão, que favorecia Henrique III, não pôde apaziguar as turbulências internas da Inglaterra, Luís mostrou, ao menos à Europa, o respeito que os homens, apesar de si mesmos, têm pela virtude. Seu irmão, o conde de Anjou, em razão da reputação de Luís e da boa ordem de seu reino, teve a honra de ser escolhido pelo papa para ser rei da Sicília, uma honra que não lhe era concedida por merecimento.

Luís, entretanto, aumentava os seus domínios com a aquisição de Namur, de Péronne, de Avranches, de Mortagne, de Perche; ele podia retirar dos reis da Inglaterra tudo o que eles possuíam na França. Os conflitos entre Henrique III e os seus barões facilitavam os meios para ele; mas ele preferiu a justiça à usurpação. Ele os deixou desfrutar a Guyenne, Périgord e Limousin, mas fez com que renunciassem para sempre a Touraine, Poitou e a Normandia, reunidos sob a coroa de Filipe-Augusto. E assim a paz foi afirmada com a sua reputação.

Ele estabeleceu, pela primeira vez, a justiça da apelação pela qual os indivíduos oprimidos pelas sentenças arbitrárias dos juízes das baronias começaram a poder levar suas reclamações a quatro grandes bailiados (estâncias superiores de Justiça) reais, criados para escutá-los. Sob sua jurisdição, letrados começaram a ser admitidos às sessões do parlamento, nas quais os cavaleiros, que raramente sabiam ler, decidiam a sorte dos cidadãos. Ele aliava a piedade de um religioso à força esclarecida de um rei, reprimindo as empresas da corte de Roma por meio desse famoso pragmatismo que conserva os antigos direitos da Igreja, chamados de liberdades da Igreja galicana, se for verdade que esse pragmatismo lhe pertença.

Finalmente, 13 anos de sua presença repararam na França tudo o que sua ausência havia arruinado, mas sua paixão pelas cruzadas o arrastava. Os papas o encorajavam. Clemente IV[136] concedeu-lhe um décimo sobre o clero durante três anos. Enfim, ele parte pela segunda vez e, aparentemente, com com as mesmas forças.[137] Seu irmão, Carlos de Anjou, que o papa tinha feito rei da Sicília, teve de segui-lo. Mas não foi nem para o lado da Palestina nem para o lado do Egito que ele direcionou suas armas. Ele mandou sua frota singrar em direção a Túnis.

Os cristãos da Síria não eram mais a mesma raça dos primeiros francos estabelecidos na Antioquia e em Tiro, mas uma geração miscigenada de sírios, armênios e europeus. Eles eram chamados de poulains (*poulain*, em francês, é o cruzamento de cavalo com jumento), e esses poucos sem vigor, em sua maioria, eram submissos aos egípcios. Os cristãos só tinham como cidades fortalecidas Tiro e Ptolemais.

Os religiosos Templários e Hospitalários, que podem ser, de certa forma, equiparados à milícia dos mamelucos, mantinham entre si, nas próprias cidades, uma guerra tão cruel que, em um conflito entre esses monges militares, não restou nenhum Templário vivo.

Que relação poderia haver entre a situação de alguns mestiços nas costas da Síria e a viagem de São Luís a Túnis? Seu irmão, Carlos de Anjou, rei de Nápoles e da Sicília,[138] ambicioso, cruel, interesseiro, aproveitava-se da simplicidade heroica de Luís para seus próprios planos. Ele pretendia que o rei de Túnis lhe devesse alguns anos de tributo; na realidade, ele queria tornar-se senhor desse país enquanto São Luís tinha a esperança, dizem todos os historiadores (não sei sobre qual fundamento), de converter o rei de Túnis. Estranha maneira de ganhar esse maometano para o Cristianismo! A caminho das ruínas de Cartago, ocorreu um ataque à mão armada em seus Estados.

Mas logo o rei é cercado em seu campo pelos mouros reunidos. As mesmas doenças que a intemperança de seus súditos migrados haviam sofrido e a mudança de clima em seu campo do Egito também assolaram o seu campo de Cartago.[139] Um de seus filhos, nascido em Damieta durante o seu cativeiro, morreu de um tipo de contágio próximo a Túnis. Finalmente, o rei sucumbiu a uma dessas doenças; ele pediu que fosse deitado sobre cinzas (1270) e expirou aos 55 anos de idade, com a piedade de um religioso e a coragem de um grande homem. E foi assim que as ruínas de Cartago presenciaram a morte de um rei cristão, que ali viera para combater muçulmanos, nesse país onde a deusa Dido havia levado os deuses dos sírios. Ele acabara de falecer quando seu irmão, o rei da Sicília, chegou. Foi selada a paz com os mouros e o que sobrou dos cristãos voltou para a Europa.

Entre as duas expedições de São Luís, cerca de 100 mil pessoas foram sacrificadas. Somando esse número aos 150 mil que seguiram Frederico Barba-Roxa, aos 300 mil da cruzada de Filipe-Augusto e de Ricardo Coração de Leão, aos 200 mil, no mínimo, na época de João de Brienne, incluindo os 160 mil cruzados que já tinham passado pela Ásia, sem nos esquecermos daqueles que pereceram nas expedições de Constantinopla e nas guerras que seguiram essa revolução, da cruzada do norte e daquela contra os algibenses, chegaremos à conclusão de que o Oriente foi o túmulo de mais de 2 milhões de europeus.

Diversos países foram despovoados e empobrecidos. O soberano de Joinville diz expressamente que ele não quis acompanhar Luís em sua segunda cruzada porque não podia e que a primeira tinha arruinado o seu domínio senhorial.

O resgate de São Luís havia custado à França 800 mil besantes, o equivalente a cerca de 9 milhões da moeda que circula atualmente (em 1778). Se, dos 2 milhões de homens que morreram no levante, cada um levasse consigo somente cem francos, isto é, um pouco mais de cem moedas da época, isso representaria outros 2 milhões de libras de custo. Os genoveses, os pisanos e, sobretudo, os venezianos, enriqueceram na época, mas a França, a Inglaterra e a Alemanha ficaram esgotadas.

Dizem que os reis da França ganharam com essas cruzadas, porque São Luís ampliou seus domínios, comprando algumas terras dos senhores arruinados. Mas esse aumento ocorreu somente durante os 13 anos de estada no país e com suas próprias economias.

O único bem que esses empreendedores proporcionaram foi a liberdade que diversas aldeias tiveram para comprar terras de seus senhores. O governo municipal cresceu um pouco a partir da falência dos possuidores de feudos. Pouco a pouco, essas comunidades, ao poderem trabalhar e comercializar para seu próprio proveito, exerceram as artes e o comércio que a escravidão tinha eliminado.

Entretanto, esses poucos cristãos mestiços, encurralados nas costas da Síria, foram logo exterminados ou reduzidos à servidão. Ptolemais, seu principal abrigo, que, na verdade, era somente um retiro de bandidos, famoso por seus crimes, não pôde resistir às forças do sultão do Egito, Melecserafe.[140] Ele a tomou em 1291; também Tiro e Sidon a ele se renderam. Finalmente, ao redor do final do século XIII, não havia mais na Ásia qualquer vestígio aparente dessas emigrações cristãs.

Sequência à Tomada de Constantinopla pelos Cruzados. O que Era, na Época, o Império Grego

omo pôde ser visto, o governo feudal da França havia produzido vários conquistadores. Um deles, o duque da Normandia, tinha subjugado a Inglaterra, e por intermédio de simples cavalheiros, a Sicília. Entre os cruzados, alguns senhores da França estiveram de posse temporária de Antioquia e de Jerusalém. Finalmente, Balduíno, um conquistador da França e conde de Flandres, tinha tomado posse de Constantinopla.[141] Vimos os maometanos da Ásia cederem Niceia aos imperadores gregos fugitivos.[142] Esses mesmos maometanos aliaram-se aos gregos contra os francos e os latinos, seus inimigos comuns; e, durante esse tempo, as invasões dos tártaros na Ásia e na Europa impediam os muçulmanos de oprimir esses gregos.

Os francos, senhores de Constantinopla, elegiam seus imperadores e os papas os confirmavam.

(1216) Pedro de Courtenay,[143] conde de Auxerre, da casa de França, havendo sido eleito, foi coroado e sagrado em Roma pelo papa Honório III. Os papas consideravam-se seguros de possuir os impérios do Oriente e do Ocidente. Pudemos verificar quais e como eram os seus direitos sobre o Ocidente e quanto sangue custou essa pretensão em tentar mantê-los. Quanto ao Oriente, tratava-se apenas de Constantinopla e uma parte da Trácia e da Tessália. Entretanto, o patriarca latino, totalmente sujeito ao papa, pretendia que somente a ele pertencesse o direito de coroar seus senhores, enquanto o patriarca grego, sitiante tanto da Niceia quanto de Adrianópolis, anematizava o imperador latino, o patriarca dessa comunidade e até mesmo o papa. O império latino de Constantinopla era de tão pouca significância que Pedro de Courtenay, ao voltar de Roma, não pôde evitar de cair nas mãos dos gregos e, depois de sua morte, seus sucessores somente tiveram direito à cidade de Constantinopla e de seu território. Os franceses possuíam Acaia e os venezianos tinham Morée.[144]

Constantinopla, outrora tão rica, havia se tornado tão pobre que Balduíno II[145] (custa-me chamá-lo de imperador) colocou sob penhora por algum dinheiro, nas mãos dos venezianos, a coroa de espinhos de Jesus Cristo, suas roupas, sua túnica, seu véu, seu lenço e vários pedaços da verdadeira cruz. São Luís retirou esses objetos penhorados das mãos dos venezianos e os colocou na igreja de Sainte-Chapelle de Paris, bem como outras relíquias, o que são mais testemunhos de piedade do que conhecimento do passado.

Pudemos ver também Balduíno II, em 1245, participar do concílio de Lyon, no qual o papa Inocêncio IV excomungou tão solenemente Frederico II e, durante o qual, ele implorou em vão o socorro de uma cruzada. Ele somente retornou a Constantinopla para vê-la finalmente cair novamente nas mãos dos gregos, seus legítimos proprietários. Miguel, o Paleólogo, imperador e tutor do jovem imperador Láscaris, retomou a cidade com sua esperteza discreta.[146] Balduíno fugiu em seguida para a França (1261), onde ele viveu do dinheiro que lhe rendeu a venda de seu marquesado de Namur ao rei São Luís. E foi assim que acabou o império dos cruzados.

Os gregos levaram seus costumes ao império. O uso de furar os olhos recomeçou. Miguel, o Paleólogo, destacou-se, antes, privando seu pupilo da visão e da liberdade. Anteriormente, era usada uma lâmina de metal ardente para realizar essa tortura, mas Miguel empregou vinagre fervente e o hábito foi conservado, pois o modismo prevalece até mesmo no campo dos crimes.

Paleólogo não deixou de fazer-se absolver solenemente dessa crueldade por seu patriarca e bispos, e, dizem, que ele derramou lágrimas de alegria nessa cerimônia piedosa. Paleólogo batia no peito, pedia perdão a Deus, mas sem qualquer sinal de soltar da prisão o seu pupilo e imperador.[147]

Quando digo que a superstição entrou em Constantinopla com os gregos, somente desejo apresentar como prova o que aconteceu em 1284. Todo o império estava dividido entre dois patriarcas. O imperador ordenou que cada qual apresentasse a Deus uma nota com suas razões e expectativas, na igreja de Santa Sofia; as duas notas seriam jogadas em um braseiro benzido para que a vontade de Deus fosse declarada. Mas a vontade de Deus apenas se declarou deixando que os dois documentos se queimassem e abandonou os gregos às suas querelas eclesiásticas.

Entretanto, o império do Oriente retomou um pouco da vida normal. Antes das cruzadas, a Grécia lhe era anexada, mas o império havia perdido quase toda a Ásia Menor e a Síria. A Grécia separou-se dele depois das cruzadas; mas restava-lhe ainda um pouco da Ásia Menor e estendia-se na Europa, até Belgrado.

Novas nações possuíam todo o resto desse império. O Egito havia se tornado presa da milícia dos mamelucos, composta no início por escravos e, em seguida, por conquistadores. Eram soldados reunidos das costas setentrionais do Mar Negro; e essa nova forma de pilhagem havia sido estabelecida durante o período do cativeiro de São Luís.

No século XIII, o califado chegava ao final enquanto o império de Constantino também tendia para o seu próprio fim. Vinte novos usurpadores dividiriam por todos os lados a monarquia fundada por Maomé, sujeitando-se à sua religião; e, finalmente, esses califas da Babilônia, chamados de califas abássidas, foram inteiramente destruídos pela família de Gêngis Khan.

Houve assim, nos séculos XII e XIII, uma sequência de devastações ininterruptas em todo o hemisfério. As nações precipitaram-se umas sobre as outras por meio de emigrações prodigiosas que estabeleceram, pouco a pouco, grandes impérios. Pois, enquanto os cruzados atacavam a Síria, os turcos minavam os árabes; e os tártaros finalmente surgiram, caíram sobre os turcos, sobre os árabes, sobre os hindus e sobre os chineses. Esses tártaros, conduzidos por Gêngis Khan e por seus filhos, mudaram a face de toda a Grande Ásia, enquanto a Ásia Menor e a Síria tornavam-se o túmulo dos francos e dos sarracenos.

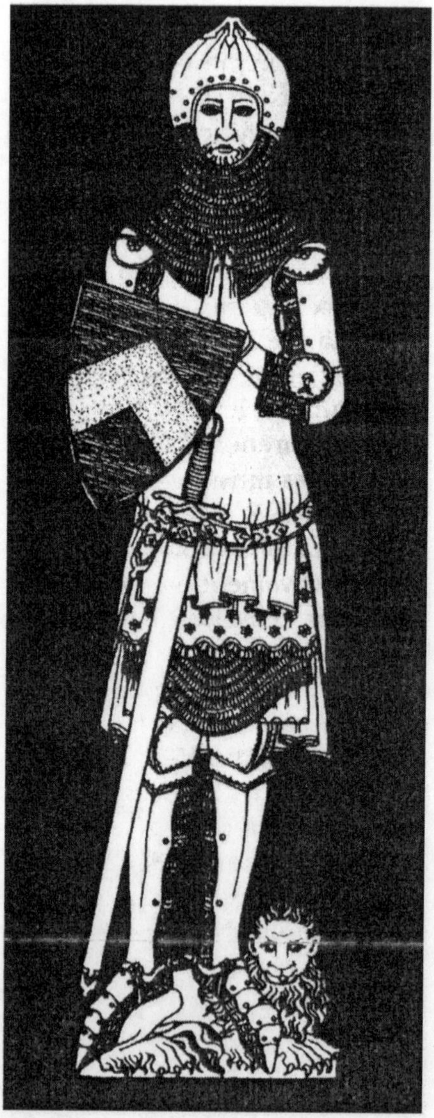

Notas

1. Os títulos dos capítulos foram conservados de acordo com a edição original de 1837. A ortografia dos nomes orientais foi modernizada (Abbassides *no lugar de* Abassides, Fatimides *no lugar de* Fatimites, imam *no lugar de* iman, etc.), salvo quando ela é significativamente desviada do uso atual; a grafia moderna é então dada em nota. As datas entre parênteses, dadas por Voltaire, são frequentemente aproximadas: sempre que possível, elas são igualmente corrigidas por notas.

2. A expansão turca continuou na Anatólia ao longo do século XI. Ela é o fato de dois componentes étnicos que Voltaire tem a tendência de confundir: os seljúcidas, de origem persa e sedentária, e os turcomanos, ancestrais dos atuais turcomenos, nômades de língua altaica, vindos da Ásia Central. Inicialmente, eles atacam o Império Bizantino contra o qual o sultão Alp Arslan venceu a batalha de Manzikert, em 1071. A conquista da Ásia Menor terminou em 1453, com a tomada de Constantinopla e o início do Império Otomano. Mas os turcos, apesar de muçulmanos, também atacaram as possessões temporais dos califas: Toghrul Bey, tio

de Alp Arslan, conquistou Bagdá em 1055, e tomou o título de sultão; em 1076, os seljúcidas tomaram Damasco e Jerusalém dos Fatímidas do Cairo. Pedro de Amiens, chamado de eremita (em torno de 1050-1115), denunciou em toda a Europa, em homilias apaixonadas, a impossibilidade de acesso dos peregrinos cristãos à Terra Santa. Essa impossibilidade, fortemente colocada em dúvida pelos historiadores modernos, serviria de pretexto para a primeira cruzada (1096-1099).

3. Taurus: cadeia de montanhas situada a sudeste da Turquia atual. Emaús corresponde ao limite meridional do antigo império dos tatares: talvez o Monte Hemo (atuais Montes Balcãs). O Rio Arax começa seu curso na Turquia, e serve de fronteira entre a Turquia e a Armênia, e, depois, entre o Azerbaijão e o Irã.

4. O antigo império dos tatares, nos confins da Europa oriental e a Ásia central.

5. O califa Al Mu'tasim reinou de 833 a 842. Ele fez de Samarra, ao norte de Bagdá, a nova capital do mundo muçulmano. Ele era filho de Al-Ma'mun, que reinou de 813 a 833, o qual era filho de Harum al-Rachid, que se tornou célebre pelos contos das Mil e Uma Noites, *e reinou de 786 a 809.*

6. Luís I, chamado de Piedoso, ou Débonnaire, o Afável (778-840), imperador carolíngio desde 814 até a sua morte.

7. Os otomanos foram derrotados perto de Viena e definitivamente expulsos da Europa central em 12 de setembro de 1683. Suleiman I, o Magnífico (Suleiman Primeiro), já havia sitiado a cidade, sem nada conseguir, em 1529.

8. A dinastia xiita dos Fatímidas reinou sobre o Magrebe oriental e no Egito dos séculos X a XII.

9. *Cf. nota 2.*

10. Al-Qa'im, califa de 1031 a 1075.

11. O daïri *parece designar o imperador do Japão; a palavra, na realidade, designa mais o seu palácio. O "cubosama" designa o xogum, que exerce o verdadeiro poder. No capítulo 141 do* Essai sur les moeurs, *consagrado ao Japão, Voltaire escreve: "Os chefes da religião foram, entre os japoneses, os chefes do império por mais tempo do que em qualquer outra nação do mundo; a sucessão dos seus pontífices-reis remonta incontestavelmente 600 anos antes de nossa era. Mas os seculares, aos poucos, repartiram o governo e, ao final do século XVI, apossaram-se dele completamente, sem ousar, no entanto, destruir a raça e o nome dos pontífices dos quais eles usurparam todo o poder. O imperador eclesiástico, chamado de daïri, era um ídolo sempre reverenciado e o general da coroa, na realidade, era o verdadeiro imperador. Esses eclesiásticos mantiveram, com respeito, o daïri em uma prisão honorável. O que os turcos fizeram em Bagdá e o que os imperadores alemães quiseram fazer em Roma, os taicosamas fizeram no Japão."*

12. *A primeira cruzada (1096-1099) resultou de um pedido de ajuda do imperador bizantino Aleixo I Commeno (1048-1118), o qual estava em dificuldades em face da expansão seljúcida. O papa Urbano II exortou os cristãos a partirem para a guerra, contra os turcos e, ao mesmo tempo, contra os muçulmanos, por ocasião do concílio de Clermont, em 27 de novembro de 1095.*

13. *O Império Bizantino, antigo Império Romano do Oriente, sobreviveu efetivamente bem mais tempo do que o Império Romano do Ocidente, o qual foi derrubado, no ano 476, pelas invasões bárbaras. À cisão política antiga entre Roma e Constantinopla juntou-se, em 1054, a cisão religiosa, com o "Grande Cisma" entre os latinos e os gregos, entre católicos e ortodoxos.*

14. Constantino VII Porfirogeneta (905-959), imperador desde 913, inicialmente reinou sob a tutela de sua mãe, Zoé. Seu pai, Leão VI, o Filósofo, (866-912), autor das Basílicas, subiu ao trono em 886.

15. Cândia é o antigo nome do Heraclião (Creta). A cidade foi sitiada por Nicéforo Focas, que reinou de 963 a 969, depois de ter tirado o poder de Romano II (939-963), sucessor de Constantino VII Porfirogeneta.

16. João I Tzimisces (925-976) tornou-se amante da imperatriz Teofano, viúva de Romano II e esposa de Nicéforo Focas, que ele mandou assassinar por Leão Abalantes em dezembro de 969. Protegido pelo apoio do exército, proclamou-se então imperador.

17. Miguel IV, o Paflagônio, imperador de 1034 a 1041.

18. Romano IV Diógeno, que subiu ao trono em 1068, foi derrotado e feito prisioneiro pelos seljúcidas em Manzikert. Libertado por um resgate, ele foi assassinado por seu enteado, Miguel VII Ducas, em 1071.

19. Norte da atual Turquia, às margens do Mar Negro.

20. Niceia (hoje Iznik, a sudeste de Istambul), capital da Bitínia, foi tomada pelo Seljúcida Suleiman, em 1078.

21. Asion Gaber, literalmente "coluna vertebral", era o antigo porto judeu no Mar Vermelho (golfo de Akaba), na época de Salomão, bem ao lado de Eilat, porto fenício.

22. Trata-se do Sinai, na região de Cades-Barneia, 150 quilômetros a sudoeste de Jerusalém, e do deserto de Parã (ou Pharân), ao sul da mesma, citados no Gênesis (XVI, 14; XXI, 21) e em Deuteronômio (I, 2). *"Aqueles que duvidarem de que a Palestina tenha sido um país bem pouco fértil podem consultar duas graves dissertações sobre esse assunto importante, pelo senhor abade Guénée, da Academia de Inscrições. As provas que ali se encontram a respeito da esterilidade desse país são tão decisivas quanto a intenção do autor de provar precisamente o contrário. As dissertações do abade de Vertot sobre a autenticidade da santa ampola produzem o mesmo efeito; mas suspeita-se de que o abade de Vertot tenha ali colocado um pouco de malícia, o que não se suspeita de seu sábio confrade."* [Nota da edição de Kehl das Oeuvres Complètes (Obras Completas), 1785-1789]. O abade Guénée havia tentado defender a Bíblia contra Voltaire, fazendo-se o porta-voz de seis israelitas imaginários que defendiam o livro sagrado. Voltaire respondeu com um pequeno ensaio, Um cristão contra seis judeus.

23. Os 13 cantões suíços.

24. Omar (581-644), segundo califa "ortodoxo".

25. *"Em sua história composta de 21 volumes, a qual começa no reinado de João Commeno e termina com aquele de Henrique, irmão de Balduíno (cf. nota 82). Nicetas, chamado de Coniates, que era de Conia, na Frígia, tinha sido um dos dignatários da corte de Constantinopla; ele compôs verdadeiras memórias. A melhor edição de sua história é a*

de Charles-Annibal Fabrot (Paris, 1617, in-folio)." [Nota da edição de Beuchot das Oeuvres Complètes, *1829-1844]. O período contado por Nicetas Coniates vai de 1118 a 1206.*

26. "A mesquita de Omar foi erigida sobre as ruínas da fortaleza construída por Herodes e, anteriormente, por Salomão; essa fortaleza havia servido de templo." [Nota de Voltaire.] A Cúpula da Rocha é o mais antigo monumento islâmico.

27. De fato, em 1076. Parece que Voltaire está confundindo a tomada de Jerusalém com a de Bagdá (cf. nota 2).

28. Ana Commena (1083-1148), autora de uma apologia sobre seu pai, a Alexíada. Sobre Aleixo I Commeno, cf. nota 12.

29. O sobrenome de Pedro, o Eremita, é calcado em latim como Petrus ad Cucullum *(cf. nota 2)*.

30. Guilherme de Tiro (em torno de 1130-1187), arquidiácono de Nazaré, depois arcebispo de Tiro, é o autor de uma História das Cruzadas *em 32 volumes*.

31. Godofredo de Bulhão (1061-1100) fundou o Reino de Jerusalém em 1099, mas recusou a coroa, contentando-se com o título de "advogado do Santo Sepulcro".

32. Balduíno de Bolonha (em torno de 1065-1118) fundou o condado de Edessa (hoje Urfa, a leste da Turquia) em 1098, antes de tornar-se o primeiro rei de Jerusalém, em 1100.

33. Gualtério Sem-Haveres, morto em 1096.

34. Godescalc, padre alemão, tinha recrutado cerca de 15 mil homens. Voltaire poderia ter citado Volkmar cujos bandos massacraram judeus em Praga e Ratisbona, ou Emich de Lesingen que multiplicou os pogroms (ataques

Notas

violentos maciços a pessoas) em Metz, Spire, Treves, Worms, Mayence e Colônia.

35. "Sultão." Sobre Suleiman e Niceia, cf. nota 20.

36. Hugo, o Grande (1057-1102), conde de Vermandois e de Valois, filho de Henrique I, rei da França, de 1060 a 1108. Cf. nota 51.

37. Raimundo de Toulouse, ou São Giles (1042-1105), combateu os mouros da Espanha desde 1087.

38. A cruzada dos Algibenses, lançada em 1209, chamada também de cruzada contra os cátaros, que é o assunto do capítulo 62 do Essai sur les moeurs.

39. Boemundo de Taranto (em torno de 1054-1111), filho de Roberto Guiscardo (em torno de 1015-1085), fundador do principado de Antioquia.

40. Papa de 1073 a 1085.

41. Ademar de Monteil, tornado bispo de Puy em 1077, amigo do papa Urbano II, era o "chefe espiritual" da primeira cruzada. Ele morreu de uma doença em 1098.

42. Cf. nota 20.

43. O Condado de Edessa (cf. nota 32) durou até 1149.

44. Os Fatímidas tinham retomado a cidade em 1098.

45. Al Makin, historiador árabe (1223-1273), traduzido para o francês em 1657.

46. Henrique IV, imperador alemão de 1084 a 1106. De acordo com Jean Richard, em sua História das Cruzadas (Fayard, 1996), a tomada de Jerusalém ocorreu em 15 de julho.

47. Damberto de Pisa.

48. Jafa, cujo porto é hoje um dos subúrbios de Tel Aviv (Israel).

49. *Gêngis Khan (1155-1227), conquistador mongol da China, da Ásia Central e da Pérsia. Em sua morte, seu império estendia-se de Pequim ao Volga. Voltaire conta a sua história no capítulo 60 do* Essai sur les moeurs.

50. *Raimundo de Toulouse morreu sitiando Trípoli (atual Líbano), em 1105. A cidade, aprovisionada pelo mar, resistiu por um longo tempo. Finalmente, ela foi conquistada em julho de 1109, sem a ajuda dos venezianos, que só intervieram no momento da quarta cruzada, um século mais tarde (1202-1204), mas dos cruzados de Jerusalém. Bertrand de Saint-Gilles (Bertrand de Toulouse) desembarcou no Oriente pouco antes da vitória, assegurou o controle total do condado de Trípoli depois do assassinato de seu primo e rival, Guilherme Jourdain. O condado, o único onde se praticava a língua oc, foi anexado pelos príncipes de Antioquia em 1187 e retomado pelos mamelucos em 1289.*

51. *Hugo de Vermandois (cf. nota 36) abandonou o combate quando do cerco de Antioquia pelos turcos e voltou para a França. Sentindo-se desonrado por não ter participado da tomada de Jerusalém, ele voltou à Palestina e morreu em combate na Cilícia (a sudeste da atual Turquia), em 1102.*

52. *A Ordem dos Cavaleiros do Hospital de São João de Jerusalém. Os Hospitalários, ancestrais dos Cavaleiros de Malta, foram os grandes rivais dos Templários. Eles herdaram seus bens quando da dissolução dos Templários por Filipe, o Belo, em 1307.*

53. *Trata-se dos famosos Cavaleiros Teutônicos.*

54. *Voltaire confunde aqui Balduíno I, rei de Jerusalém (cf. nota 32), com seu sucessor Balduíno II, que o sucedeu*

em 1118. O primeiro combateu os Fatímidas e os Abássidas, dois a mais que turcos, para assegurar o controle do litoral. O segundo foi efetivamente capturado pelos turcos em 1123.

55. De fato, em 1144. É a tomada de Edessa, que foi a origem da segunda cruzada (1147-1149).

56. A segunda cruzada foi efetivamente devida a Eugênio III, papa de 1145 a 1153. Os sermões de São Bernardo de Clervaux (1091-1153) em Vézelay, em 31 de março de 1146, depois em Spire, em 25 de dezembro, convenceram Luís VII, o Jovem, rei da França, e Conrado III, imperador alemão, a se tornarem cruzados. Fundador de Clervaux, São Bernardo teve assim um papel decisivo no reconhecimento da Ordem dos Templários.

57. Suger (1081-1151), abade de Saint-Denis, embaixador de Luís VI, o Gordo (1081-1137), junto ao papa, depois conselheiro de Luís VII, o Jovem (1120-1180). Foi ele que assegurou a regência durante a segunda cruzada.

58. Leonor da Aquitânia (1122-1204), que Luís VII desposou, em 1137, e repudiou em 1152.

59. Respectivamente em maio e junho de 1147.

60. Manuel I Commeno (1122-1180), imperador bizantino desde 1143.

61. Frederico I Barba-Roxa (1122-1190), imperador alemão a partir de 1155, foi um dos chefes da terceira cruzada (1189-1192).

62. De uma precocidade rara também: Saladino (Salah ad Dîn Yûsuf al Ayyûbi, 1137-1193) tinha 10 anos na época desses supostos amores. É contra toda verossimilhança, mas com muita eficiência narrativa, que Voltaire introduziu o futuro campeão dos muçulmanos, quando da terceira cruzada.

63. *Foi, sobretudo, o fracasso do sítio de Damasco, em julho de 1148, que marcou o fim desventuroso da segunda cruzada.*

64. *Leonor da Aquitânia casou-se novamente com Henrique Plantageneta, futuro Henrique II, rei da Inglaterra, e pôde dessa forma reivindicar uma boa metade do reino da França. Essa união está assim na origem da Guerra dos Cem Anos.*

65. *Andrônico I Commeno (1100-1185) subiu ao trono de Bizâncio depois de ter mandado estrangular seu jovem pupilo – e não seu "sobrinho" Aleixo II Commeno (1167-1183). Este último, filho de Manuel I Commeno, tinha sucedido a seu pai, em 1180. Ele havia desposado, no mesmo ano, Agnes da França (1171-1220), filha de Luís VII. Os dois tinham 13 e 9 anos, respectivamente! Andrônico não se esqueceu de casar a bem jovem viúva de sua bem jovem vítima. A sequência de assassinatos que marcou esse período do Império Bizantino é evocada no capítulo seguinte.*

66. *Esse mesmo que inspirou Voltaire em seu célebre* Poema sobre o desastre de Lisboa. *Essa passagem não figura evidentemente na edição original da* História das Cruzadas.

67. *Guy de Lusignan (1159-1194) havia desposado Sibila, em 1180, irmã do rei de Jerusalém, Balduíno IV, o Leproso (1161-1185), e viúva de Guilherme de Montferrat. O filho que Sibila tivera de seu primeiro marido subiu ao trono sob o nome de Balduíno V ("Baldouinet") e morreu no ano seguinte (agosto de 1186). Guy de Lusignan lhe*

sucedeu, não sem reticências da parte dos barões, em razão, ao mesmo tempo, de uma legitimidade duvidosa e da imbecilidade lendária do novo rei: ele era chamado de "sua simplicidade".

68. *Acre, hoje Akko (Israel).*

69. *Derrota de Hattin (perto de Tiberíades), em 4 de julho de 1187. Jerusalém capitulou em 2 de outubro. A resistência a Saladino só é conduzida, em Tiro, por Conrado de Montferrat, irmão de Guilherme e, na época, tio de Balduíno V (cf. nota 67). Quando Saladino libertou Guy de Lusignan – para enfraquecer a defesa dos cruzados, disseram as más línguas – Conrado recusou-lhe o acesso à cidade. Guy de Lusignan parte para sitiar Acre, que só foi retomada com a ajuda das tropas da terceira cruzada.*

70. *Reinaldo de Chatillon (1120-1187), célebre por sua violência, sua crueldade e seu fanatismo antimuçulmano. Prisioneiro de Nûr ed Dîn, sultão de Alepo, de 1160 a 1177, ele ficou famoso por suas bandidagens contra os bizantinos, em Chipre, e por suas cobranças de impostos contra Meca e Medina.*

71. *Iconiun (hoje Kônya, na Anatólia), capital da antiga Licônia. Trata-se do sultanato seljúcida de Rum.*

72. *Filipe II Augusto (1165-1223).*

73. *De fato, Henrique II morreu em 1189 (cf. nota 64), e foi seu filho, Ricardo I, chamado de Coração de Leão (1157-1199), que lhe sucedeu e participou da terceira cruzada.*

74. *Efetivamente, a tomada de Jerusalém dá início à terceira cruzada (1189-1192).*

75. *Cf. nota 61.*

76. O acordo secreto que seria feito entre o imperador bizantino Isaac II Ângelo (1155-1204) e Saladino para dividirem uma Palestina retomada dos cruzados não foi, sem dúvida, nada além de uma lenda. Isaac II Ângelo, um oficial do palácio, havia sucedido a Andrônico I Commeno, em 1185 (cf. nota 65), depois fez com que perecesse em suplícios abomináveis.

77. Frederico I Barba-Roxa afogou-se no Rio Chelif, na Cilícia, em 1190.

78. Cf. nota 73.

79. Ricardo Coração de Leão triunfou sobre Saladino na batalha de Arsuf (1191).

80. Este capítulo 49 do Essai sur les moeurs, intitulado "O imperador Henrique IV e Roma", trata do conflito entre o papado e Henrique IV (1165-1197), que sucedeu ao trono do império alemão de seu pai, Frederico I Barba-Roxa.

81. Na realidade, o acordo entre Ricardo Coração de Leão e Saladino data de agosto de 1192; Saladino morreu em março de 1193.

82. Balduíno IX de Flandres (1179-1205 ou 1206), que reinava sobre Flandres e Hainaut. Entrou em conflito com Filipe-Augusto por causa de Artois e acabou por aliar-se com Ricardo Coração de Leão. Ele decidiu tornar-se cruzado em 1200. Apoiado por Veneza, ele seria o primeiro imperador do império latino de Constantinopla, depois do saque da cidade pelos cruzados em 1204.

83. Trata-se mais, na terminologia moderna, da quarta cruzada (1202-1204). Voltaire, indo mais longe, assimila a uma cruzada as expedições cristãs contra os eslavos. A menos que ele conte como quarta aquela chamada de

"Cruzada dos alemães", pregada pelo papa Celestino III, logo após a morte de Saladino, e de curta duração. A quarta cruzada, conclamada por Inocêncio III (1160-1216), papa desde 1198, visava, inicialmente, à conquista do Egito, peça-mestra do império muçulmano. Apelar aos venezianos para que transportassem diretamente as tropas devia permitir que se evitasse passar por Constantinopla. O desvio da cruzada pelos doges, preocupados em aumentar sua influência à custa dos bizantinos, levou a um resultado contrário: Constantinopla foi tomada e saqueada pelos cruzados em 1204. As negociações com os genoveses e, depois, com os venezianos, haviam sido conduzidas, particularmente, por Villehardouin, que devia participar da cruzada e fazer a sua crônica; um texto que Voltaire negligencia, sem dúvida, porque ele faz a apologia da expedição.

84. Na realidade, os cruzados não tinham conseguido pagar aos venezianos o total da soma negociada. A conquista de Zara (hoje Zadar, na Croácia), antiga possessão veneziana, resultava de um compromisso com o velho Enrico Dandolo. Ora, a cidade dálmata era húngara e cristã, de onde a cólera papal.

85. Bonifácio de Montferrat (morto em 1207) foi o verdadeiro chefe da quarta cruzada e não Balduíno de Flandres, como Voltaire faz acreditar.

86. Maomé II, o Conquistador (1432-1481), tomou Constantinopla em 1453, fundando assim o Império Otomano e colocando um fim àquele de Bizâncio.

87. *Cf.* nota 60.

88. Evangelho de São João, XIV, 28.

89. *Cf.* notas 65 e 76.

90. *Aleixo III Ângelo "Commeno" (morto em 1210) tomou definitivamente o poder em 1195. Ele fugiu de Constantinopla em julho de 1203, quando do primeiro assalto dos cruzados, aos quais o filho de Isaac II, futuro Aleixo IV Ângelo Jovem (1182-1204), se dirigira (em Zarma; cf. nota 84) para solicitar o restabelecimento de seu pai.*

91. *Aleixo V Ducas Murtzuflos subiu ao trono na primavera de 1203 graças a uma revolta popular contra Aleixo IV, que foi assassinado. Ele seria executado após a crise de Constantinopla pelos cruzados, em abril de 1204. "Os franceses, na época muito grosseiros, o chamavam de Mursuflo, assim como fizeram com o título de Augusto (majestade) para significar pavão, cão, lobo, etc. (Nota de Voltaire.)*

92. *Cf. nota 25.*

93. *A Moésia, entre o Danúbio e a Trácia (hoje Bulgária e Sérvia).*

94. *Simão IV de Montfort (1165-1218), havendo-se dissociado da tomada de Zara (cf. nota 83), ganhara a Palestina por seus próprios meios. De volta à França, ele seria o principal animador da cruzada contra os cátaros, chamada também de "Cruzada dos Albigenses".*

95. *Aleixo I Commeno, o Grande (morto em 1222), o qual não deve ser confundido com o imperador bizantino que deu origem à primeira cruzada (cf. nota 12).*

96. *A Cólquida está situada a leste do Ponto Euxino. O império de Trebizonda (hoje Trebizonda, no Mar Negro) duraria até 1461.*

97. *Teodoro I Láscaris (morto em 1222), fundador do império da Niceia, que duraria até 1261.*

98. O mito da "Cruzada das Crianças" remonta à história de um monge de Champagne do século XIII, Aubry de Trois-Fontaines. Ele resulta, sem dúvida, de uma má tradução da palavra latina puer, que designa de fato os "pobres". Efetivamente, grupos de camponeses tentaram, da França ou Alemanha, embarcar para a terra santa a partir de Marselha ou de Gênova. O cativeiro de São Luís, durante a sétima cruzada, provocou os mesmos movimentos ("Cruzada dos Pastores", em 1251).

99. Cf. nota 68.

100. Amauri II de Lusignan (1145-1205), irmão de Guy de Lusignan (cf. nota 67).

101. João de Brienne (1148-1237), cuja família, na realidade, o havia destinado ao clero mais do que às armas. Este "cadete" (irmão mais jovem) subiu ao trono em 1210, aos 62 anos, ao desposar a rainha de Jerusalém, Maria de Montferrat, de 18 anos. Maria era filha de Conrado de Montferrat (cf. nota 69).

102. Leopoldo VI, o Glorioso, duque da Áustria de 1198 a 1230.

103. André II, da Hungria (1175-1235).

104. Abordamos aqui a quinta cruzada (1217-1221), lançada por Inocêncio III (bula Quia major, em 1213, concílio de Latrão IV, em 1215). O papa desejava, dessa vez, manter o controle total das operações e os monarcas ou senhores muito poderosos afastados. Inocêncio III morreu em 1216, e Honório III lhe sucedeu.

105. Não é possível entender a quem Voltaire faz alusão.

106. Al-Malik al-Adîl (1143-1218), chamado de Safadin, o Justo, irmão de Saladino, tinha-lhe sucedido à frente do sultanato aiúbida.

107. Na embocadura do Nilo, a 35 quilômetros do atual Porto Said.

108. Malik al-Kamil (1180-1238), chamado de o Perfeito.

109. Al Moazzam (morto em 1227), irmão de Malik al-Kamil.

110. Francisco de Assis (1182-1226), fundador da ordem dos franciscanos. Sua entrevista com o sultão é confirmada.

111. A sanção pontifícia foi acordada por Honório III à ordem franciscana, em 1223. Os dominicanos a tinham recebido em 1216.

112. Termo genérico utilizado desde a Idade Média para designar os califas. Trata-se de uma adaptação idiomática francesa (arriscada!) do árabe emîr al mu'minîn, "Chefe dos Crentes". Na época dos fatos relatados por Voltaire, a dinastia dos Almoadas acabava de suceder à dos Almorávidas.

113. O sultão alauíta Mulay Ismaïl, morto em 1727.

114. Coimbra (Portugal).

115. Chegado no local em 1219, Pelágio Albano persuadiu os cruzados a atacar o Cairo, após a tomada de Damieta. Mas a inundação do Nilo os forçou a capitular diante dos egípcios, o que marcou o fim da quinta cruzada.

116. Frederico II Hohenstaufen (1194-1250), neto de Frederico Barba-Roxa, que Inocêncio III e, depois, Honório III, impediram de juntar-se à cruzada, temerosos de reforçar

o seu poder. O papado hesitava em entronizá-lo à frente do Santo Império Romano Germânico, porque ele tinha direitos tanto sobre a Alemanha (por seu pai, Henrique VI) quanto sobre a Sicília (por sua mãe, Constância de Hauteville).

117. Após o fracasso da quinta cruzada, o papado mudou de política e contou com Frederico II para retomar Jerusalém. Mas ele, finalmente coroado imperador em 1220, tanto se fez de rogado que acabou sendo excomungado, em 1227. Finalmente, ele partiu para comandar a sexta cruzada (1228-1229). Na realidade, foi o próprio papa que tinha anunciado desde 1225 sua união com Isabel II, filha de João de Brienne, celebrando o casamento deles, para lhe garantir o trono de Jerusalém e apressar a saída dessa cruzada recalcitrante.

118. Balduíno IX de Flandres (cf. nota 82).

119. Teobaldo de Champagne (1201-1253), chamado de Póstumo ou Trovador, conde de Champagne e rei de Navarra, tinha Filipe-Augusto como patrocinador.

120. Teobaldo tinha sido educado por Branca de Castela, a mãe de São Luís, e nutria por ela uma paixão verdadeira, inspirando suas canções e poesias.

121. Malik al-Sâlih Ayyoub (1207-1249). Sobre "Meledin" (Malik al-Kamîl), cf. nota 108.

122. Essa expedição isolada não foi considerada como uma verdadeira cruzada.

123. Cf. nota 49.

124. Cf. nota 3.

125. Na Antiguidade, o país dos coraçones estendia-se por um território imenso, a leste do Mar Cáspio (os atuais

Turcomenistão, Uzbesquistão e Afeganistão). Coraçone designa hoje apenas a província mais a leste do Irã.

126. De fato, as sétima (1248-1254) e oitava cruzadas (1270), conduzidas por Luís IX (São Luís, 1214-1270), sagrado rei em 1226.

127. A vontade constante de Frederico II de reinar sobre um império alemão poderoso e unificado o opunha constantemente aos papas, de Inocêncio III e Honório III (cf. nota 116) a Gregório IX e Inocêncio IV. Essa rivalidade traduziu-se na Itália em uma quase guerra civil entre guelfos, partidários do papa, e gibelinos, favoráveis ao imperador.

128. A vitória de Taillebourg, contra Henrique III da Inglaterra, teve lugar em 1242.

129. Na realidade, até 1242, foi Branca de Castela que exerceu a regência e o poder efetivos.

130. Margarida de Provença (1221-1295), que o rei desposou em 1234.

131. Jerusalém foi retomada em 1239.

132. Henrique I, de Lusignan (1217-1253), chamado de Gordo.

133. Mansourah (Massoure). Voltaire passa em silêncio pela tomada de Damieta, em 1249, que precedeu essa derrota.

134. Al-Mu'adham, que será depois massacrado pelos mamelucos, em 1250.

135. João de Joinville (1224-1317), o célebre biógrafo de São Luís.

136. Papa de 1265 a 1268.

137. Foi a oitava e última cruzada (1270) de São Luís, em Túnis.

138. Carlos I, de Anjou (1227-1285), havia recebido o reino da Sicília do papa Clemente IV, que, desse modo, o recompensava por ter expulsado Manfredo de Hohenstaufen, um filho bastardo de Frederico II. Ele governou tão cruelmente que os habitantes de Palermo acabaram por massacrar todos os franceses que ali se encontravam ("Vésperas Sicilianas", 1282). No dia seguinte à morte de São Luís, Carlos de Anjou foi combater, juntamente com o príncipe da Inglaterra, Eduardo, o sultão mameluco Baybars, em Acre. Eduardo conseguiu negociar a paz entre Baybars e Hugo I de Chipre antes de voltar à Inglaterra. Esse episódio, que Voltaire não menciona, é às vezes considerado como a "nona cruzada".

139. Em 1249, a peste tinha dizimado as tropas de São Luís. Em 1270, muito provavelmente foi a disenteria pela qual numerosos cruzados morreram, assim como o próprio rei.

140. São João de Acre foi retomada em 17 de junho de 1291 pelos mamelucos, guiados pelo sultão Khalil que acabava de suceder a seu pai, Al Mansour Sayf ad Dîn Qalaôun al Alfi. Antioquia tinha caído em 1268 e Trípoli em 1289.

141. *Cf.* nota 82.

142. *Cf.* nota 97.

143. Pedro de Courtenay (1165 até cerca de 1218) sucedeu no comando do reino latino de Constantinopla a Henrique de Flandres, irmão de Balduíno. Capturado pelos "gregos" nas montanhas da Albânia ao voltar de sua coroação em Roma, ele morreu prisioneiro durante o inverno de 1218-1219.

144. O Peloponeso.

145. Balduíno II de Courtenay (1217-1273), filho de Pedro de Courtenay, foi proclamado imperador em 1227.

146. Miguel VIII Paleólogo (1224-1282), fundador da última dinastia bizantina. Ele retomou Constantinopla em julho de 1261. Balduíno, em fuga, só chegaria à França em 1262 e acabaria morrendo na Itália. Sobre Láscaris, fundador do império da Niceia, cf. nota 97.

147. O herdeiro legítimo, eliminado por Miguel VIII Paleólogo, foi João IV Ducas Láscaris (1250-1261), imperador titular de Niceia, no momento da retomada de Constantinopla.

Posfácio

Maomé: Furor e Sedução

Voltaire historiador é menos esquecido, em nossos dias, do que o Voltaire tragediógrafo. A *Histoire de Charles XII* (História de Carlos XII) (1731) ou *Le siècle de Louis XIV* (O século de Luís XIV) (1752), que encontraram um sucesso enquanto estava vivo, beneficiaram, no melhor dos casos, "no campo cultural contemporâneo, [...] um tipo de 'sobrevida'".[1] Quanto à contribuição que representa o *Essai sur les moeurs et l'esprit des nations*[2] (Ensaio sobre os costumes e o espírito das nações), uma espécie de panorama da história universal, ela foi autoridade até a metade do século seguinte, apesar das críticas de alguns detratores.[3] Mas o descrédito só se instalou em seguida, lenta e insidiosamente: adquirimos o hábito de somente estudar a obra por meio de resumos, por extratos, depois nos acostumamos a ver neles uma simples compilação. O golpe de misericórdia foi dado por Ernest Renan que acusou Voltaire de ter conseguido... sucesso demais e de ter desencorajado, na França, por "sua leviandade de espírito e sua facilidade enganosa", as pacientes e eruditas pesquisas que haviam sido empreendidas, por exemplo, além do Reno: "Voltaire, ele diz, cometeu mais erros nos estudos históricos do que uma invasão de bárbaros".[4]

O mínimo que podemos dizer dessa condenação é que ela peca por anacronismo. Se for verdade que Voltaire trabalhou mais frequentemente sobre documentos de segunda mão,[5] não saberíamos dizer até que ponto ela foi abundante e com qual discernimento ela foi usada. Sobretudo esse curioso processo proposto por um autor que viveu um século antes do nascimento da filosofia moderna e das ciências humanas, que ignorou o essencial: Voltaire foi o único, na época do Iluminismo, a questionar-se sobre a "filosofia da História". É sobre ele que cabe a paternidade da noção e, até mesmo parece, da expressão. Não que ele tenha inventado algum sistema novo,[6] tampouco um método propriamente dito. Mas ele introduziu novos princípios, em ruptura total com a maneira pela qual, até esse momento, escrevia-se a História.

Para ele, a História constitui "a narrativa de fatos considerados como verdadeiros".[7] Para compreender até que ponto a simplicidade desse aparente truísmo é enganosa, basta verificar os dois corolários que seguem: um, explícito, infere que é preciso fazer uma distinção entre a História e a "fábula", para então expurgar os milagres, prodígios e lendas de toda natureza dos quais os antigos autores a preencheram. O outro, apenas sugerido, é que um fato *dado* como verdadeiro não o é necessariamente, e que o historiador deve praticar cortes, exercer seu espírito crítico, em resumo, "fazer uso de sua razão em vez de sua memória".[8]

Do ponto de vista da própria escrita, isso significa que teremos menos problemas se seguirmos servilmente a cronologia, esse "amontoado de balões cheios de vento",[9] do que interpretar os eventos pesando sua importância real, colocando-os em seu contexto, atualizando as relações que acontecem entre dois fatos "que parecem não levar a nada, mas que levam a tudo. Tudo é engrenagem, polia, corda e elástico nessa imensa máquina".[10] Isso também significa que devemos renunciar aos trechos de bravura dos quais a tradição clássica abusa. Nós nos absteremos, por exemplo, de escrever discursos imaginários: "Por que fazer um homem dizer algo que ele realmente não disse? Seria o mesmo que atribuir a ele o que ele não fez."[11] Da mesma forma, é preciso desconfiar de ilustrações que "frequentemente demonstram mais o desejo de brilhar do que o de instruir".[12]

No fundo, Voltaire conserva a ideia de que a História deva servir à edificação dos homens. Mas, se a virtude pedagógica persistir, o objetivo e o conteúdo do "programa" mudam radicalmente, pois não se trata mais, como acontece com Bossuet[13] ou Rollin,[14] de ilustrar as vontades divinas, mas de contribuir para "a emulação das nações modernas".

A primeira consequência dessa mudança radical de perspectiva é que nos apegaremos menos às maravilhas e aos episódios gloriosos do passado do que aos "grandes erros [...]. Não saberíamos como fechar os olhos diante dos crimes e das desgraças"[15] a fim de evitá-los para as gerações seguintes. A esse respeito, as cruzadas fornecem, evidentemente, um exemplo ideal. Longe do romantismo fácil dos bravos cavaleiros que combatiam para a glória de Deus os cruéis e heréticos sarracenos,[16] Voltaire faz desse "furor epidêmico" um quadro severo e sem concessão. Não foi a fé que impulsionou a nobreza turbulenta a tomar a cruz, mas um "espírito de abuso e de violência", a pura e simples sede da pilhagem. De Godofredo de Bulhão a Guy de Lusignan, de Boemundo de Taranto a Reinaldo de Chatillon, os combatentes do Cristo são apresentados na melhor das hipóteses como imbecis e, na pior, como soldados sanguinários. Do mesmo modo, não foi para proteger os peregrinos que os papas sucessivos suscitaram esses bandidos, mas para reforçar seu poder temporal.

Voltaire não tem, e é o mínimo que se possa dizer, nenhuma complacência para com os pregadores exaltados que levaram as turbas à aventura (e que também se lançaram nela). Pedro, o Eremita, foi "um fanático que se fez seguir de furiosos"; Bernardo de Clairvaux e São Francisco de Assis passaram-se por simplórios; um pregou em francês aos alemães e o outro em italiano a um sultão turco arabófono. Os únicos atores dessa peça malvada que encontraram graça aos seus olhos foram Frederico II,[17] o imperador alemão que, na sexta cruzada, conseguiu negociar pacificamente o *status* de Jerusalém com o sultão Al Kamil; ou ainda Ricardo Coração de Leão, que só foi guerrear a... contragosto, e retornou bem rapidamente. Enfim e, sobretudo, de maneira bem ambígua, São Luís. Suas virtudes "domésticas" e "simplicidade heroica"[18] somente foram destacadas para melhor denunciar sua mania de cruzar o Mediterrâneo: "[Ele] teria feito melhor em governar em paz seus Estados do que se aventurar e expor-se ao ferro dos africanos e condenando à peste sua filha, sua nora, sua cunhada e sua sobrinha, que fizeram com ele essa viagem fatal".[19] No total, as cruzadas só resultaram em um sem-número de atrocidades, na ruína de Constantinopla e no enfraquecimento de toda a cristandade.

Não colocar mais a História a serviço da edificação regiliosa significa também romper com o quadro tradicional, o qual atribui origens judaico-cristãs a toda a humanidade. Esse ponto merece um comentário particular. O autor atraiu para si uma reputação de antissemita porque ele chama, no prefácio do *Essai sur les moeurs* (Ensaio sobre os costumes) e no *Dictionnaire philosophique* (Dicionário filosófico), o "povo hebreu", em termos fortemente ressentidos que, para os dias atuais, são insustentáveis: "inimigos do gênero humano",[20] "a nação [...] mais detestável que já pisou na terra",[21] etc. Ora, essa violência verbal mascara o seu verdadeiro propósito: o desprezo aos judeus. Isso era banal para a sua época, não era tanto quanto a sua animosidade em face do "centrismo judaico". De fato, Voltaire indigna-se pelo fato de que "a pequena nação judia [tenha] se tornado o objeto e o fundamento de nossas histórias pretendidas como universais, nas quais um certo número de autores, copiando-se uns aos outros, esqueceu [sic] três quartos da terra".[22] Mas é justamente a *História das Cruzadas* que dá respostas úteis àqueles que, por antecipação, gostariam de ver em Voltaire um adepto de soluções definitivas. Se o autor deliberadamente ironiza a respeito das inúmeras violências e barbáries constantes da Bíblia, verdadeiro palco de incestos e assassinatos, ele se escandaliza muito mais com os ataques violentos e os massacres bem reais sofridos pelos judeus por parte dos cruzados.

É preciso reconhecer que, além disso, ao recusar-se restringir a História ao quadro bíblico, ele dá lugar, e é um dos primeiros, às civilizações chinesa, hindu, muçulmana, etc., que seus antecessores soberbamente haviam ignorado. Aí também o exemplo dos cruzados prova a precisão de sua iniciativa: longe de ater-se a um suposto confronto da cristandade contra o islã, do Ocidente contra o Oriente, ele mostra antes que o conflito vai implicar quatro blocos e não dois: os "latinos" (os cruzados a serviço do papado), os "gregos" (o Império Bizantino), os "califas" (o poder temporal muçulmano, ou o que restava dele) e os "turcos" (o novo poderio seljúcida). Isso sem contar um quinto ator essencial: Gêngis Khan, cujas tropas começaram a invadir a partir da Ásia Central em direção ao Oeste. Na concepção sagrada da História, pronta a opor o campo do "bem" e o do "mal", uma verdadeira visão geopolítica é substituída, em que as cruzadas aparecem pelo que são, na escala da época: um conflito planetário no qual infinitas rivalidades não somente estabeleciam os campos uns contra os outros, mas também minavam cada um deles internamente.

Finalmente, não contente em laicizar a História, Voltaire a democratiza. Ao padre Daniel, jesuíta cujos trabalhos fazem a autoridade da época, para quem "a história de um reino ou de uma nação tem por objeto o príncipe e o Estado",²³ ele respondeu: "Eu lhe pergunto sobre minha história mais do que a de Luís, o Gordo, e de Luíz Hutin." É a história dos homens que o autor do *Essai sur les moeurs* quer rastrear e não a dos reis.²⁴ Ainda que a matéria se preste a isso,²⁵ faremos então pesquisas inúteis na *História das Cruzadas* por uma ação grandiosa e colorida, com florestas de estandartes, missões heroicas e sacrifícios comoventes. À duvidosa poesia do sangue e da poeira, Voltaire prefere os dados objetivos da geografia, que apresentam para ele a Palestina como um país desolado e Jerusalém como uma aldeia pobre, e a constatação inevitável dos números dos danos causados: sob esse ângulo, é a visão de uma desordem gigantesca que se impõe. Essa maneira, ainda desajeitada, mas decididamente nova, de incluir "a economia" na análise histórica é bem característica da nova virada que Voltaire deu a essa disciplina.

Ele observa, nessa ocasião, que o fracasso não resulta da simples relação da força: "[...] esses poderosos exércitos de cristãos guerrearam nos mesmos países onde Alexandre sempre obteve a vitória, com bem menos tropas, contra inimigos incomparavelmente mais poderosos que os turcos e os árabes". A explicação está em procurar então no terreno da legitimidade: "Que direito tinham todos esses príncipes do Ocidente de tomarem para si províncias que os turcos haviam arrancado dos imperadores gregos?". Ou ainda, de maneira mais decisiva: "Não havia muita razão para assolar o Egito porque seus habitantes seguiam os dogmas de Maomé, como hoje em dia não faria sentido atacar a China por ela estar ligada à moral de Confúcio". Se Saladino aparecesse, no momento em que ele retoma Jerusalém, no dia mais favorável, não seria somente em razão do seu comportamento cavalheiresco e tolerante:²⁶ mas porque ele está no seu direito, o que é bem diferente com respeito aos invasores vindos de além do Mediterrâneo.

Tudo somado, o balanço das cruzadas é então rigorosamente negativo. Não por acaso o artigo "Fanatismo",[27] do *Dictionnaire philosophique*, é o lugar onde se encontra um resumo impressionante dessas expedições perigosas: "Toda a Europa dirigiu-se para a Ásia por um caminho inundado do sangue dos judeus que se mataram para não cair sob a espada de seus inimigos. Essa epidemia dizimou metade da população do mundo habitado; reis, pontífices, mulheres, crianças e idosos, tudo cedeu à vertigem sagrada que matou durante dois séculos inúmeras nações sobre o túmulo de um Deus de paz. Foi então que se viram oráculos mentirosos, eremitas guerreiros; monarcas nos púlpitos e prelados nos campos; todos os Estados se perderem em uma horda insensata; as montanhas e os mares serem atravessados; possessões legítimas abandonadas para correr atrás de conquistas que não eram mais a terra prometida; os costumes se corromperem sob um céu estrangeiro; príncipes dilapidarem seus reinos para redimir um país que nunca lhes pertenceu e acabar por arruiná-lo para pagar o seu resgate pessoal; milhares de soldados perdidos sob o comando de diversos chefes, sem que pudessem ser reconhecidos, apressar a sua derrota por deserção; e essa doença acabar dando lugar a uma contaminação ainda mais terrível".

Jérôme Vérain

Notas do Posfácio

1. A. Magnan, "*Voltaire*", Dictionnaire des littératures de langue française, Bordas, 1984.

2. *A primeira edição, reconhecida por Voltaire, data de 1756. Mas fragmentos (dos quais o essencial é a* História da Cruzadas*) tinham surgido anteriormente. A obra teve duas reedições (1761, depois 1769, com seu título definitivo); ela foi constantemente aumentada e revisada por Voltaire, até a véspera de sua morte.*

3. *Voltaire foi repreendido, com razão, por alguns erros pontuais, porém muito menos legitimamente por invenções e plágios. Os ataques mais violentos foram os do abade Guénée (cf. nota 22 do texto) e, sobretudo, do abade Nonotte, autor da famosa obra* Erreurs de Voltaire *(Erros de Voltaire).*

4. Nouvelles études d'histoire religieuse *(Novos estudos de história religiosa). Citado por René Pomeau,* Voltaire par lui-même *(Voltaire por ele mesmo), Seuil, 1959-1975.*

5. *Com exceção, sem dúvida, do* Siècle de Louis XIV *(Século de Luís XIV), para o qual ele teve à sua disposição,*

como historiógrafo do rei (a partir de 1745), os arquivos de Versalhes. Para o Essai sur les moeurs *(Ensaio sobre os costumes), Voltaire não faz mistério de suas fontes. As mais frequentemente citadas são a* Histoire de France depuis Faramond jusqu'au règne de Louis le Juste *[Luís XIII] (História da França desde Faramond até o reino de Luís, o Justo), de François Mézeray (1610-1683), a* Histoire générale de la France *(História geral da França), do abade Velly (1709-1759) e, para as cruzadas, a* Histoire ecclésiastique *(História eclesiástica), do abade Claude Fleury (1640-1723). O texto do* Ensaio *atesta que as leituras do autor foram bem além dessas.*

*6. Voltaire conhece demais "a falsidade de todos os sistemas. Se for possível esperar encontrar um dia um caminho para a verdade, isso ocorrerá somente depois de ter bem reconhecido todos aqueles que levam ao erro" (*Dictionnaire philosophique, *artigo "Cronologia").*

7. Esta célebre definição abre o artigo "História" do Dictionnaire philosophique, *retomado daquele escrito para a* Encyclopédie.

8. Remarques sur l'histoire *(Observações sobre a história) (1742). Voltaire acrescenta: "O que normalmente falta aos que compilam a História é o espírito filosófico. Em vez de discutir os fatos com homens, a maioria cria contos para crianças".*

9. Dictionnaire philosophique, *artigo "Cronologia". O que não significa que o autor despreze as datas – a* História das Cruzadas *proporciona muitas delas –, contudo relativiza as censuras sobre os erros pontuais que aparecem: neles,*

Voltaire enxerga rótulos, mas não vê o próprio suporte à verdade histórica.

10. Artigo "Cadeia ou geração dos eventos" do Dictionnaire philosophique. *Voltaire ainda sobre o espírito do sistema: "Todo efeito tem evidentemente a sua causa, mas nem tudo tem crianças".*

11. Artigo "História" do Dictionnaire philosophique.

12. Ibid.

13. O Discours sur l'histoire universelle *(Discurso sobre a história universal) (1681) pretendia justificar, nos mínimos detalhes, a veracidade e a exatidão cronológica dos acontecimentos contados na Bíblia.*

14. A Histoire ancienne *(História Antiga), de Rollin (1661-1741), afirma em cada linha "a grandeza de Deus, seu poder, sua justiça e, sobretudo, a sabedoria admirável com a qual sua providência dirige todo o universo". O* Essai sur les moeurs *foi concebido como uma espécie de antídoto para esse finalismo ultrajante.*

15. Artigo "História" do Dictionnaire philosophique.

16. *Um maniqueísmo de mau julgamento ao qual certos jornalistas, escritores, historiadores, cineastas ou chefes de Estado não parecem, entretanto, ainda hoje, ter renunciado... Ninguém esquece que George W. Bush fez um escândalo ao apresentar o seu programa de luta contra o terrorismo islâmico como uma "cruzada". Mas é ainda corrente ouvir assimilar as cruzadas a uma época grandiosa, uma "conquista do Oriente", uma "guerra santa", como se fosse o pendão lógico – e, portanto, legítimo – do Jihad. Os clichês que fizeram o sucesso de* Kingdom of Heaven (Reino do Céu), *filme de Ridley Scott, lançado em maio de*

2005 (aliás, muito mais voltairiano do que parece, apresentando Reinaldo de Chatillon como bandido e Saladino como um guerreiro generoso), decididamente passaram por dificuldades.

17. *Cf. notas 116 e 117 do texto.*

18. Remarques pour servir de supplément à l'Essai sur les moeurs et l'esprit des nations *(1763) (Observações para servir de suplemento ao Ensaio sobre os costumes).*

19. *Ibid.*

20. *Essai sur les moeurs, cap. VI.*

21. *Artigo "Tolerância" do* Dictionnaire philosophique.

22. *Essai sur les moeurs, Prefácio, XV.*

23. *L'Histoire de France (História da França) (1696). A obra de P. Daniel (1669-1728) teve múltiplas reedições no século XVIII.*

24. *"Eu me comprometi a fazer, tanto quanto pude, a história dos costumes, das ciências, das leis, dos usos, das superstições. Vejo em quase toda ela somente histórias de reis. Eu quero aquela dos homens" (carta a Jacob Vernet, 1º de junho de 1744).*

25. *"É preciso confessar, ao ler a história dessa época, que nem mesmo aqueles que conceberam seus romances não conseguiram ir tão longe com sua imaginação quanto o que a verdade demonstrou."* Voltaire acrescenta, em Remarques pour servir de supplément à l'Essai sur les moeurs *que "as ações daqueles tempos eram romanescas: mas havia muito mais de romanesco ainda nos historiadores".*

26. *Trata-se, desde no mínimo quatro séculos atrás, de um lugar-comum da literatura europeia: Dante coloca a alma desse pagão no limbo e não no inferno. Mas Vol-*

taire mostra-se particularmente sensível a "essa figura de guerreiro valoroso e leal, quase de príncipe iluminado": é sem dúvida "o grande Saladino" que lhe inspirou a figura de Orosmano, no Zaïre.

27. O fanatismo está, dessa vez, do lado cristão e não do lado muçulmano, como em Le fanatisme ou Mahomet le prophète *(O fanatismo ou Maomé, o Profeta) (Mille et Une Nuits, 2006).*

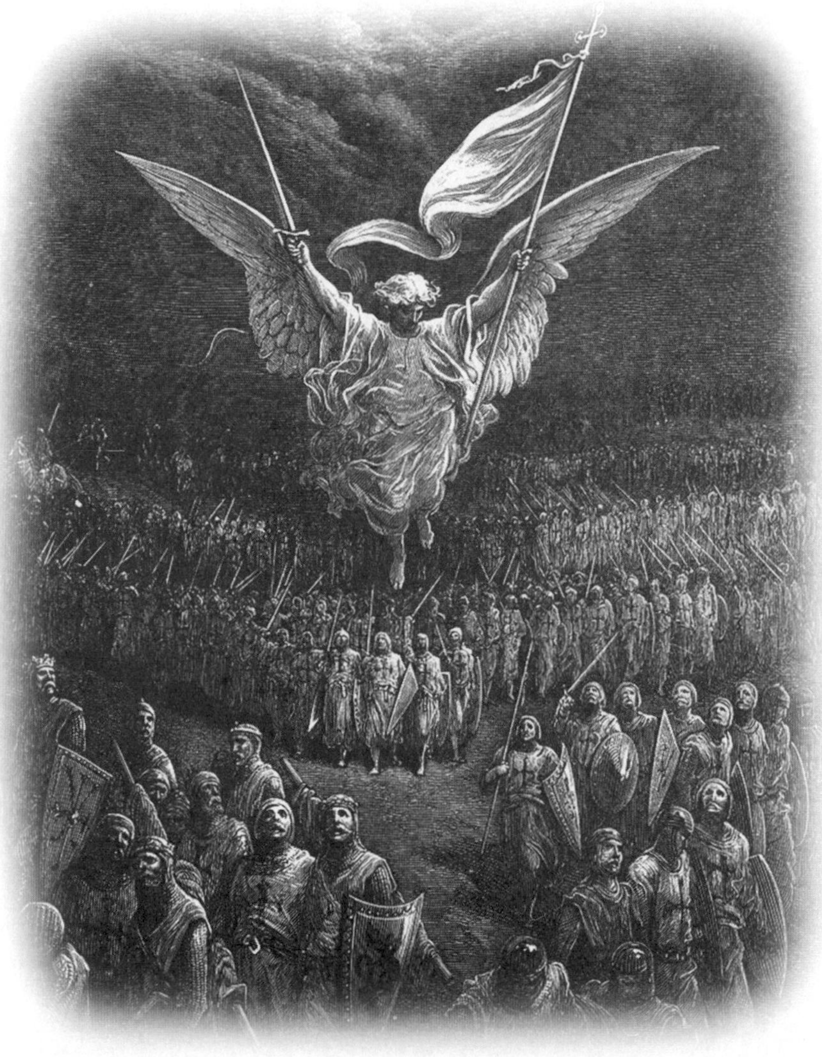

Vida de Voltaire

24 de novembro de 1694 – Nascimento em Paris de François-Marie Arouet (que tomará o nome de Voltaire a partir de 1718).
1704-1711 – Estudos no Colégio dos jesuítas e na Escola de Direito.
1713-1715 – Como secretário, Voltaire segue o embaixador da França em Haia. Ele frequenta a corte de Sceaux.
1717-1718 – Por ter escrito sátiras contra Filipe de Orleans, Voltaire é preso na Bastilha. Apresentação de *Édipo* é um sucesso.
1719 – Início de uma vida muito mundana.
1723 – Primeira edição do *Poème de la Ligue* (Poema da Liga) (futuro *Henriade*).
1725 – Luís XV concede-lhe uma pensão. Apresentação de *L'Indiscret* (O Indiscreto).
1726-1728 – Instalado em Londres, Voltaire frequenta Boling-Broke e entra em contato com homens políticos (os *whigs*).

1729 – Retorno a Paris, onde se dedica a operações financeiras muito rentáveis.

1731-1733 – *L'Histoire de Charles XII* (A História de Carlos XII), censurada, é impressa clandestinamente em Rouen. Voltaire começa *Le Siècle de Louis XIV* (O Século de Luís XIV). Apresentação e sucesso de *Zaïre*.

1734-1735 – O escândalo de seu *Lettres Philosophiques* (Cartas Filosóficas) obriga-o a se refugiar em Cirey, na casa de sua amante, Mme. du Châtelet.

1736 – Aparição do *Mondain* (Mundano), poema anticristão. Início da correspondência com o futuro Frederico II.

1737-1738 – Em Cirey, Voltaire dedica-se a uma leitura crítica da Bíblia e redige o primeiro *Discours sur l'homme* (Discursos sobre o homem), assim como um esboço de *Micromégas*.

1740 – Primeiro encontro com Frederico II em Clèves.

1743-1744 – Voltaire é enviado a Berlim pelo novo Ministro dos Assuntos Estrangeiros, o conde de Argenson, seu antigo condiscípulo. Trata-se de restabelecer as melhores relações possíveis com a Prússia, após a assinatura por Frederico II, em 1742, de uma paz separada com a Áustria, o que deixa a França isolada na "Guerra da Sucessão".

1745 – Voltaire é nomeado historiador do rei. Encontro com Jean-Jacques Rousseau.

1746-1747 – Voltaire é eleito para a Academia Francesa. Objeto de escândalo na corte, ele se refugia com Stanislas Leszczynski, ex-rei da Polônia, instalado em Lunéville desde sua abdicação.

1748-1749 – Apresentação de *Sémiramis*, surgimento de *Zadig* e do *Monde comme il va* (O mundo como está). De volta a Paris, Voltaire instala-se na Rua Traversière. Morte de Mme. du Châtelet.

1750 – Voltaire parte para Berlim, onde se coloca a serviço de Frederico II. Ligação com a condessa Bentinck.

1752 – *Le Siècle de Louis XIV* e *Micromégas* aparecem em Berlim. Tendo atacado Maupertuis, presidente da Academia de Berlim, Voltaire perde os favores de Frederico II.

1753-1755 – Proibido de ficar na França, ele encontra refúgio na Alsácia, onde redige os *Annales de l'Empire* (Anais do Império), publicado em 1754, e *Scarmentado*, um conto muito pessimista.

1756 – Ele escreve o artigo "História", da *Encyclopédie* de Diderot. Primeira edição do *Essai sur les moeurs* (Ensaio sobre os costumes).

1757 – Retomada de sua correspondência com Frederico II. Seu artigo "Genebra", da *Encyclopédie*, causa escândalo na cidade.

1758-1759 – Aquisição dos domínios de Ferney e de Tournay. Publicação de *Candide*, logo proibido em Paris e em Genebra.

1760 – Voltaire começa o *Dictionnaire philosophique*. Rompimento com Jean-Jacques Rousseau.

1762-1763 – Início do caso Calas, no qual Voltaire obtém a revisão do processo. Publicação de *Saül*, tragédia antirreligiosa, e do *Traité sur la tolérance* (Tratado sobre a tolerância).

1764-1765 – Ele intervém em favor dos protestantes condenados às galeras e no caso Sirven. Publicação do

Dictionnaire philosophique portatif (Dicionário filosófico portátil), que é proibido, de *Nouveaux Mélanges* (Novas Misturas) e de *La Philosophie de l'Histoire* (A Filosofia da História). O texto, dedicado à rainha da Rússia, Catarina II, será colocado no cabeçalho do *Essai sur les moeurs,* na edição de 1769.

1766-1768 – O cavaleiro de La Barre, na casa do qual foi encontrado o *Dictionnaire philosophique*, livro proibido, é condenado por mutilar um crucifixo. Sentindo-se responsável, Voltaire vai à Suíça, onde ele se consagra à crítica do cristianismo, com exceção de *L'Ingénu* (O Ingênuo), de um tom mais sereno. Início de *Oeuvres Complètes* (Obras Completas) na casa de Cramer, em Genebra.

1770 – Ele estabelece em Ferney uma fábrica de relógios e outra de meias, vendidas em toda a Europa.

1771 – Voltaire apoia a reforma dos parlamentos. Publicação de *Questions sur l'Encyclopédie* (Questões sobre a Enciclopédia).

1773 – Uma crise de estranguria coloca sua vida em perigo. Publicação de *Taureau blanc* (Touro branco), crítica burlesca da Bíblia.

1774-1775 – Luís XVI chega ao poder. Voltaire obtém de seu amigo Turgot, nomeado ministro, um edito que suprimiu a alfândega entre o país de Gex e Genebra. Publicação de *L'Histoire de Jenni, ou le Sage et l'Athée* (A História de Jenni, ou o Sábio e o Ateu), em que Voltaire toma suas distâncias do materialismo.

1776 – Voltaire vê na Declaração da Independência dos Estados Unidos o triunfo da liberdade. Publicação de *La Bible enfin expliquée* (A Bíblia afinal explicada).

Voltaire declara uma guerra sem perdão a Shakespeare em sua *Lettre à l'Académie* (Carta à Academia).

1778 – Solicitado por Beaumarchais, Voltaire empreende a correção de suas obras visando a uma edição completa. A edição chamada de Kehl foi publicada a partir de 1785. Em fevereiro, ele deixa Ferney para ficar em Paris, onde leva uma vida desgastante, repleta de cerimônias e de visitas. Morre em 30 de maio, de uma série de crises de estranguria. Foi transferido para o Panthéon em 1791.

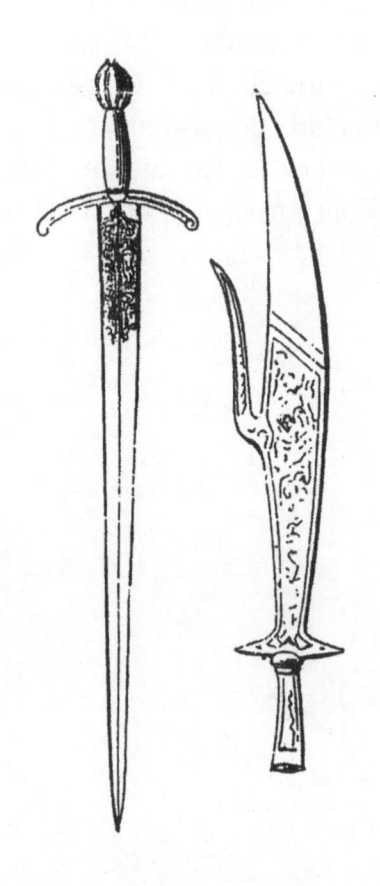

Referências Bibliográficas

Obras de Voltaire

L'Affaire Callas et autres affaires, Gallimard, coll. "Folio", 1975.
Candide ou l'Optimisme, Mille et une nuits, 1998.
Catéchisme de l'honnête homme, Mille et une nuits, 1996.
Correspondance choisie, Le Livre de poche, 1990.
Correspondance, Gallimard, Bibliotèque de la Pléiade, 13 vol., 1978-1993.
Dictionnaire philosophique. Garnier-Flammarion, 1964.
Essai sur les moeurs, Garnier, 2 vol., 1963-1992.
Le Fanatisme ou Mahomet le Prophète, Mille et une nuits, 2006.
L'Ingénu, Mille et une nuits, 2001.
Lettres philosophiques, Mille et une nuits, 1999.
Mélanges, Gallimard, Bibliothèque de la Pléiade, 1961.
Micromégas, Mille et une nuits, 2001.

Oeuvres historiques, Gallimard, Bibliothèque de la Pléiade, 1957-1998.
Romans et contes, Gallimard, Bibliothèque de la Pléiade, 1979.
Traité sur la tolérance, Garnier-Flammarion, 1970-1989.

Estudos sobre Voltaire

BREHANT (Jacques) et ROCHE (Raphaël), *L'Envers du roi Voltaire*, Nizet, 1989.
GOLDZINK (Jean), *Voltaire, la légende de saint Arouet*, Gallimard, collection Découvertes, 1989.
GRAY (John), *Voltaire et les Lumières*, Le Seuil, 2000.
ORIEUX (Jean), *Voltaire ou la Royauté de l'esprit*, Flammarion, 2 vol., 1966-1977.
PEYREFITTE (Roger), *Voltaire, sa jeunesse et son temps*, Albin Michel, 2 vol., 1985.
POMEAU (René), *Voltaire*, Le Seuil, coll. "Écrivains de toujours", 1959-1975;
La religion de Voltaire, Nizet, 1974-1986;
(sous la dir. de), *Voltaire en son temps*, Voltaire Foundation, Fayard, 1995.
RAYNAUD (Jean-Michel), *Voltaire soi-disant*, Presses universitaires de Lille, 1983.
SAREIL (Jean), *Voltaire et les grands*, Droz, 1978.
TRASSON (Raymond), *Visages de Voltaire: XVIII-XIXe siècle*, Champion, 2001.
VAN DER HEUVEL (Jacques), *Voltaire dans ses contes: de Micromégas à L'Ingénu*, Slaktine Reprints, 1999.

Estudos sobre as Cruzadas

DELORT (Robert), *Les Croisades*, Le Seuil, 1988.
FLORI (Jean), *La Guerre sainte: la formation de l'idée de croisade dans l'Occident chrétien*, Aubier Montaigne, 2001.
GROUSSET (René), *L'Épopée des croisades*, Librairie académique Perrin, 2002.
MAALOUF (Amin), *Les Croisades vues par les Arabes*, Jean-Claude Lattès, 1983; rééd. J'ai lu, 1985.
MORRISSON (Cécile), *Les Croisades*, PUF, coll. "Que sais-je?", 2006.
RÉGNIER-BOHER (Danielle), *Croisades et pélerinages*, Robert Laffont, coll. "Bouquins", 1999.
RICHARD (Jean), *Histoire des croisades*, Fayard, 1996.
RUNCIMAN (Steven), *Histoire des Croisades*, Taillandier, 2006.
TATE (Georges), *L'Orient des Croisades*, Gallimard, 1991.

Ilustrações de Doré sobre as Cruzadas

Legendas: Extraídas do livro *Doré's Illustrations of the Crusades*, de Gustave Doré, Dover Publications, Inc.

1. A batalha de Niceia
Godofredo, Tancredo e os dois Robertos lutam valentemente e, finalmente, derrotam os turcos.

2. A batalha de Dorileia
Sob a suprema liderança de Boemundo, os Cruzados derrotam os turcos numa longa batalha.

3. Luís VII recebe a Cruz de São Bernardo de Clairvaux
Mesmerizado pelo eloquente discurso de São Bernardo, Luís VII cai aos seus pés e pede a Cruz.

4. Saladino
Líder formidável e sultão do Egito, Saladino é respeitado por seus inimigos e idolatrado por seus seguidores.

5. Gloriosa morte de De Maillé, Marechal do Templo.
Jacques De Maillé, cavaleiro do Templo, luta valorosamente contra os sarracenos, recusando-se a sucumbir aos seus ferimentos.

6. Entrada dos Cruzados em Constantinopla
Os Cruzados assaltam Constantinopla matando todos à sua frente,
ateando fogo na cidade e apavorando os gregos,
que bateram em retirada.

7. O Santo Sepulcro
Defendido por milhares de Cruzados, a Igreja do Santo Sepulcro é
venerada pelos peregrinos europeus.

8. A Verdadeira Cruz
Os Cruzados são estimulados ao verem a Verdadeira Cruz.

9. Luís IX diante de Damieta
Depois de saltar em seu navio corajosamente para o ataque a Damieta,
São Luís e seu exército fazem uma pausa para oferecer um
agradecimento a Deus.

10. A Ordem da Cavalaria
As Ordens monásticas da Cavalaria, os Cavaleiros Templários e os Cavaleiros Hospitalários produziram soldados dedicados na preservação do ideal cristão.

Ilustrações de Doré sobre as Cruzadas

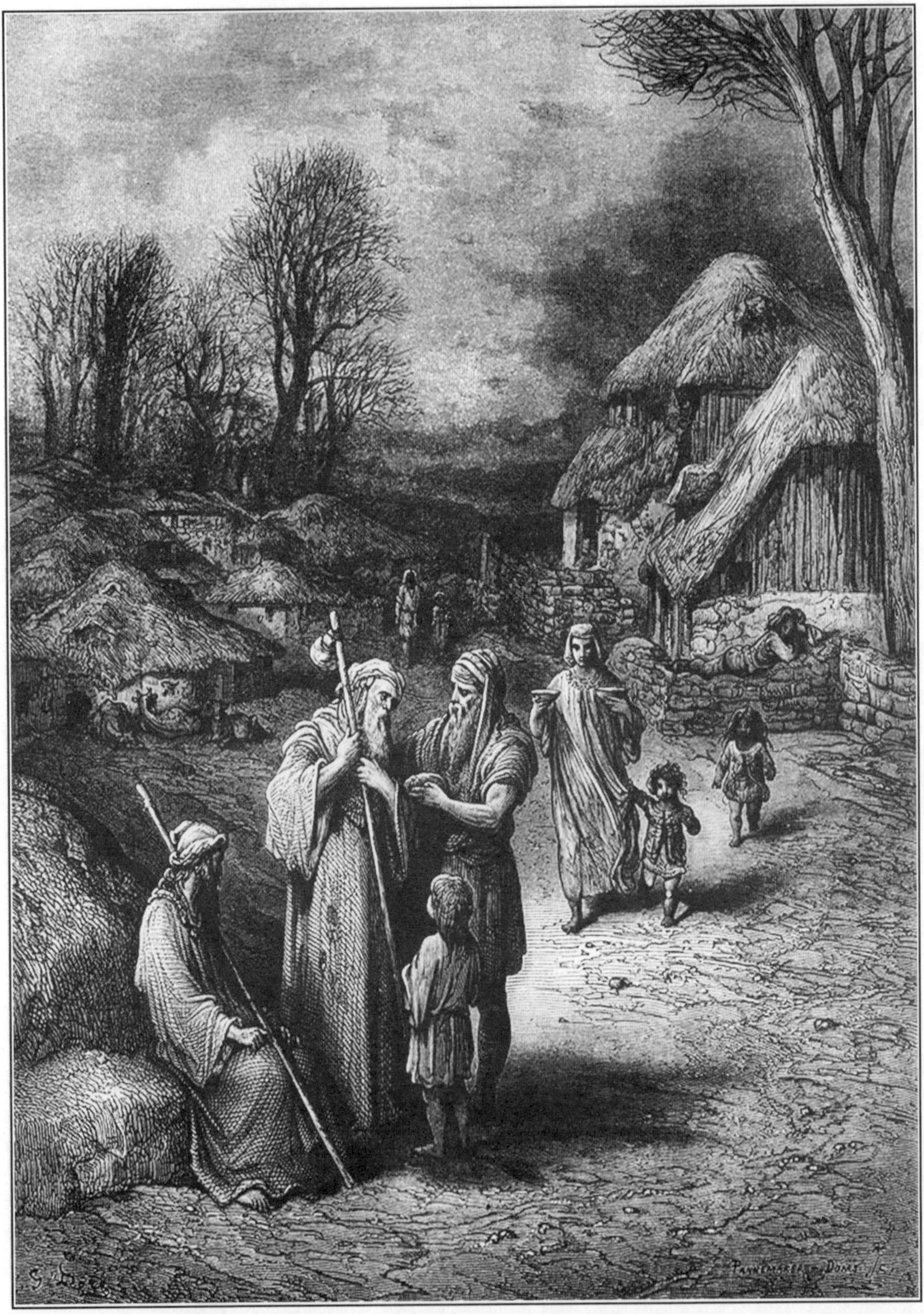

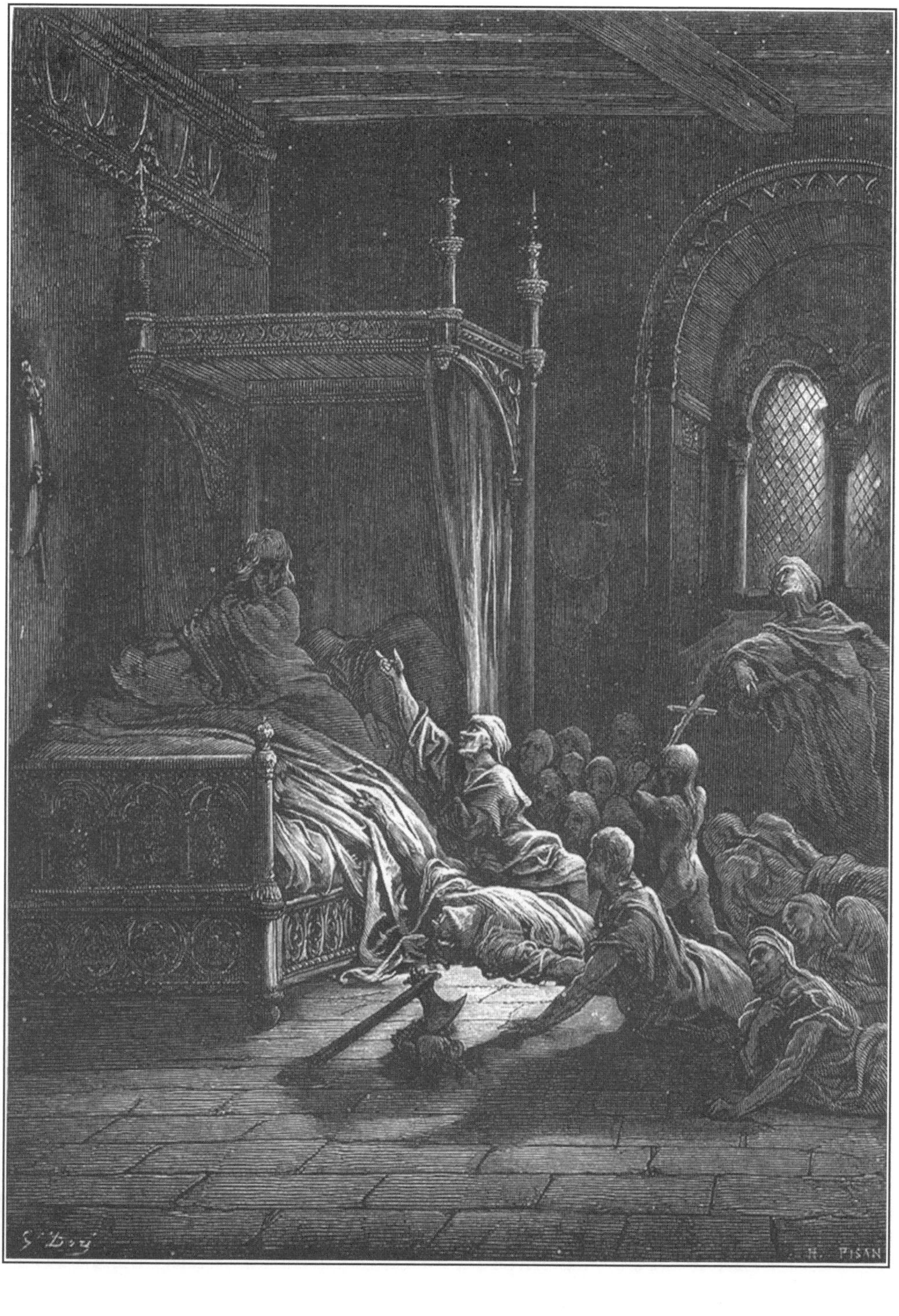
H. PISAN

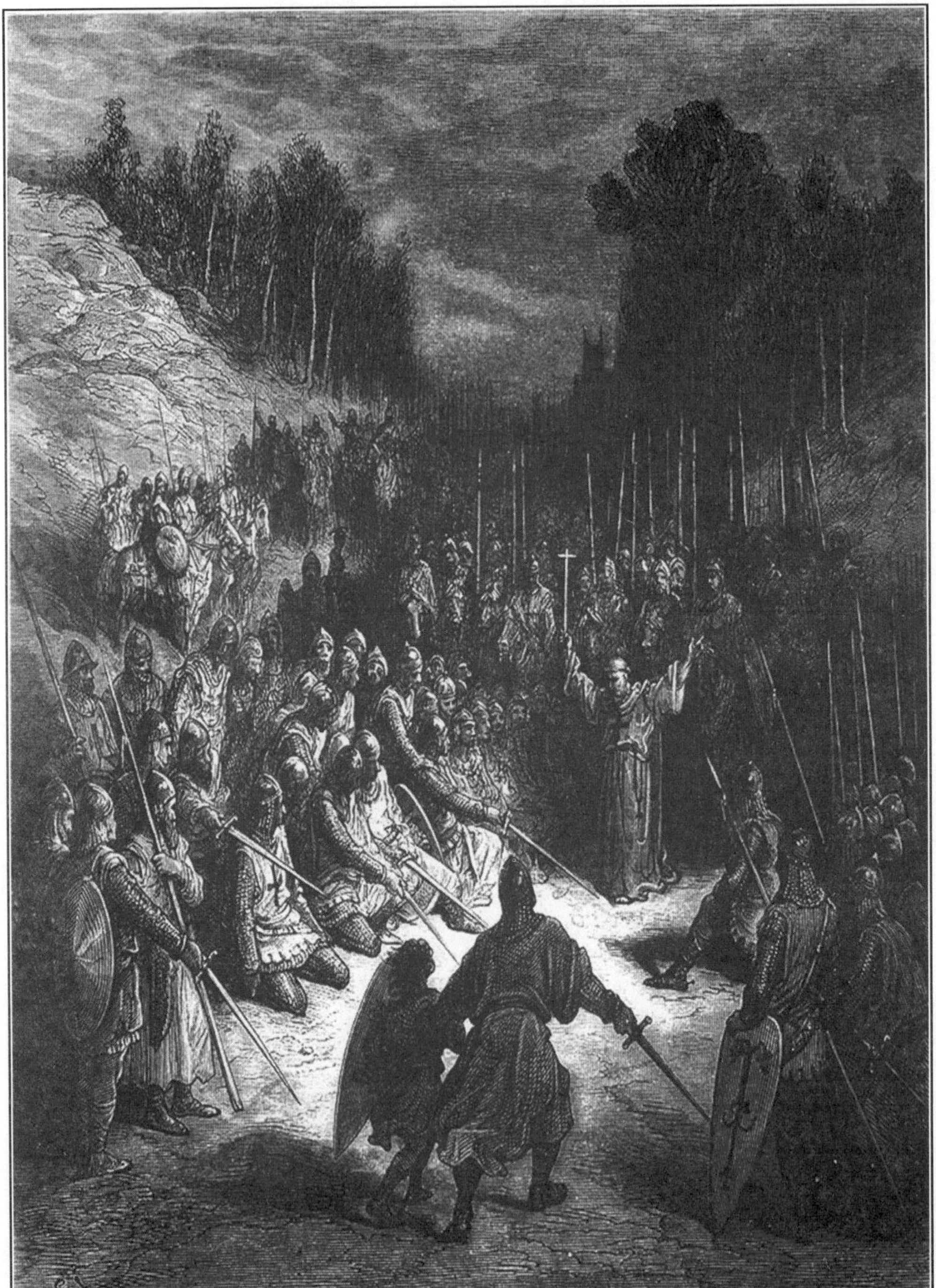

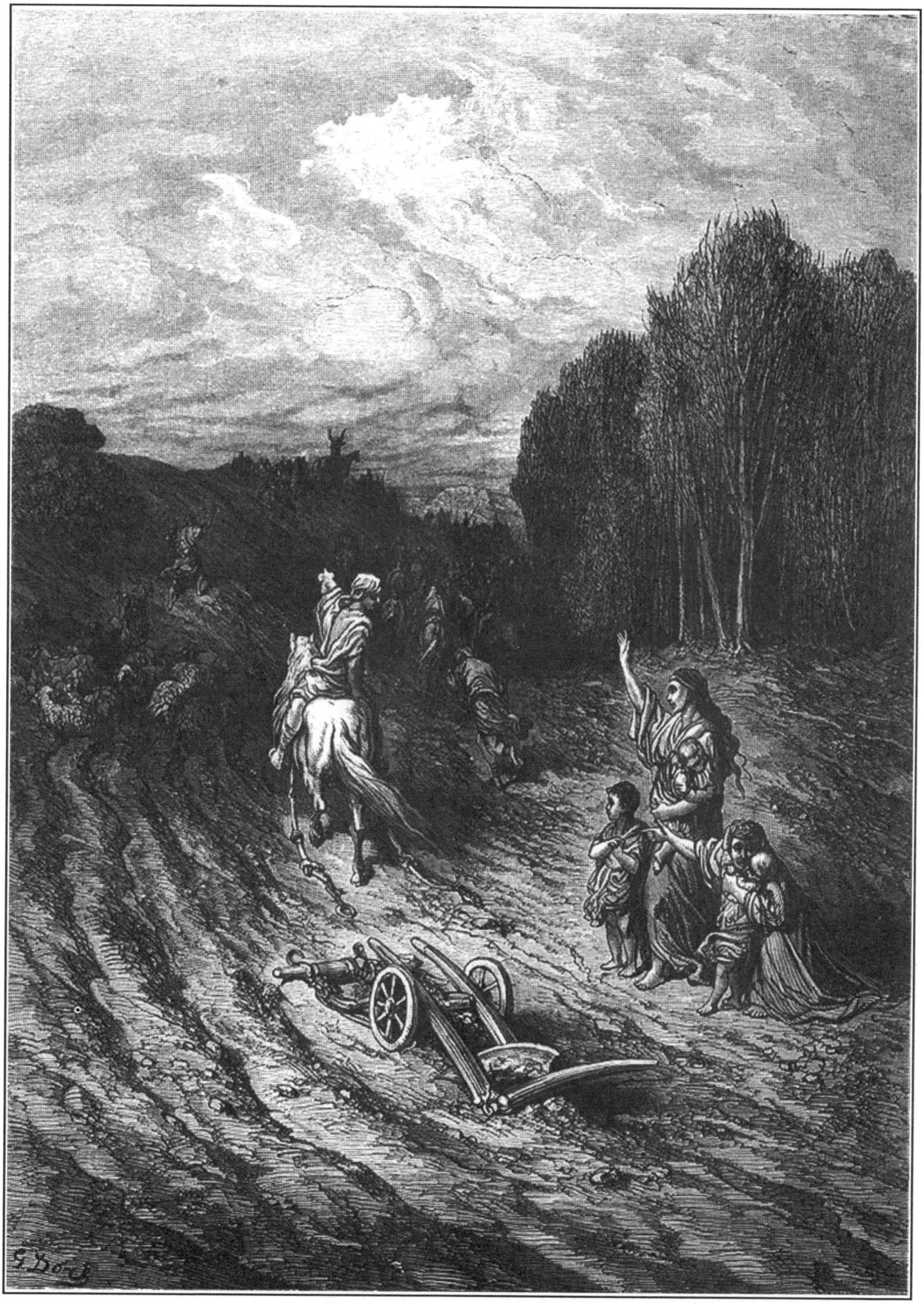

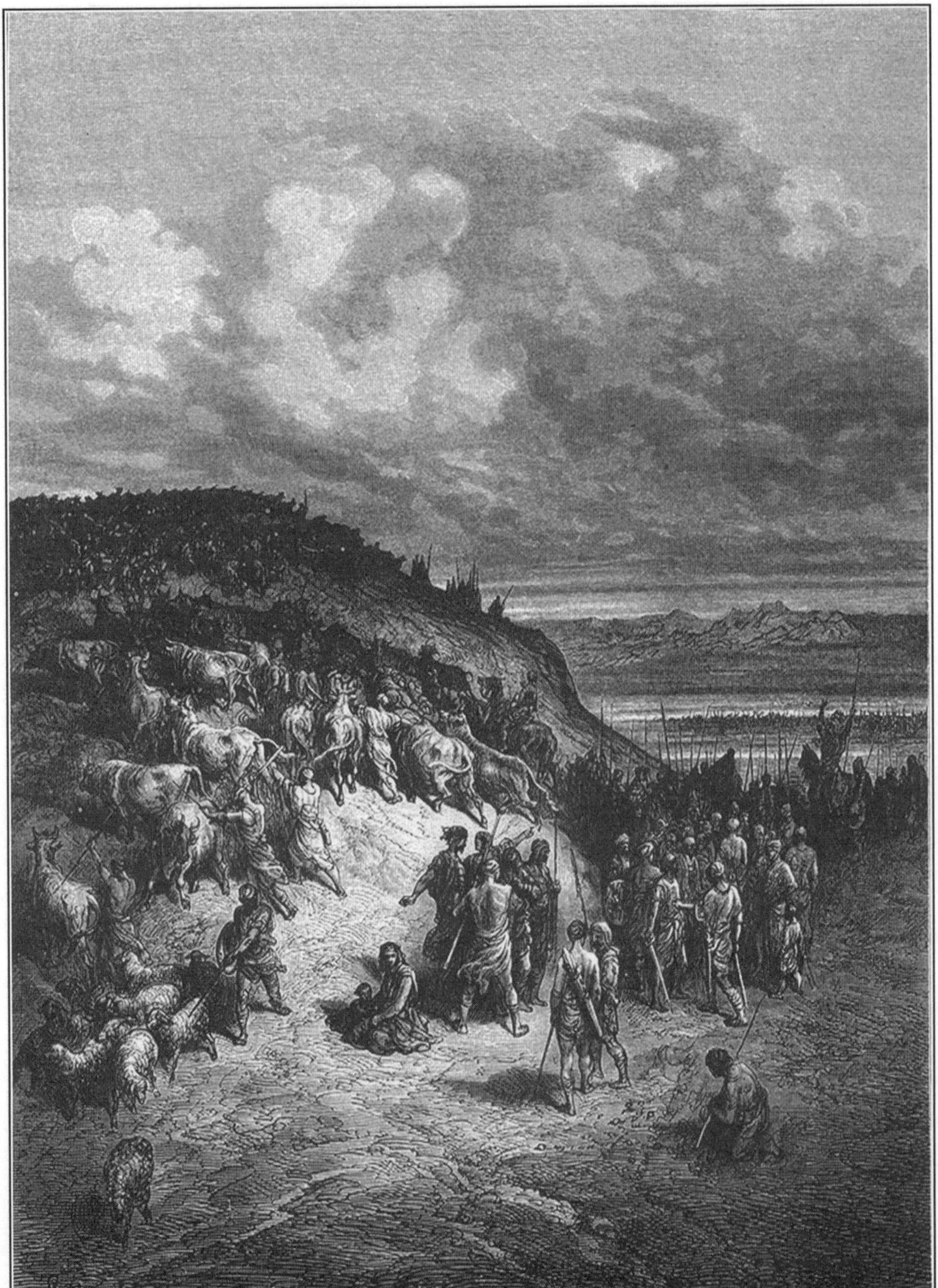

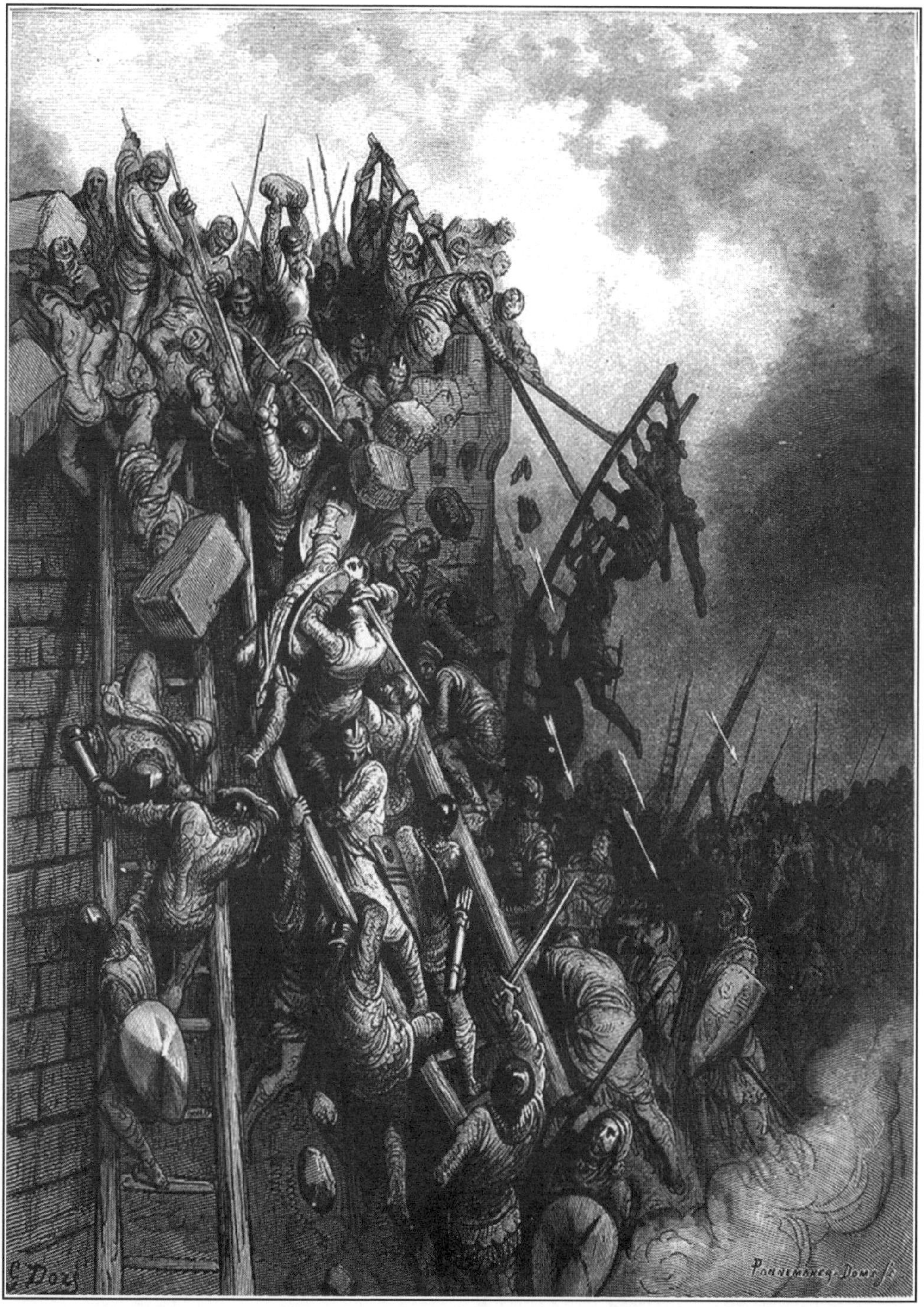

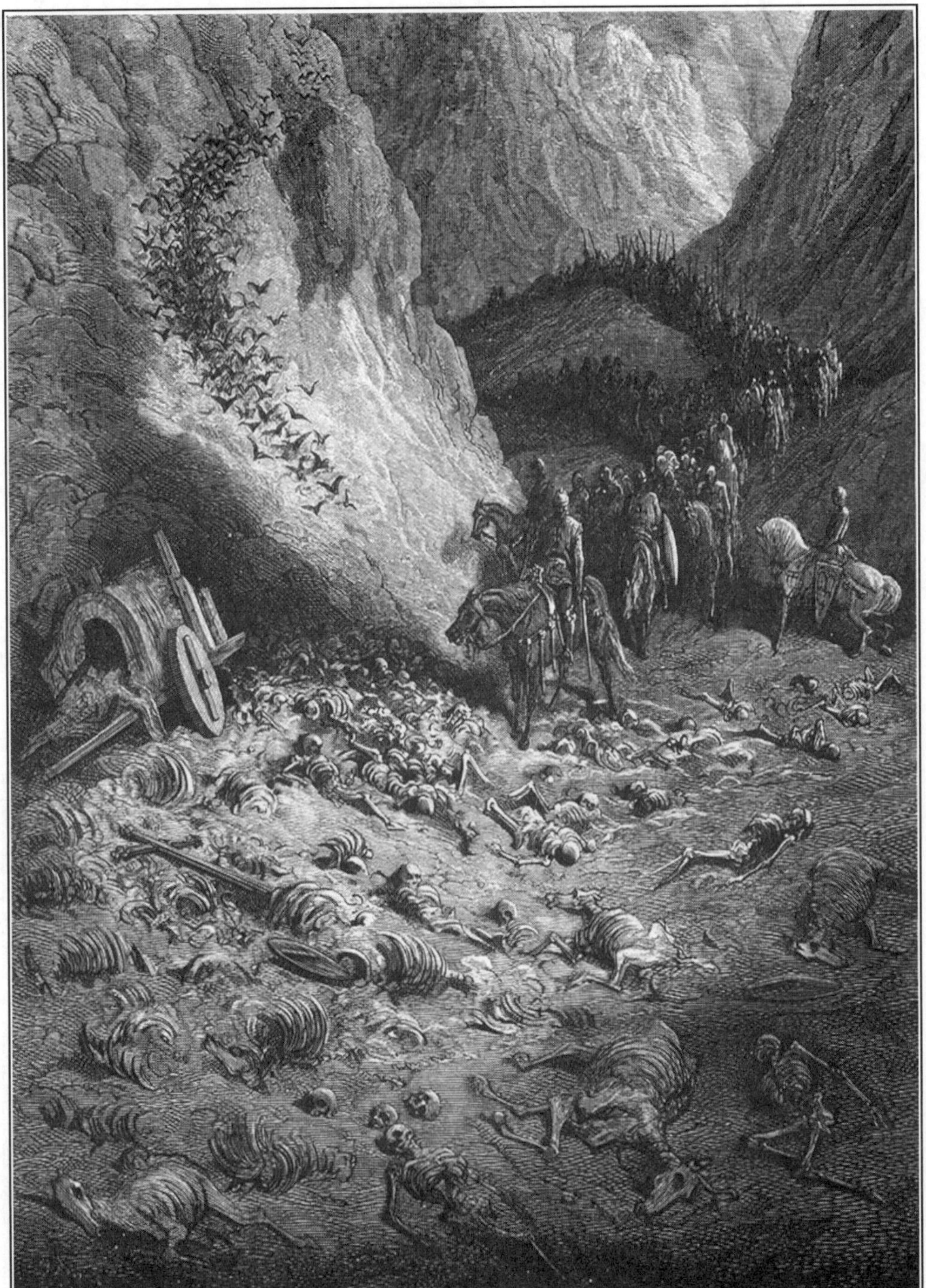

Ilustrações de Doré sobre as Cruzadas

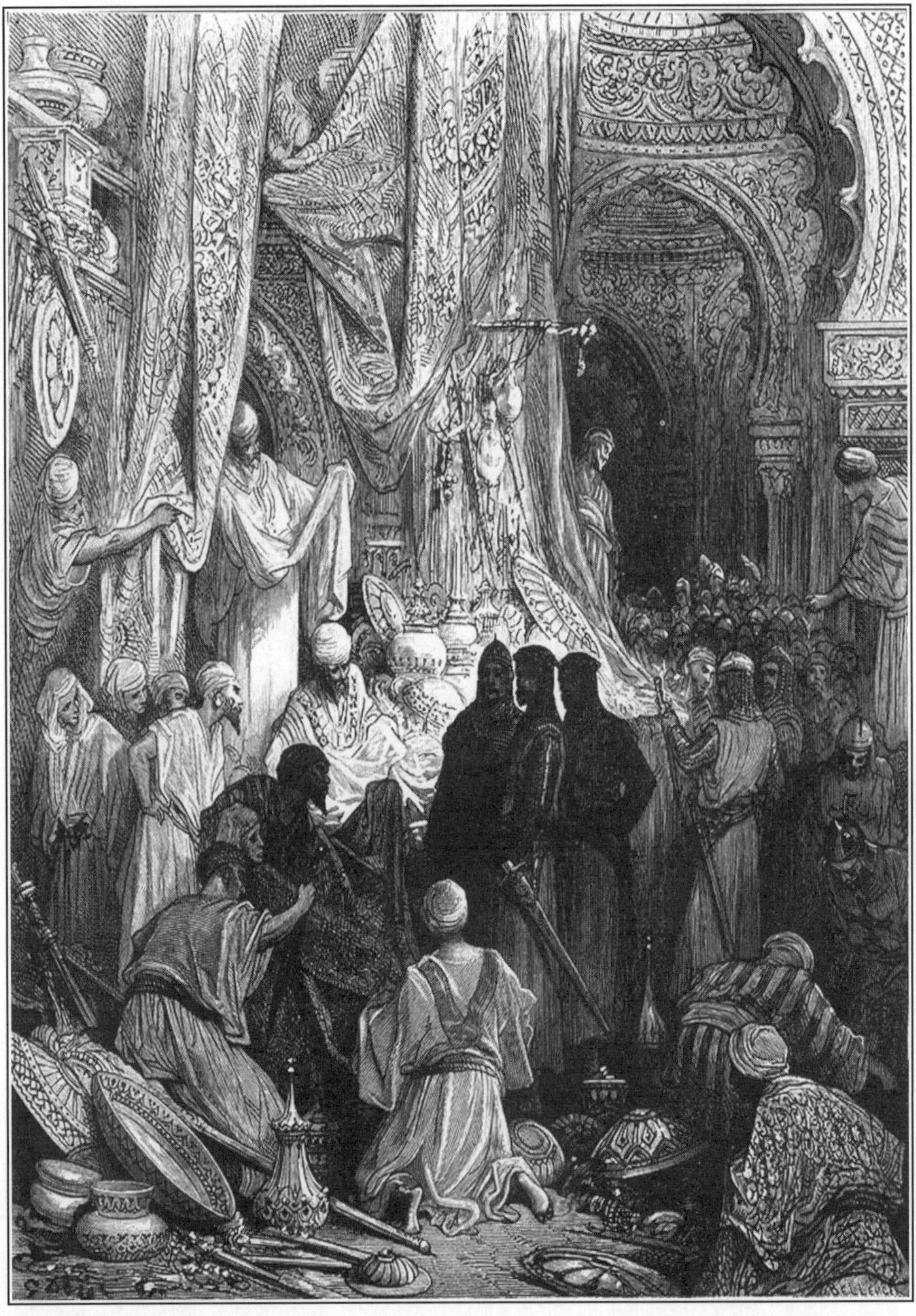

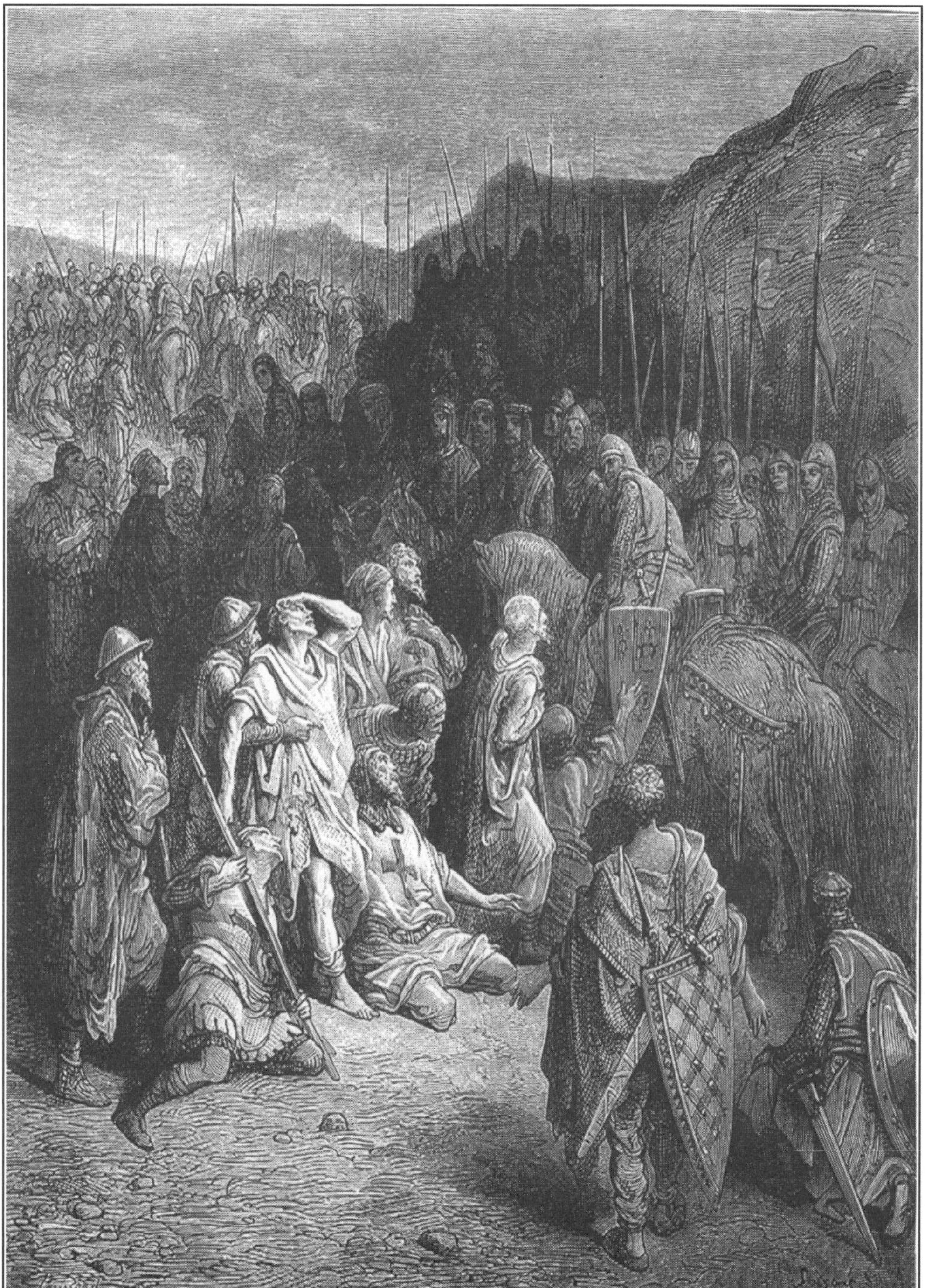

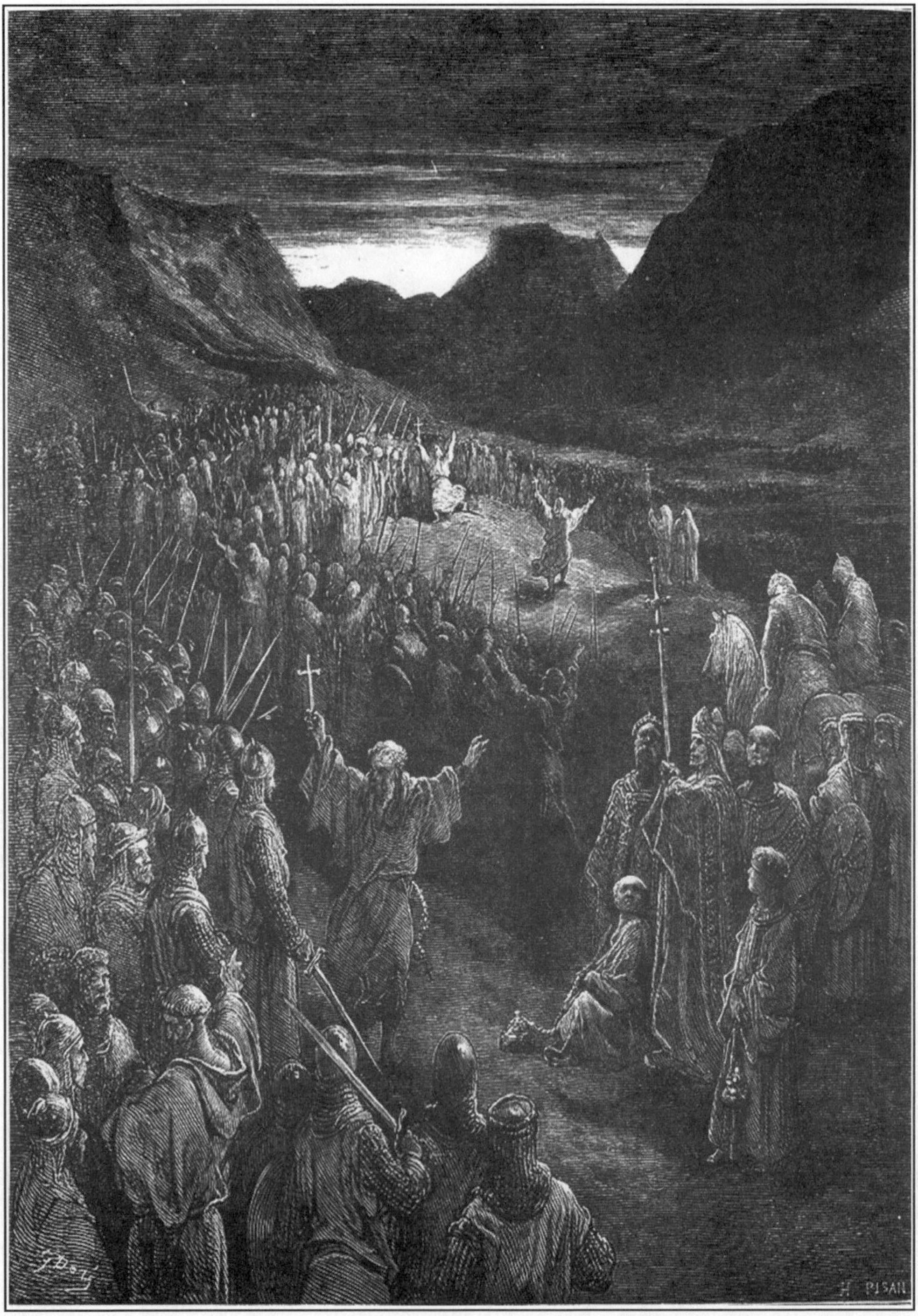

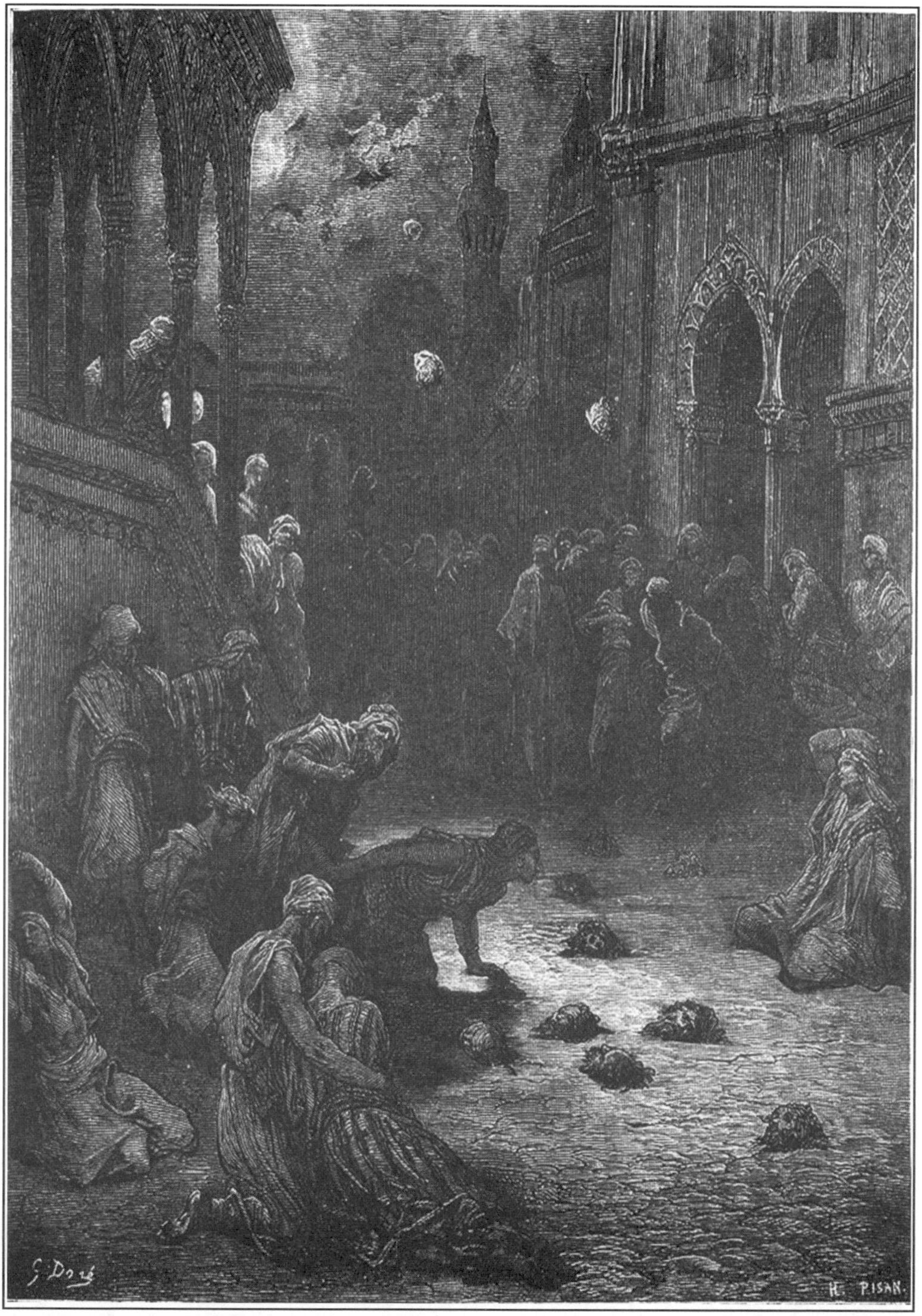
G. Doré
H. PISAN.

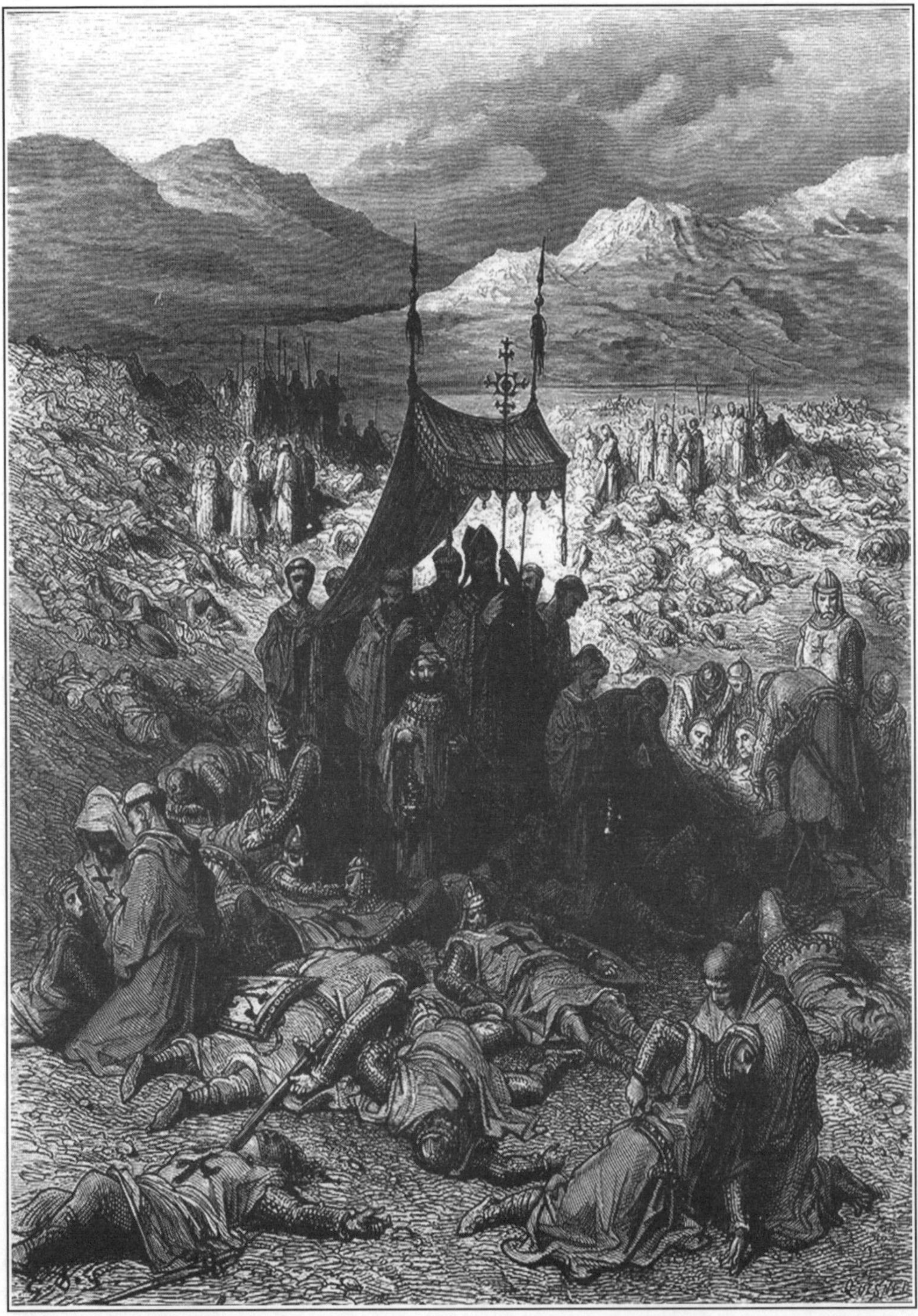

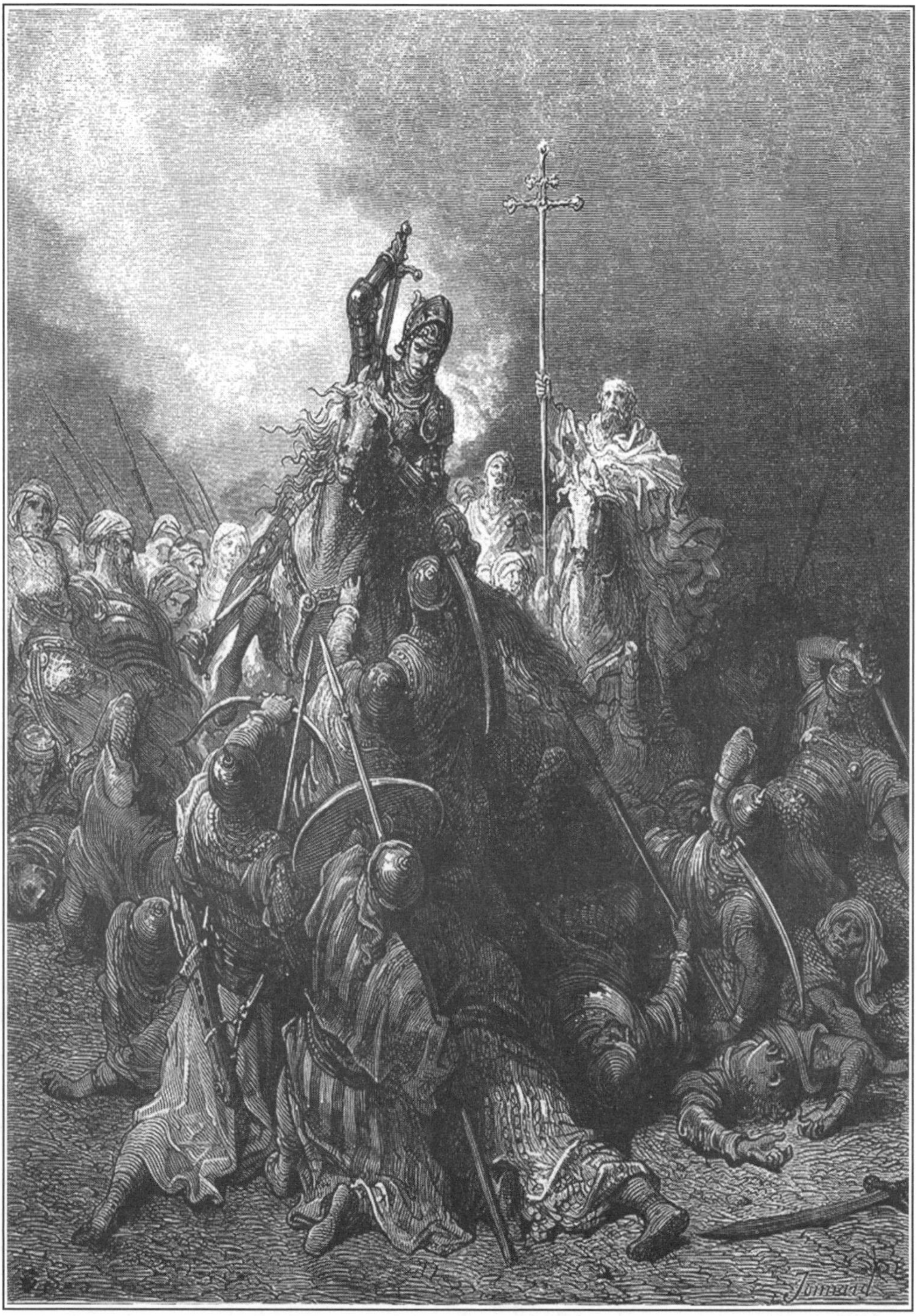

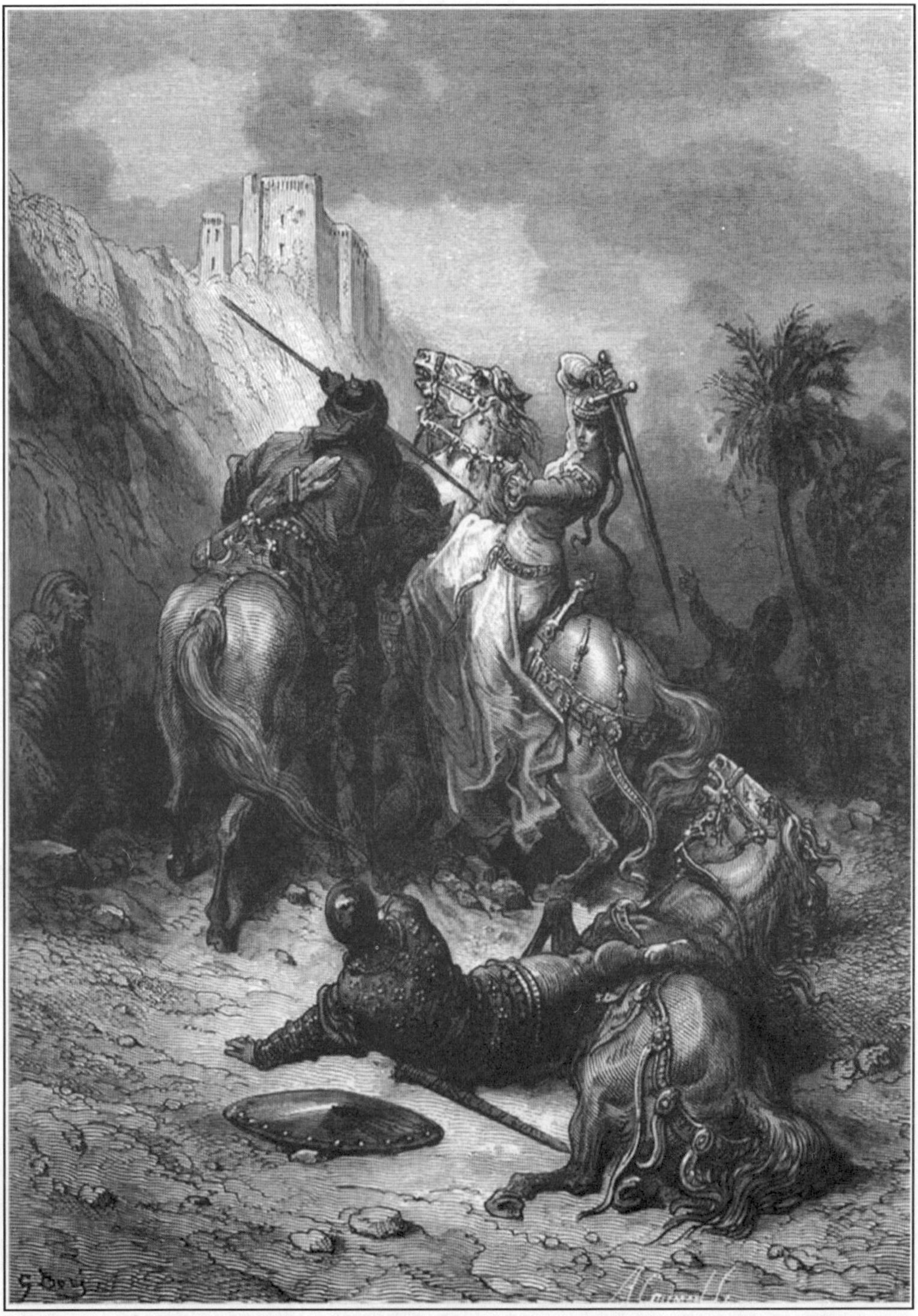

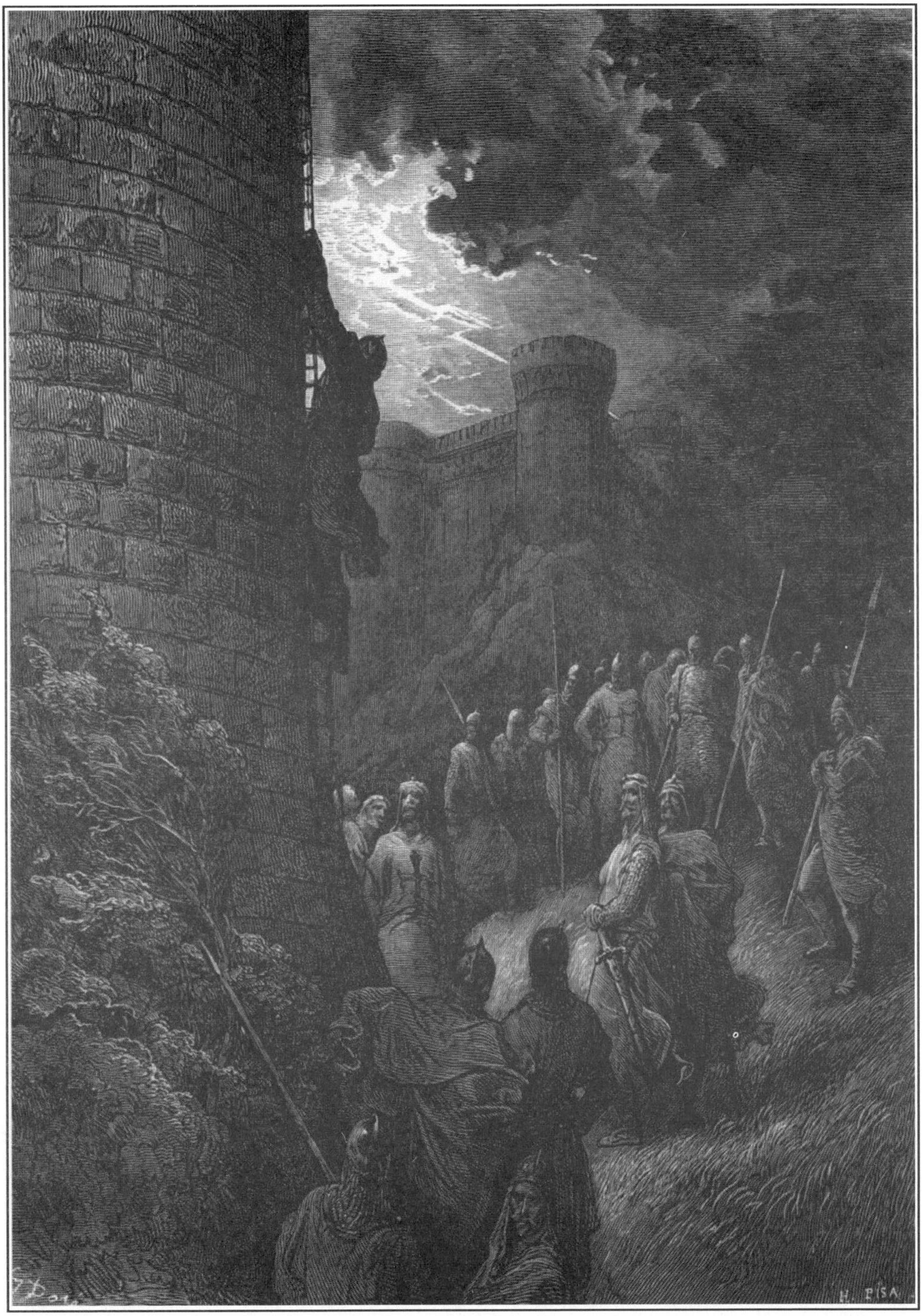
H. PISA

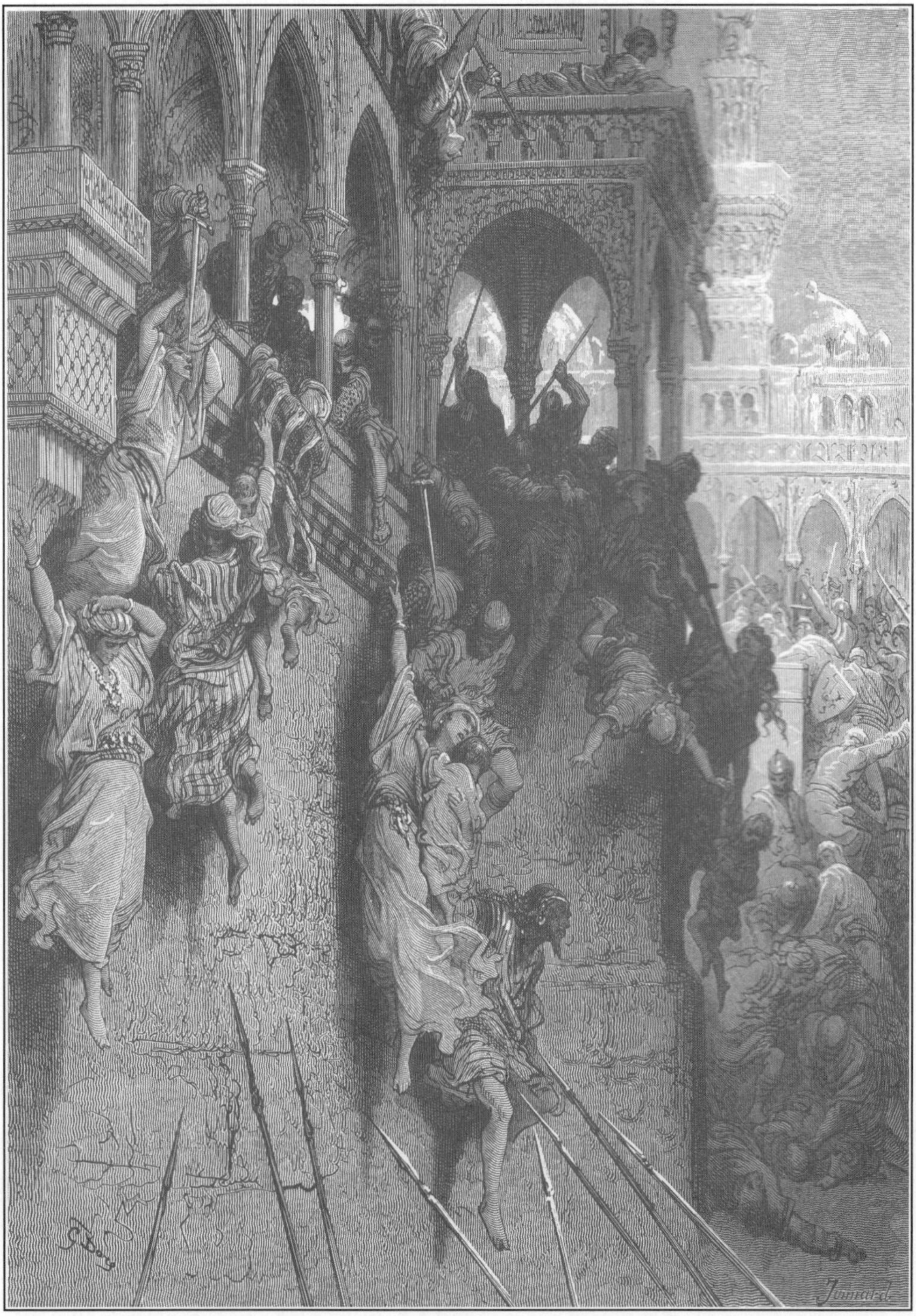

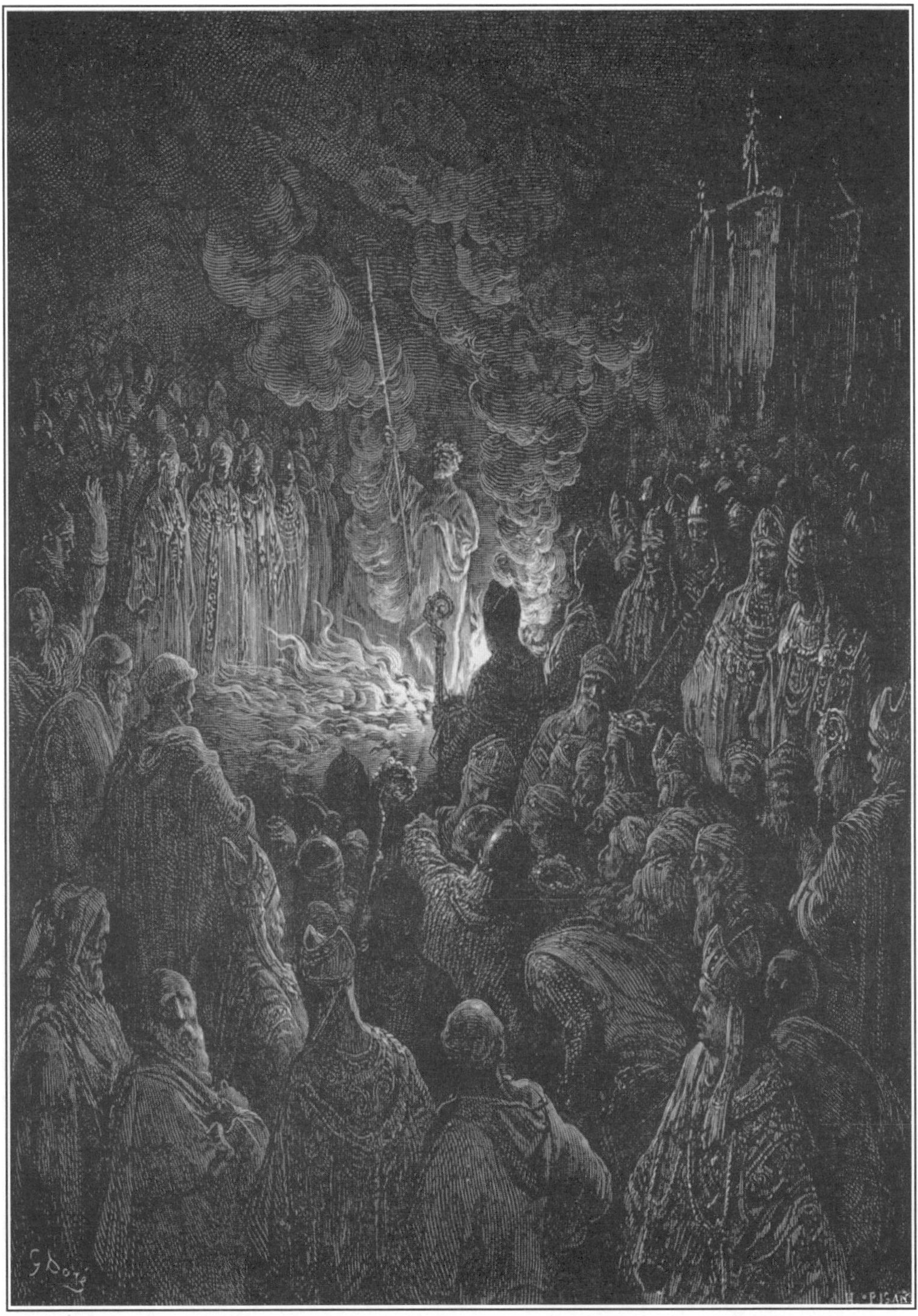
G Doré

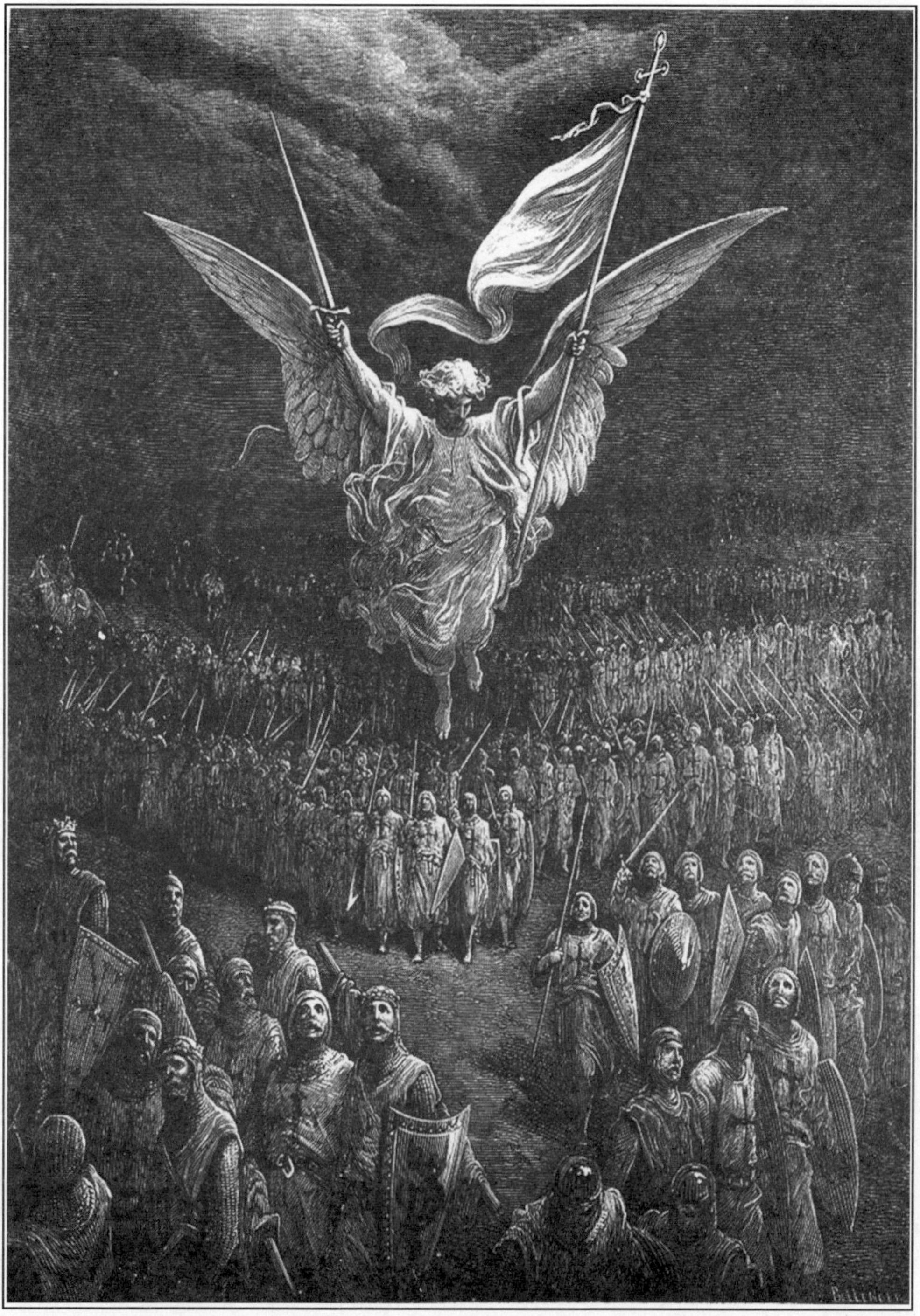

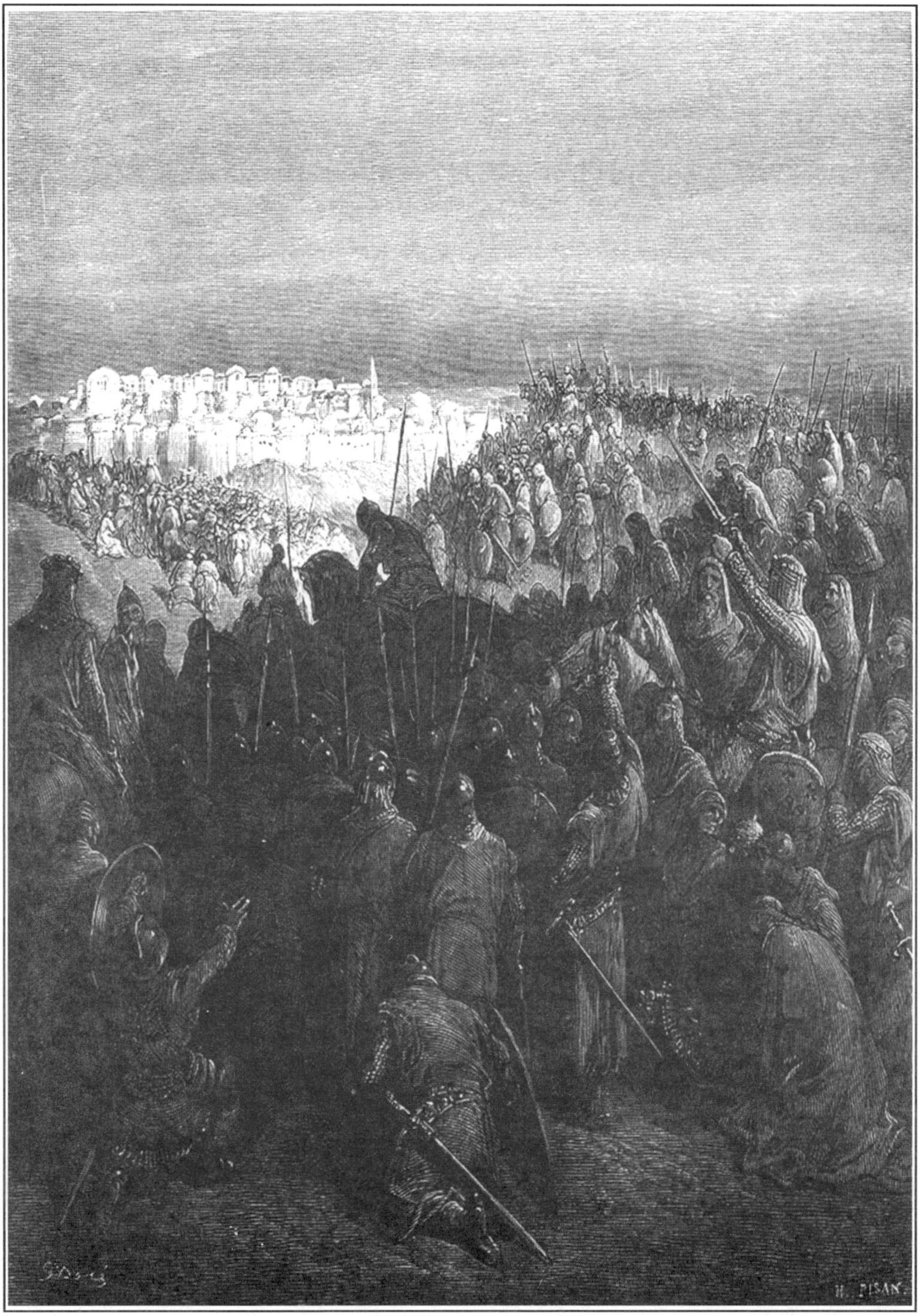

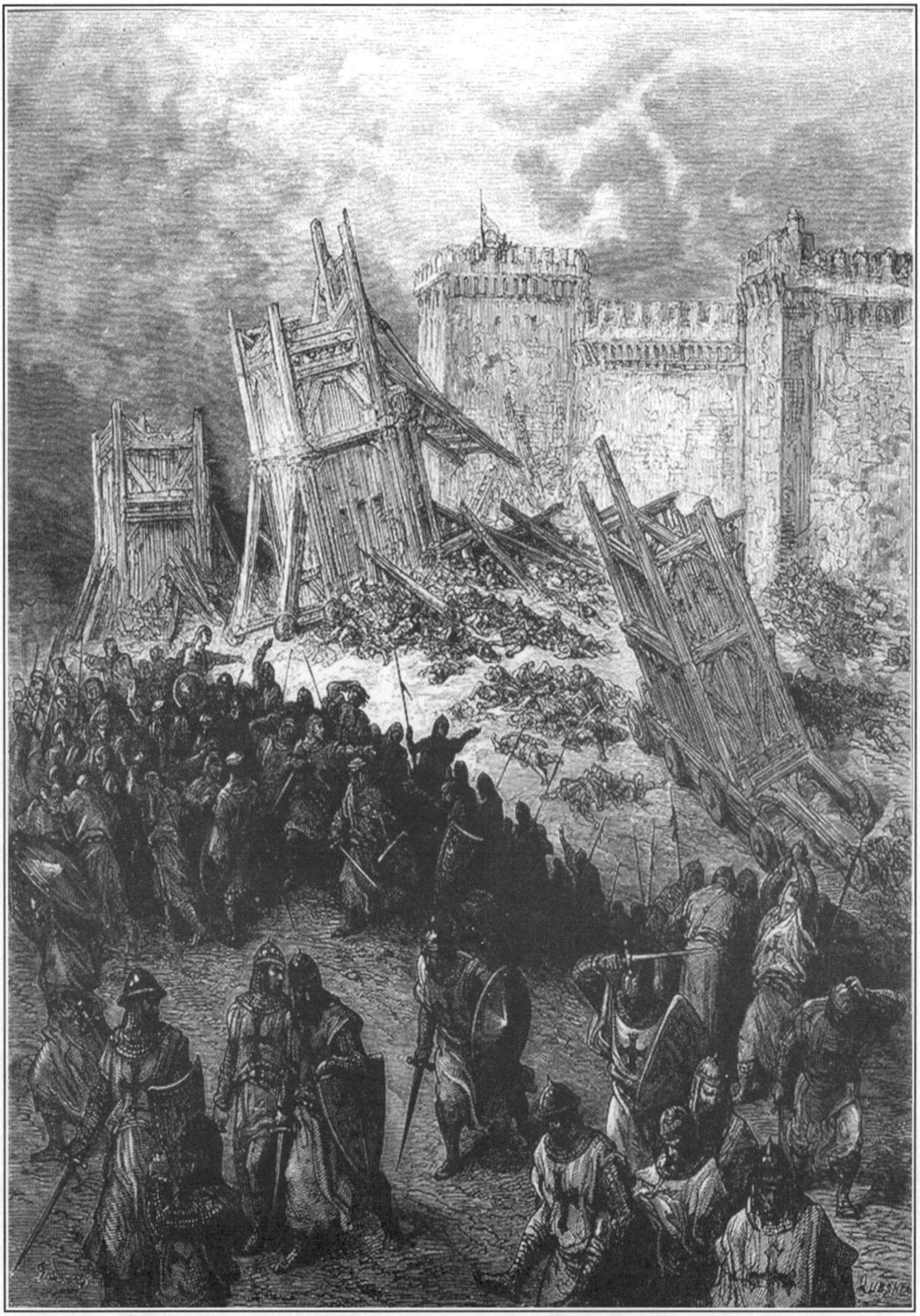

Ilustrações de Doré sobre as Cruzadas

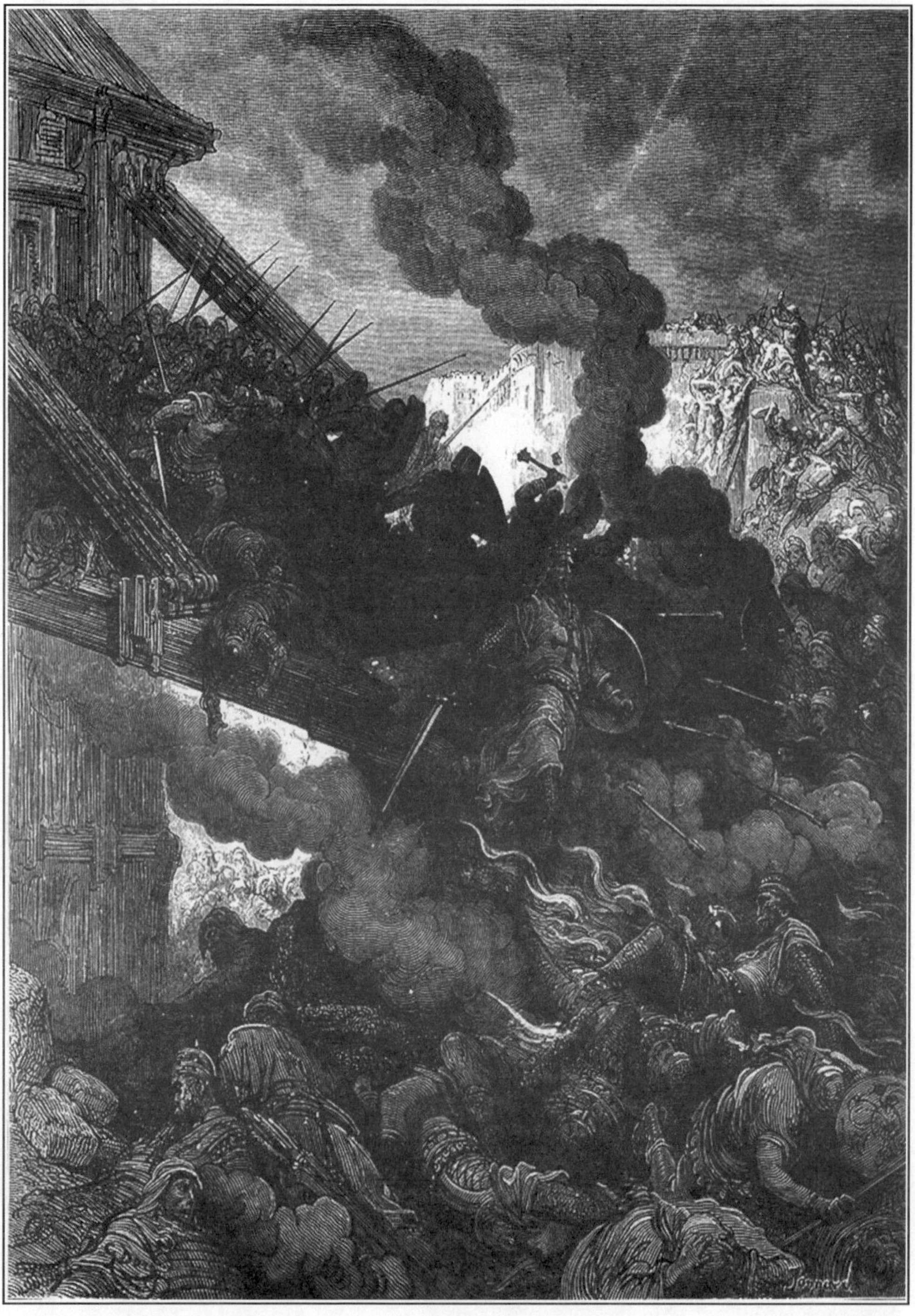

Ilustrações de Doré sobre as Cruzadas 175

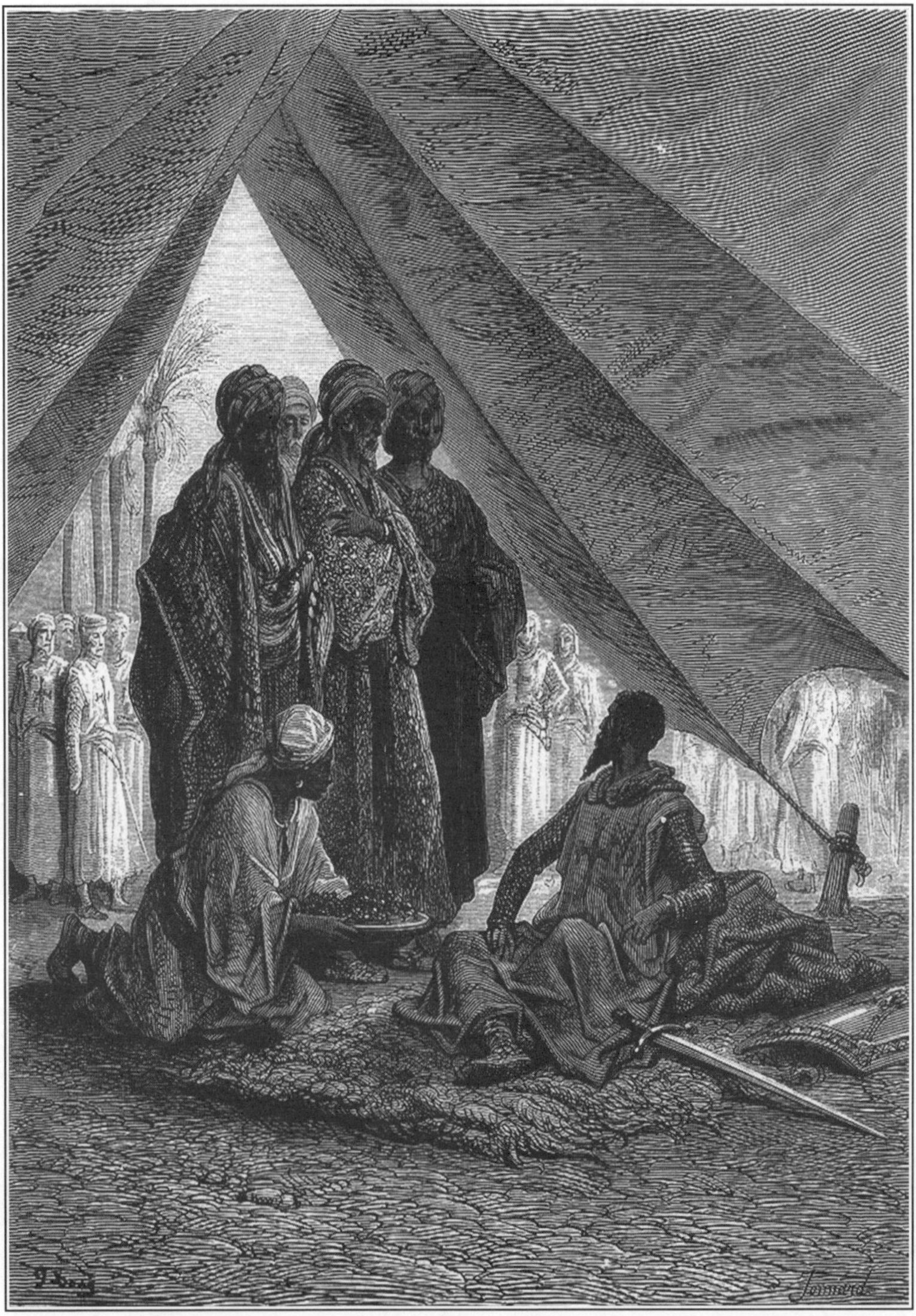

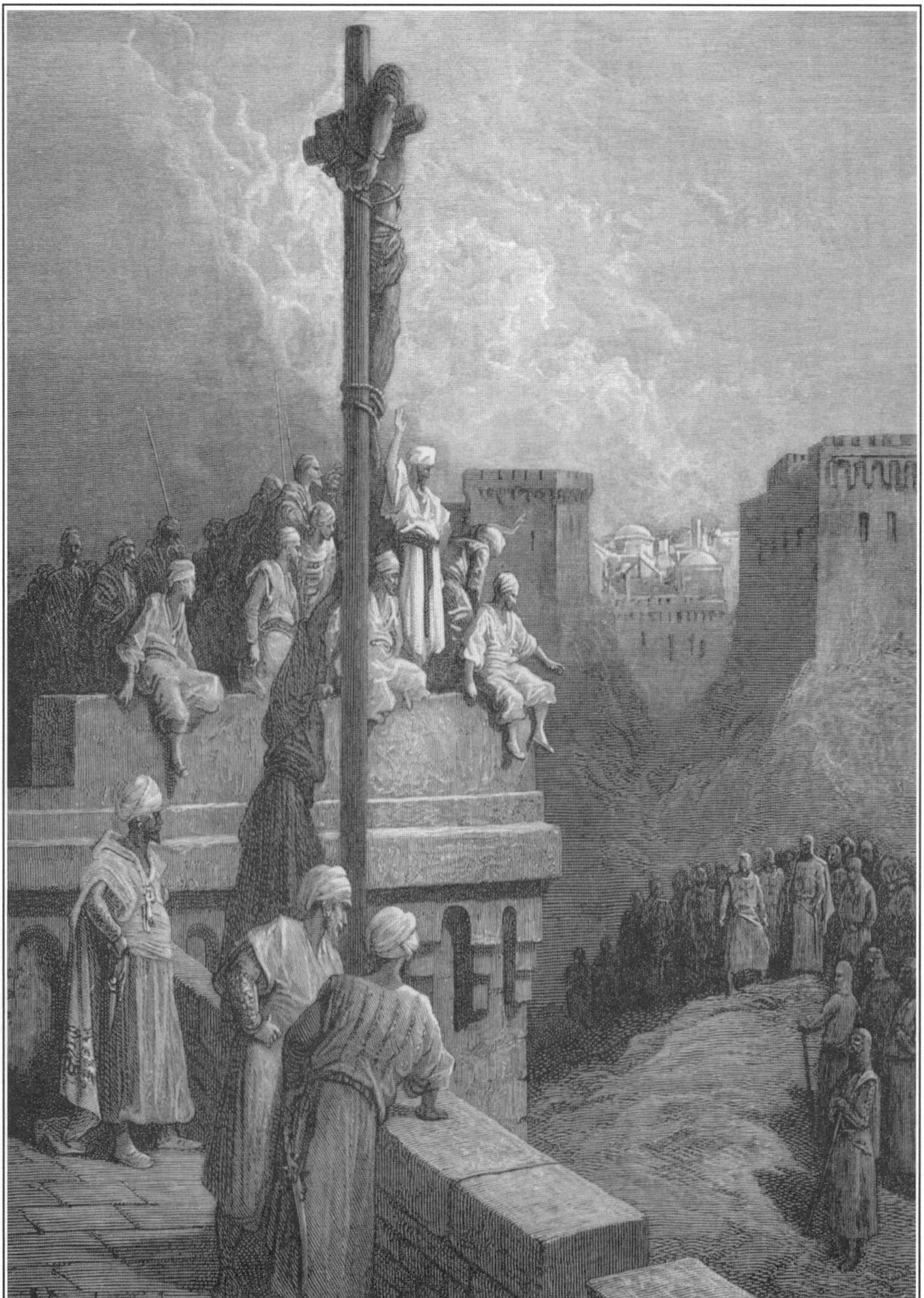

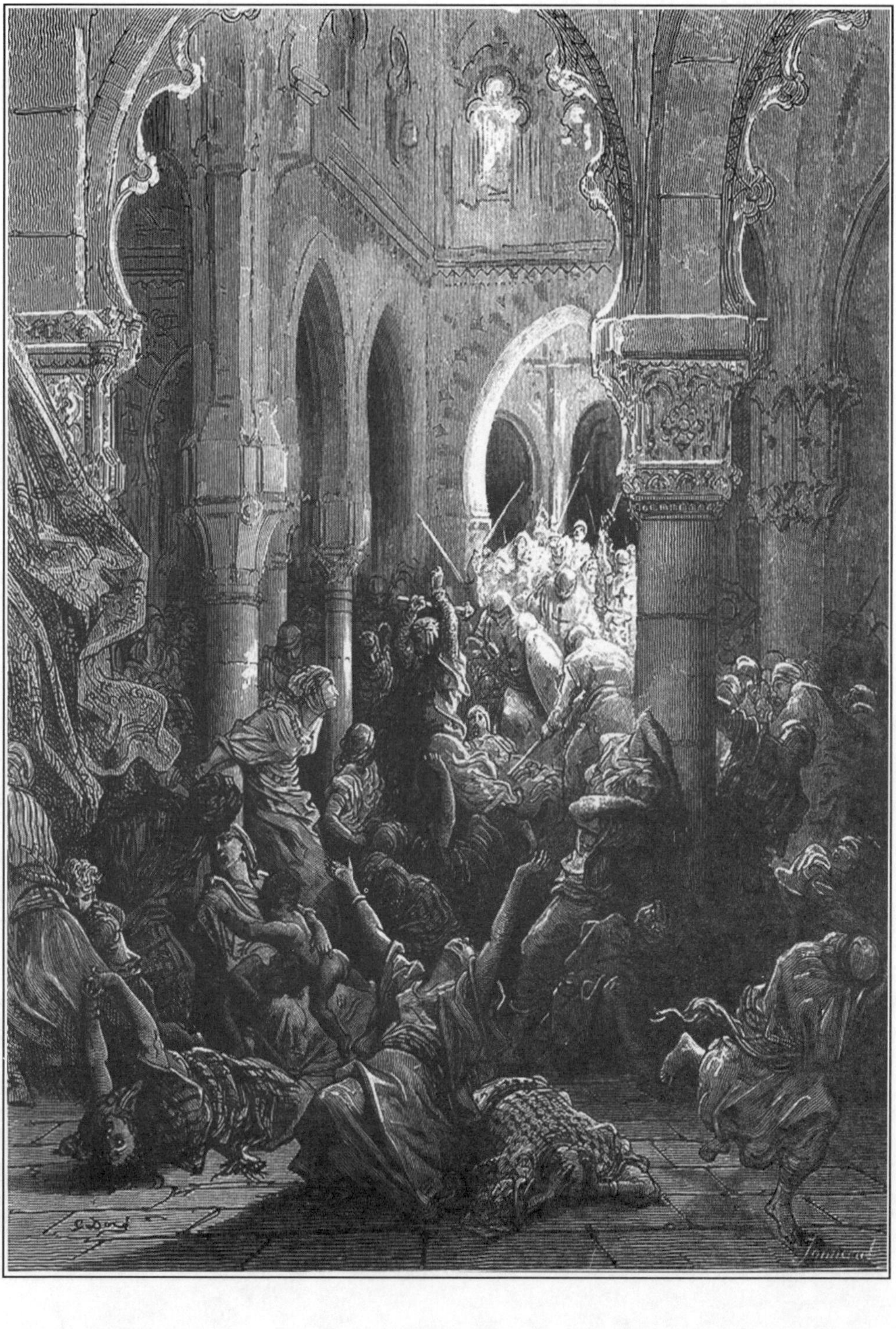

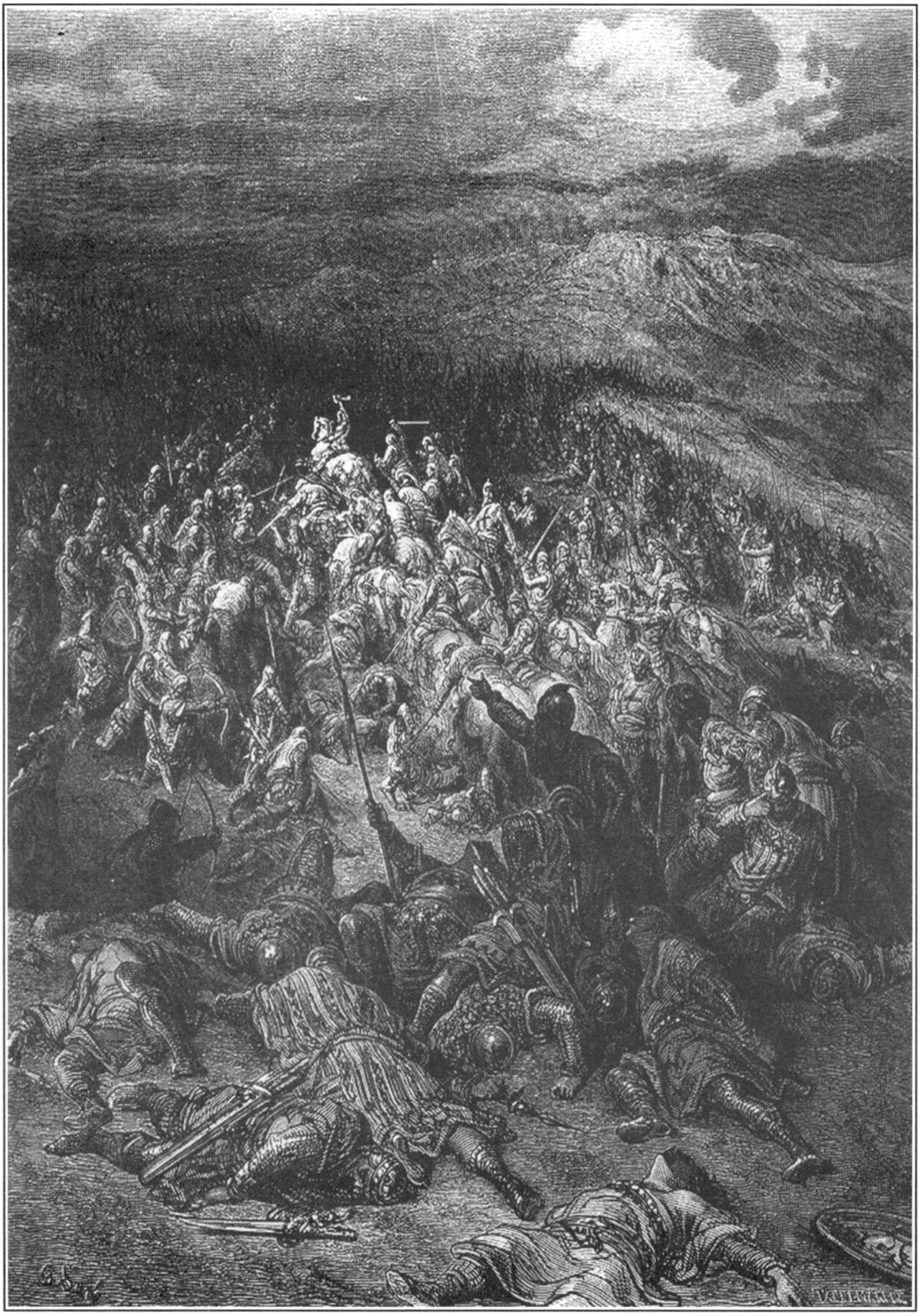

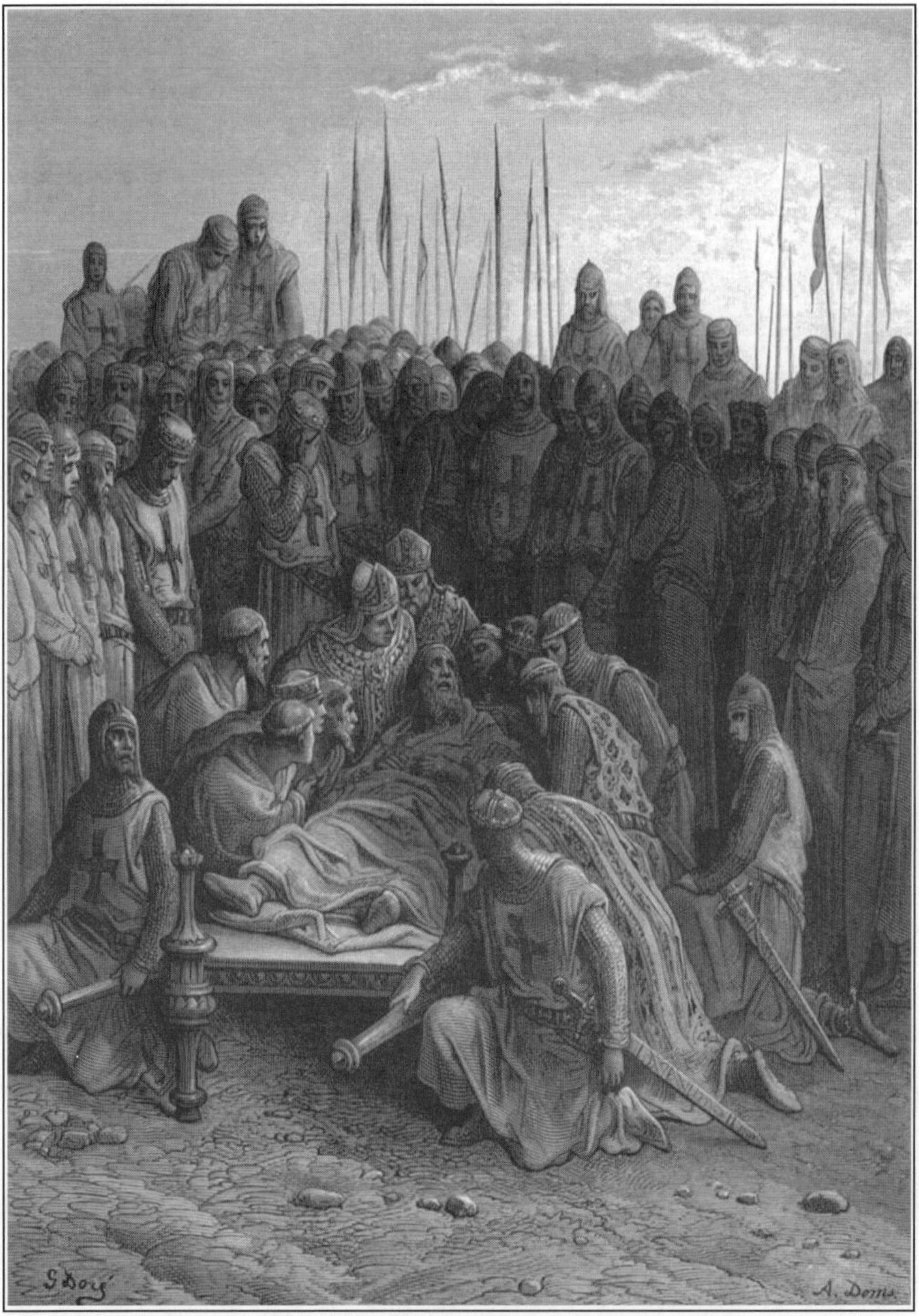

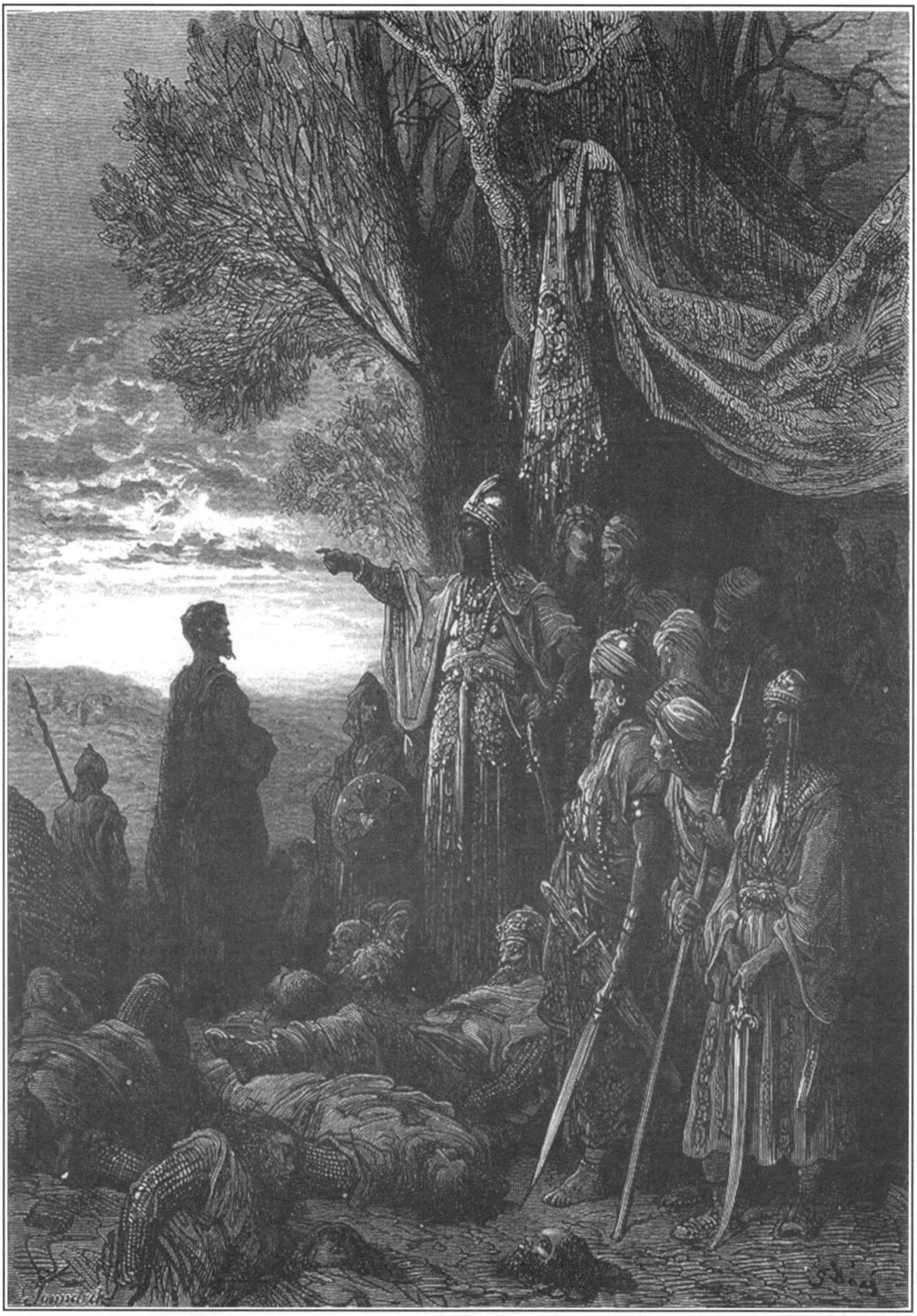

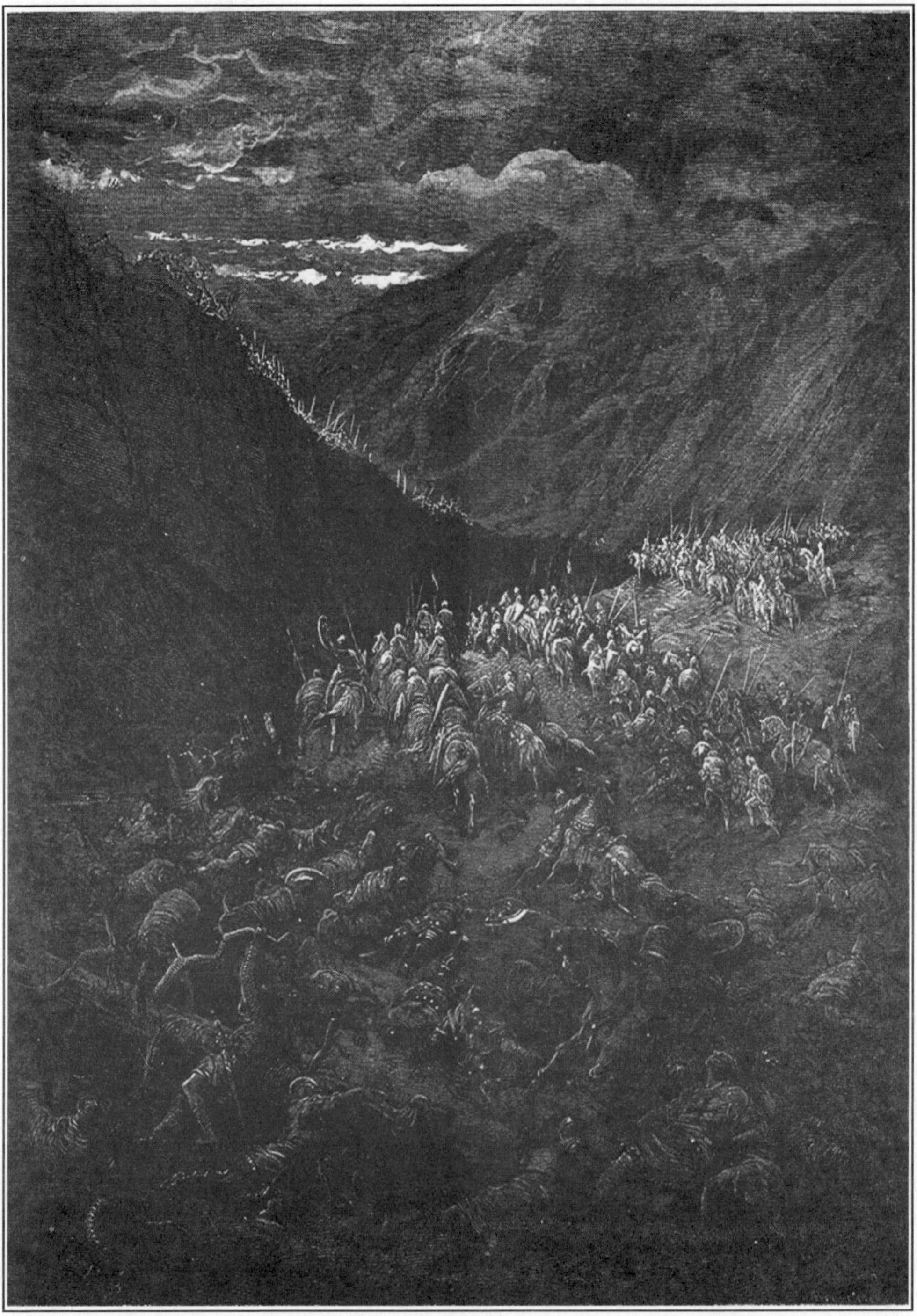

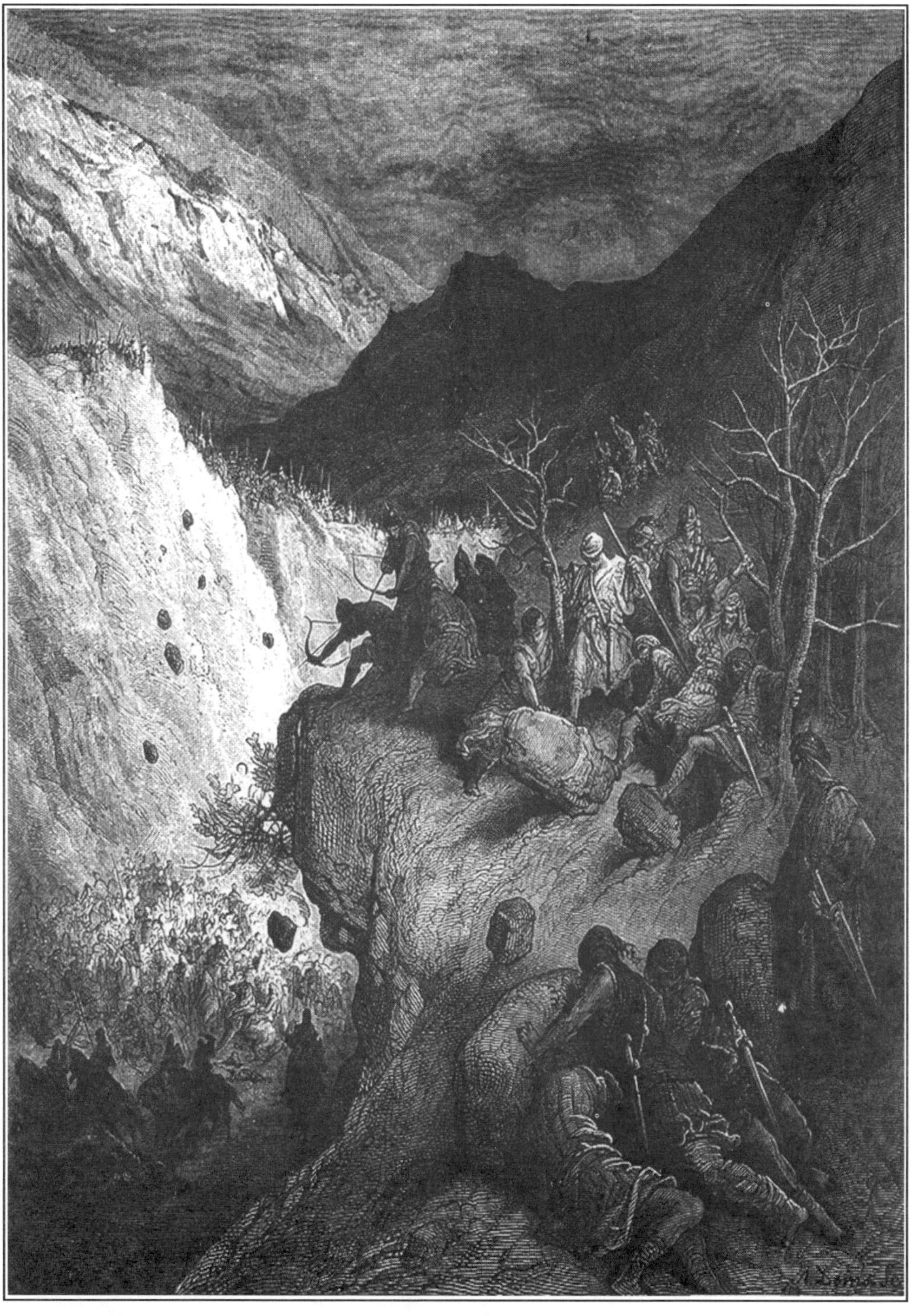

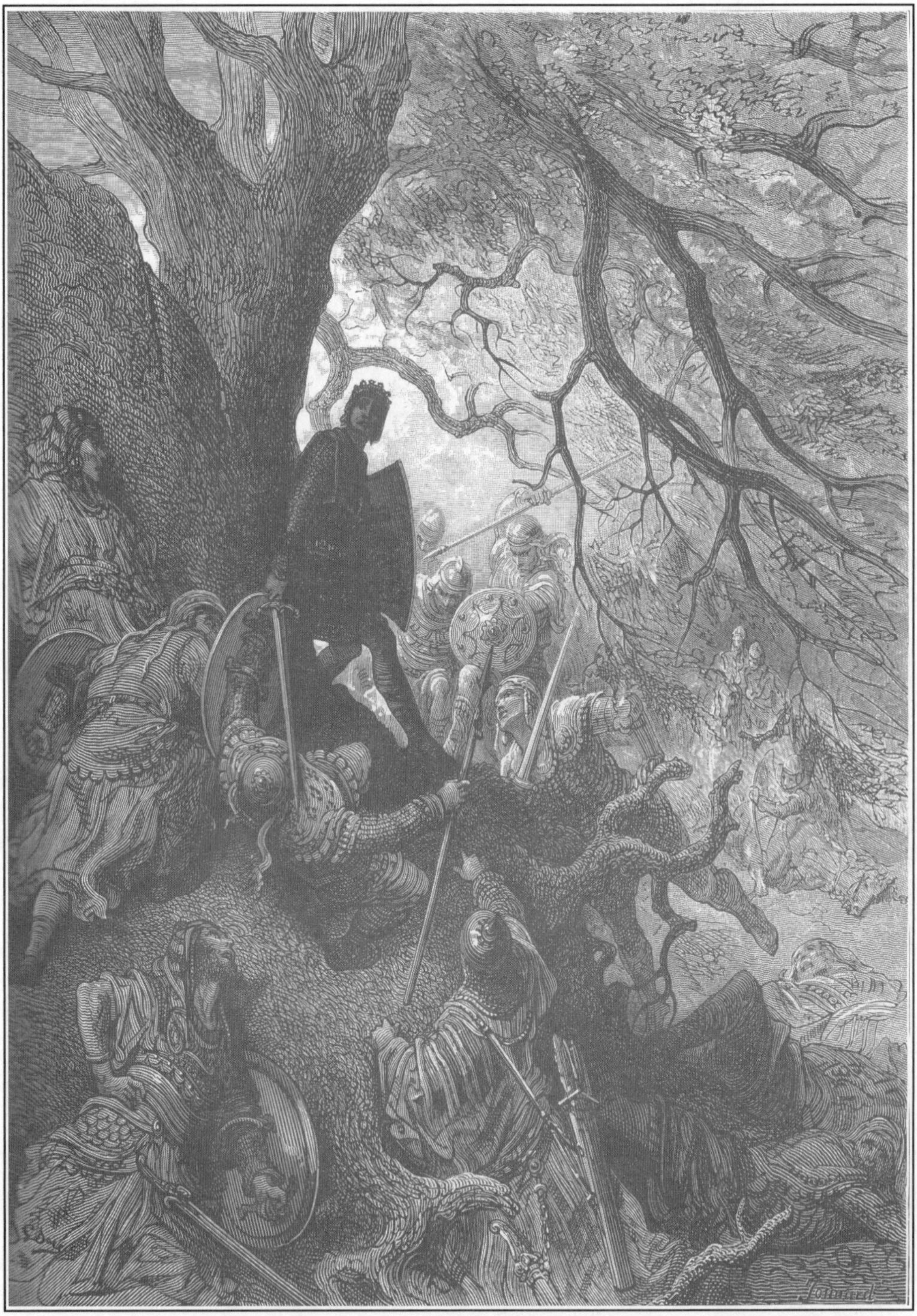

Ilustrações de Doré sobre as Cruzadas 185

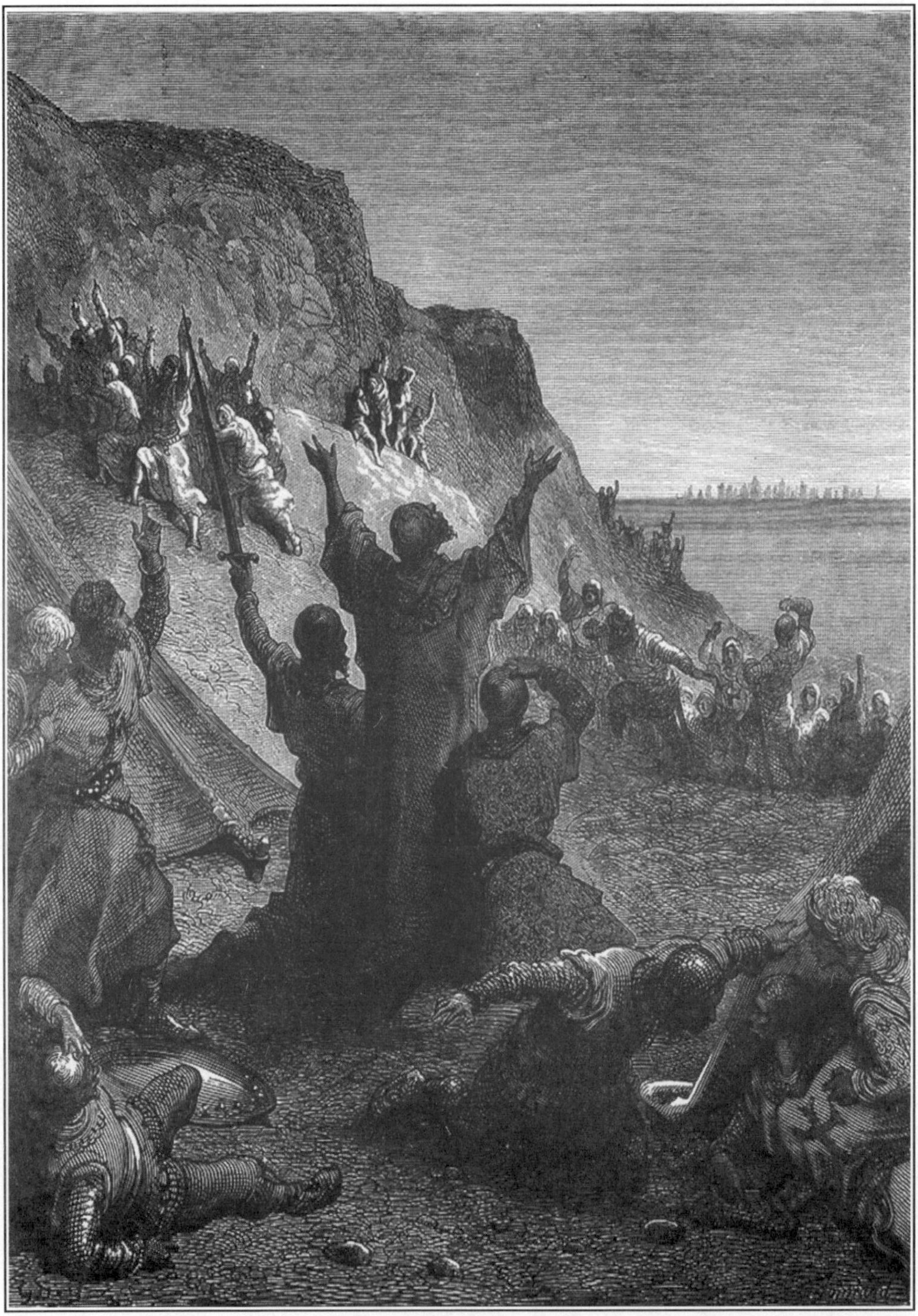

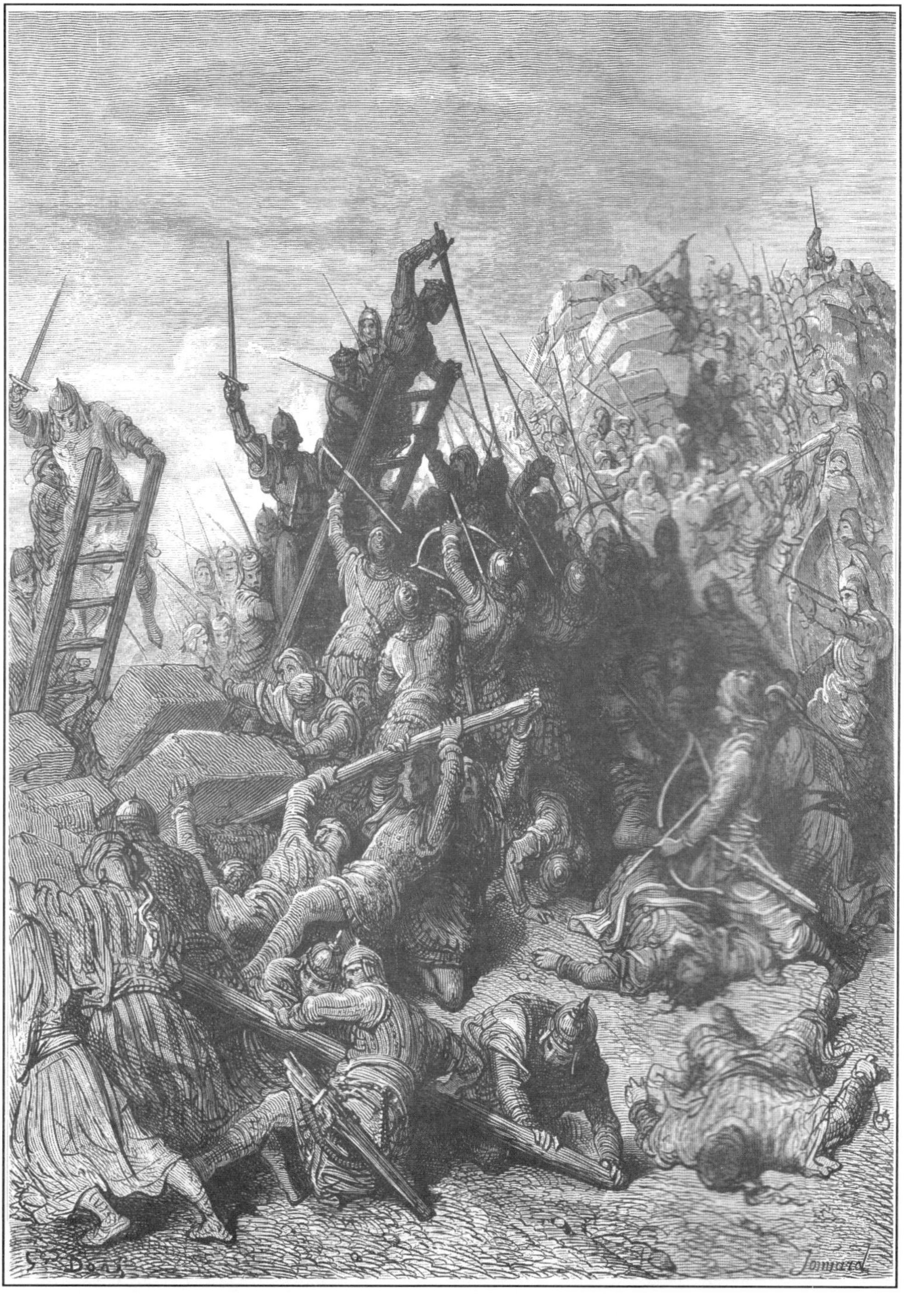

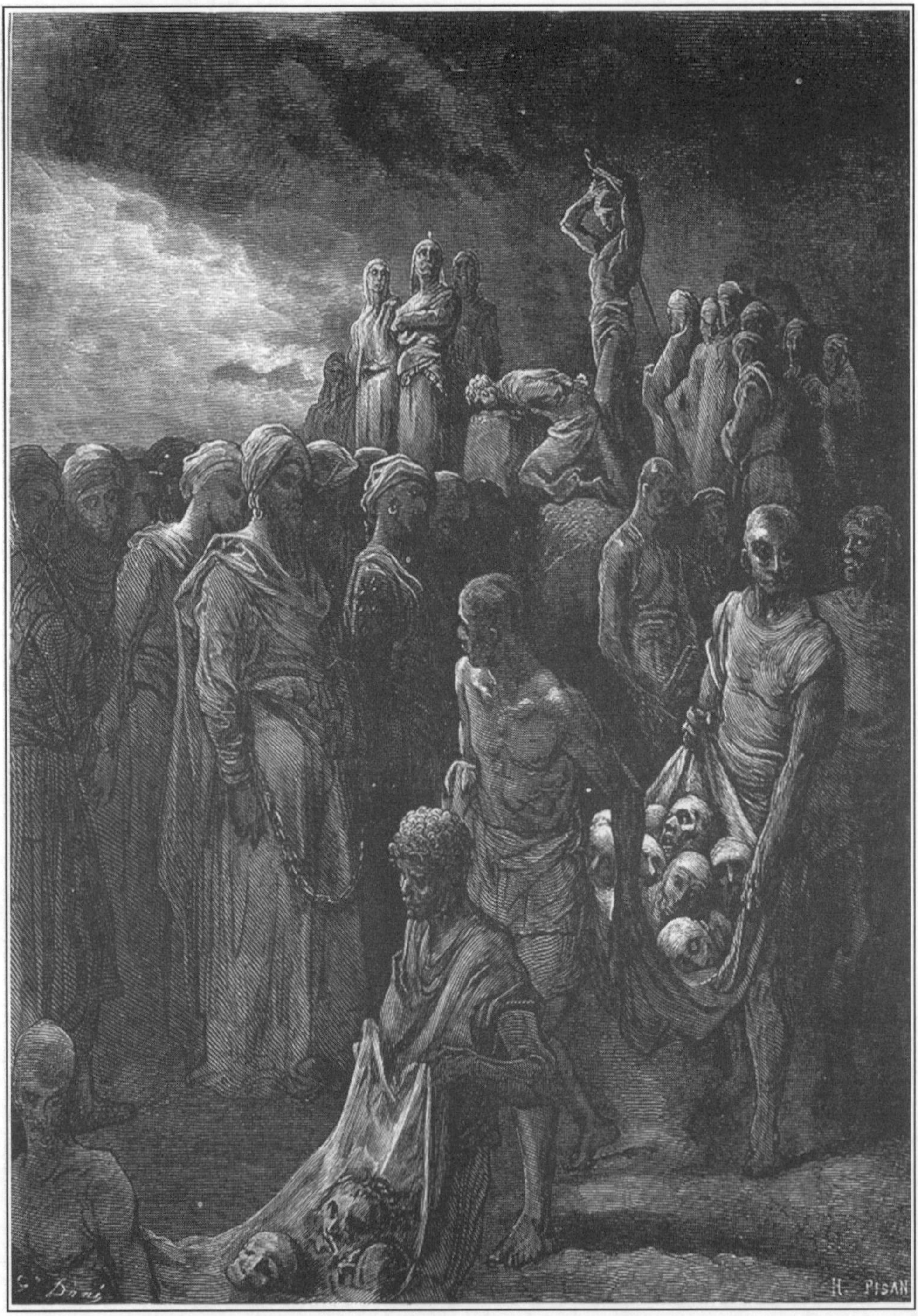
H. PISAN

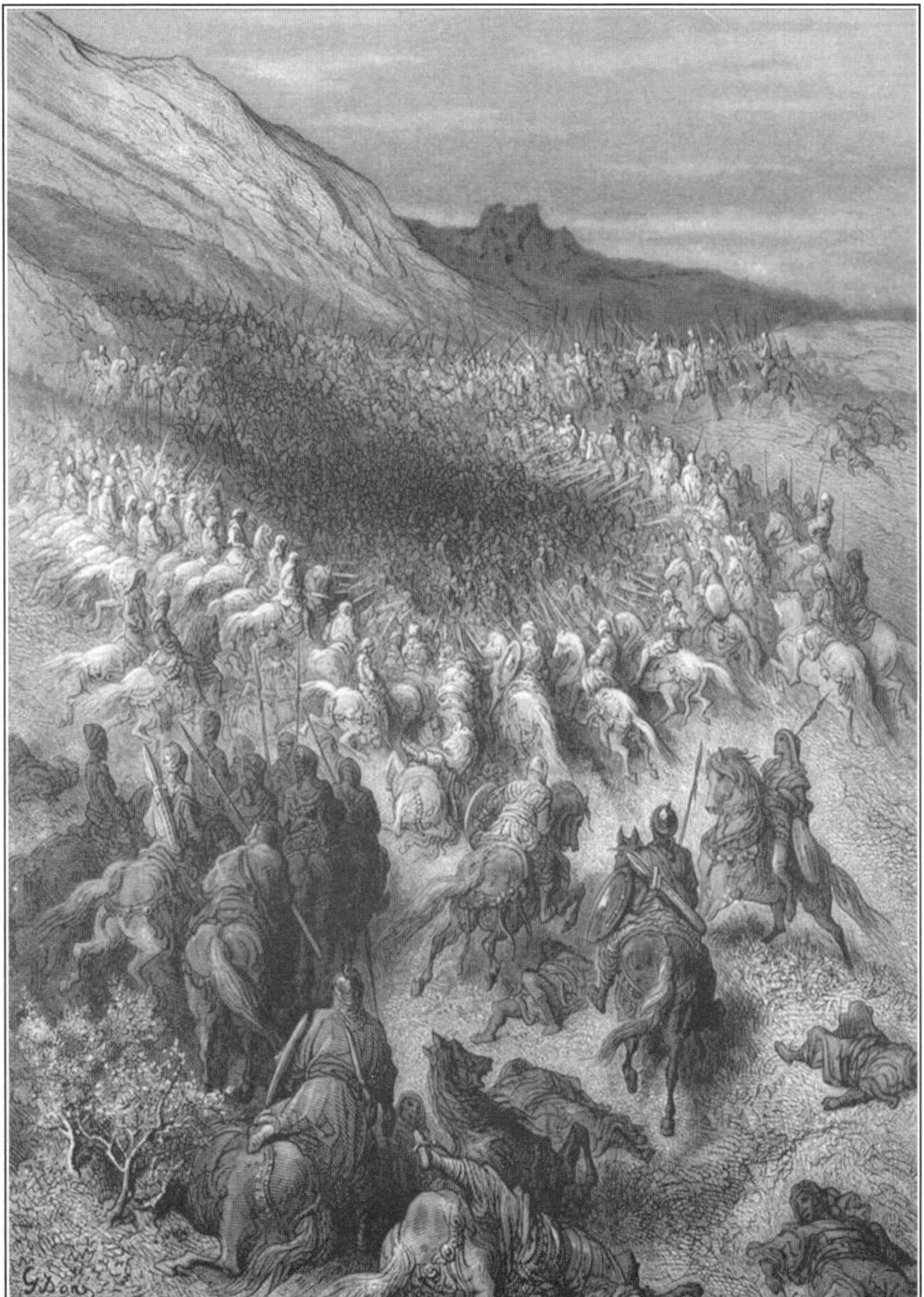

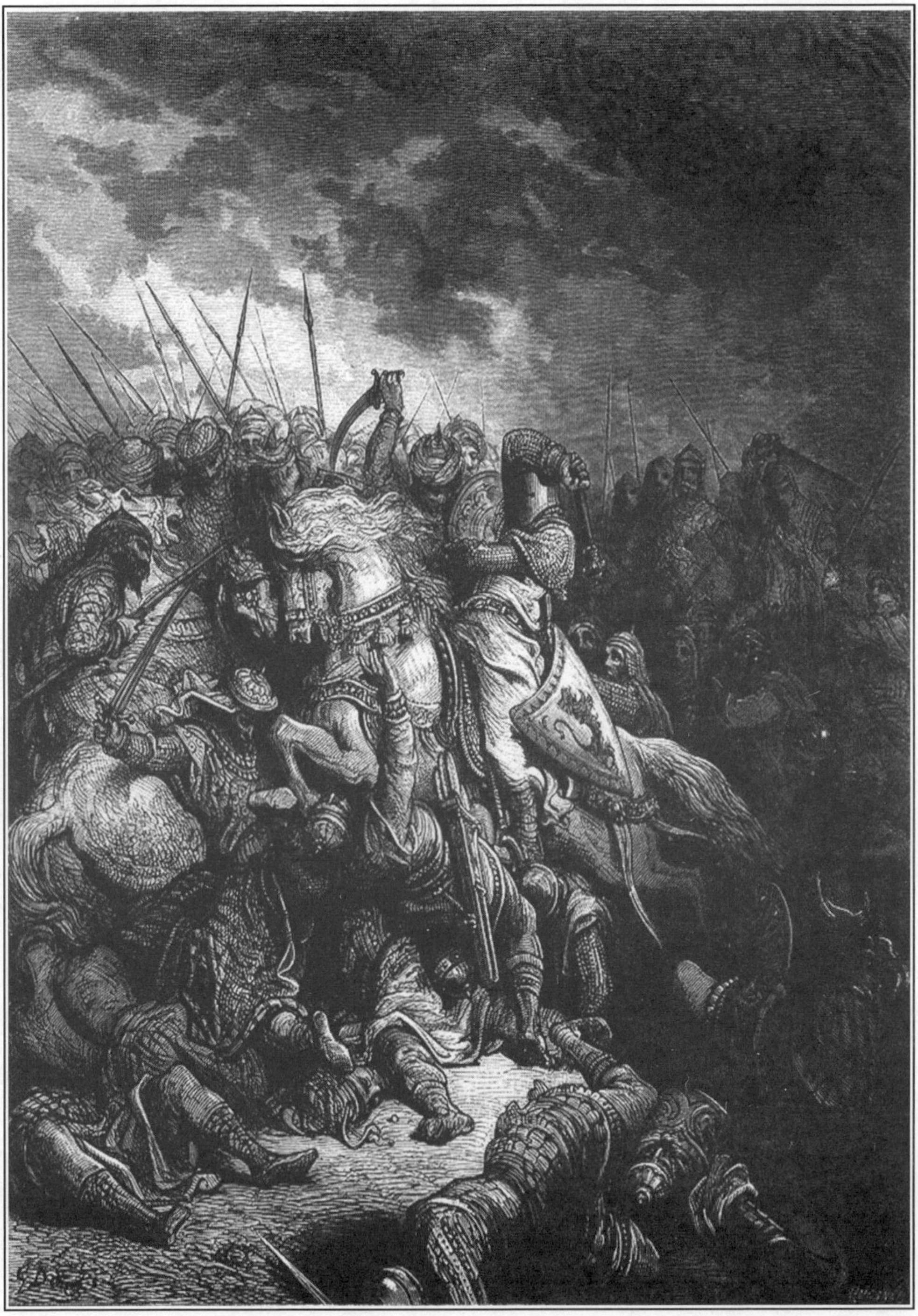

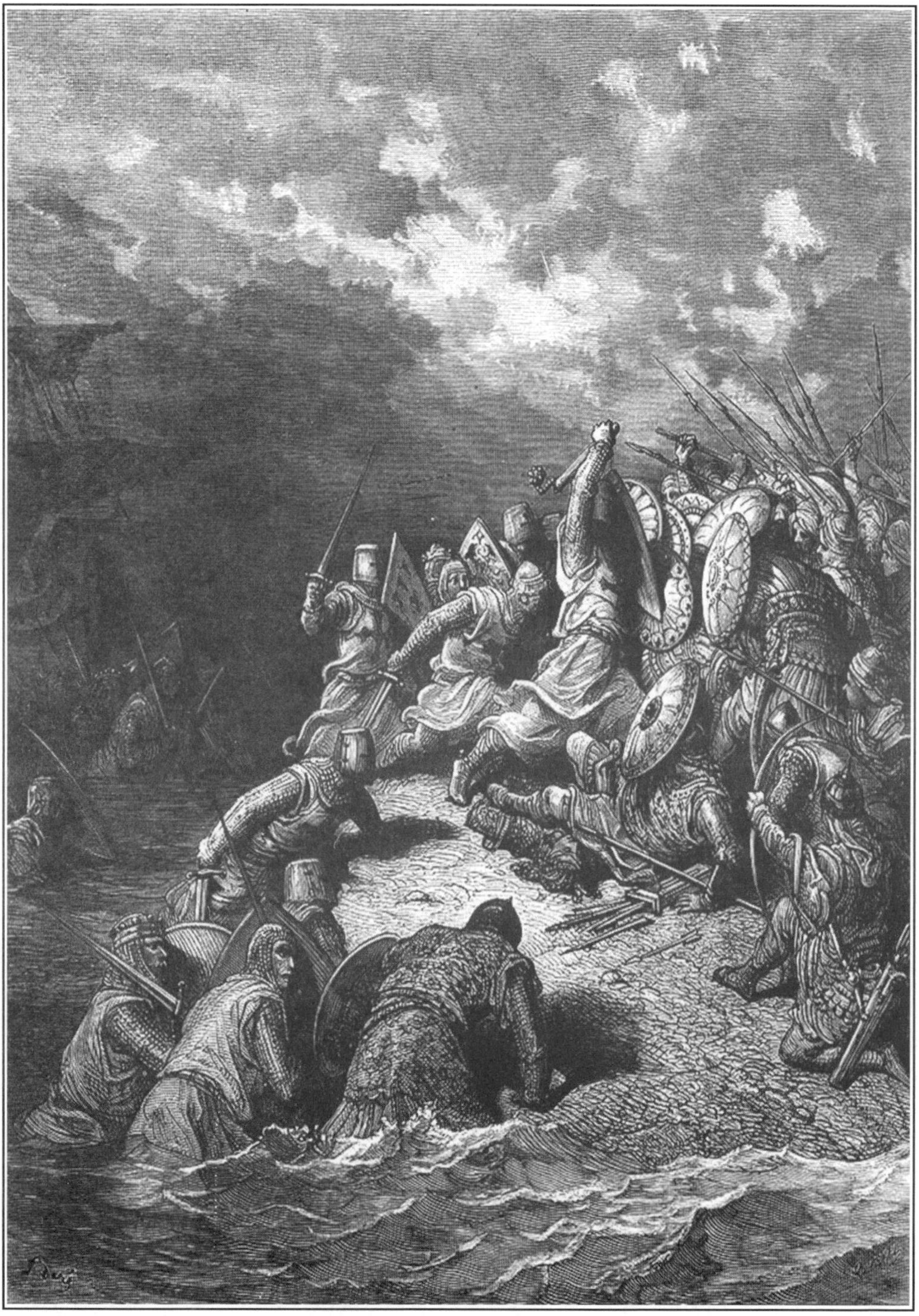

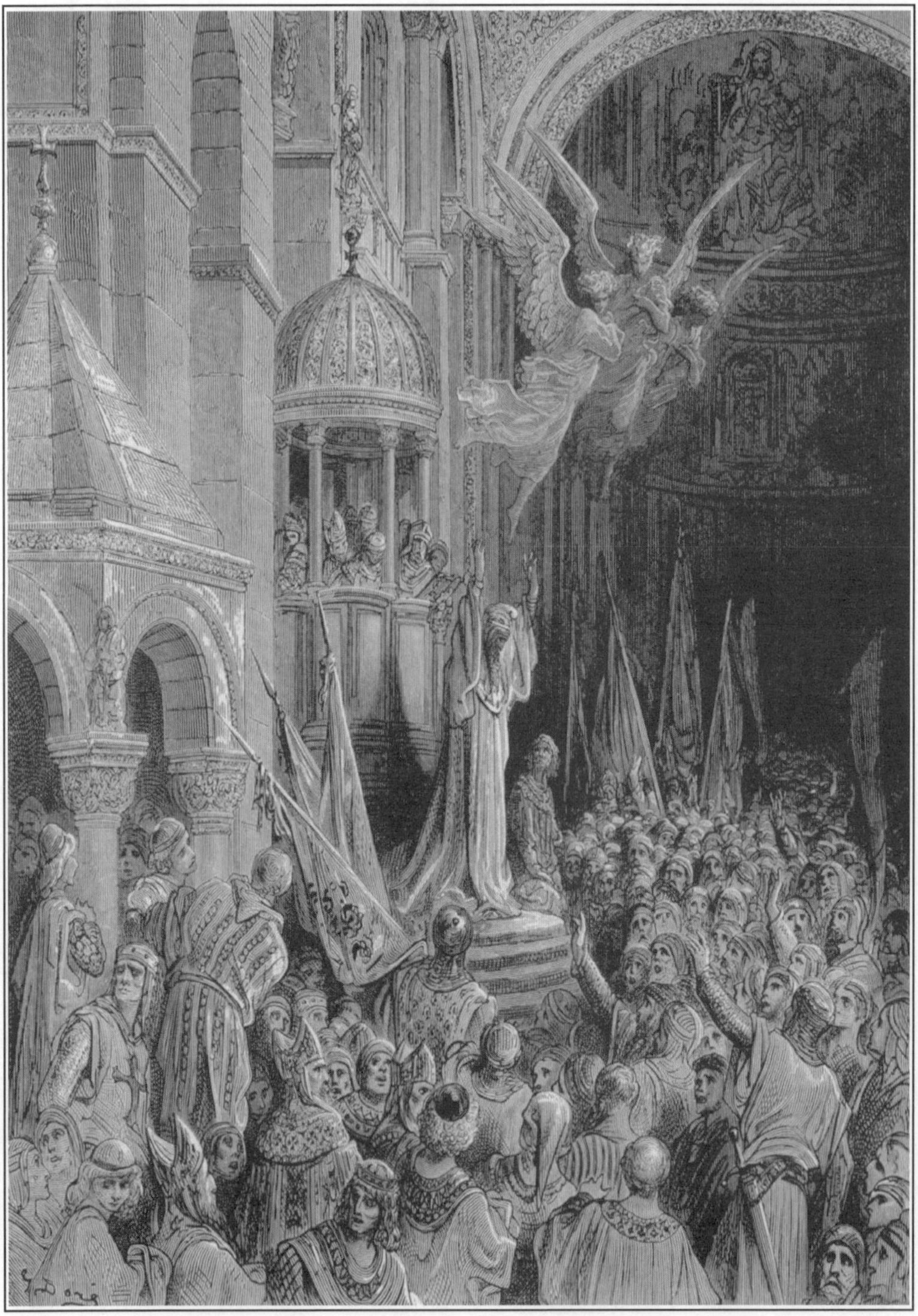

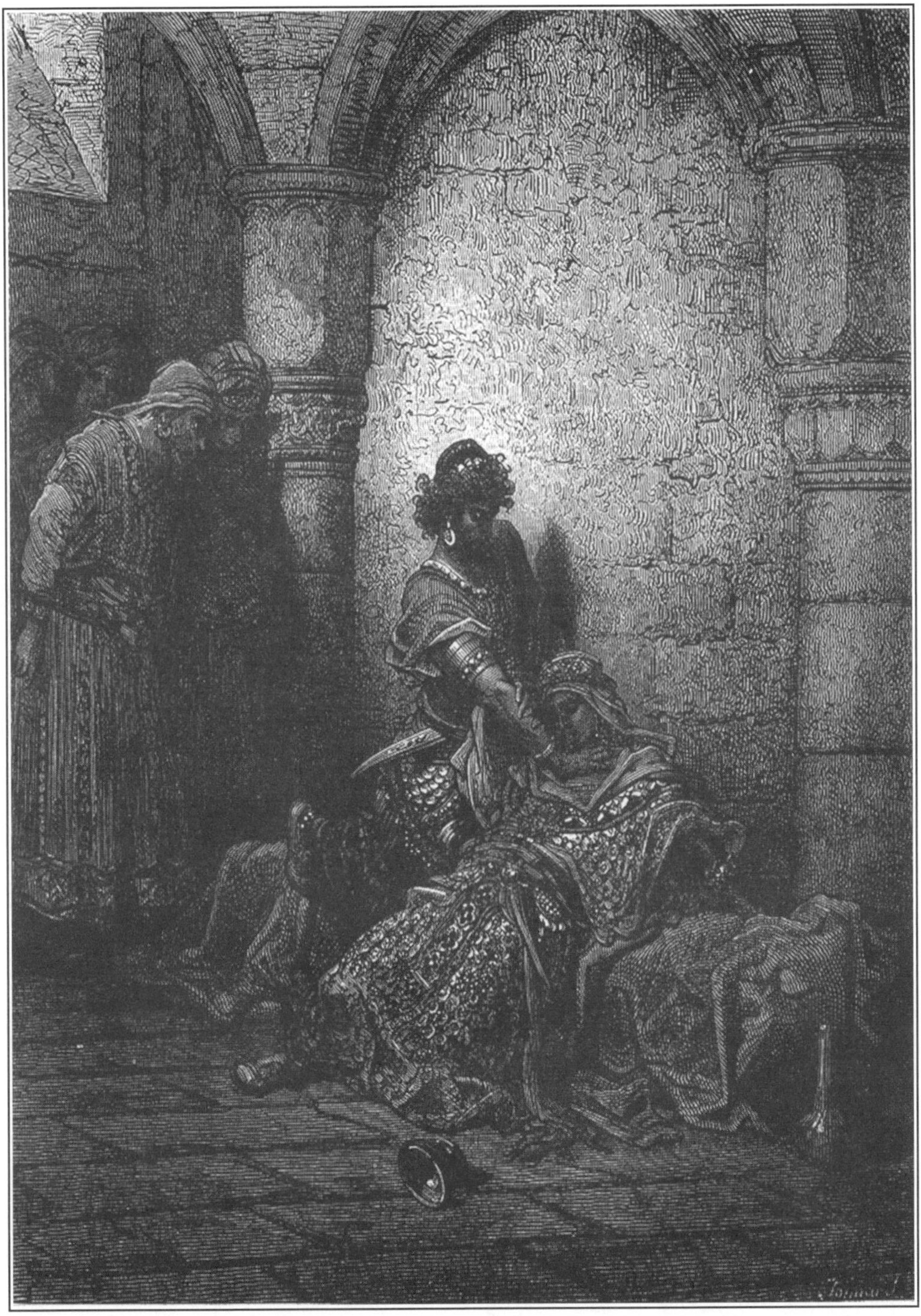

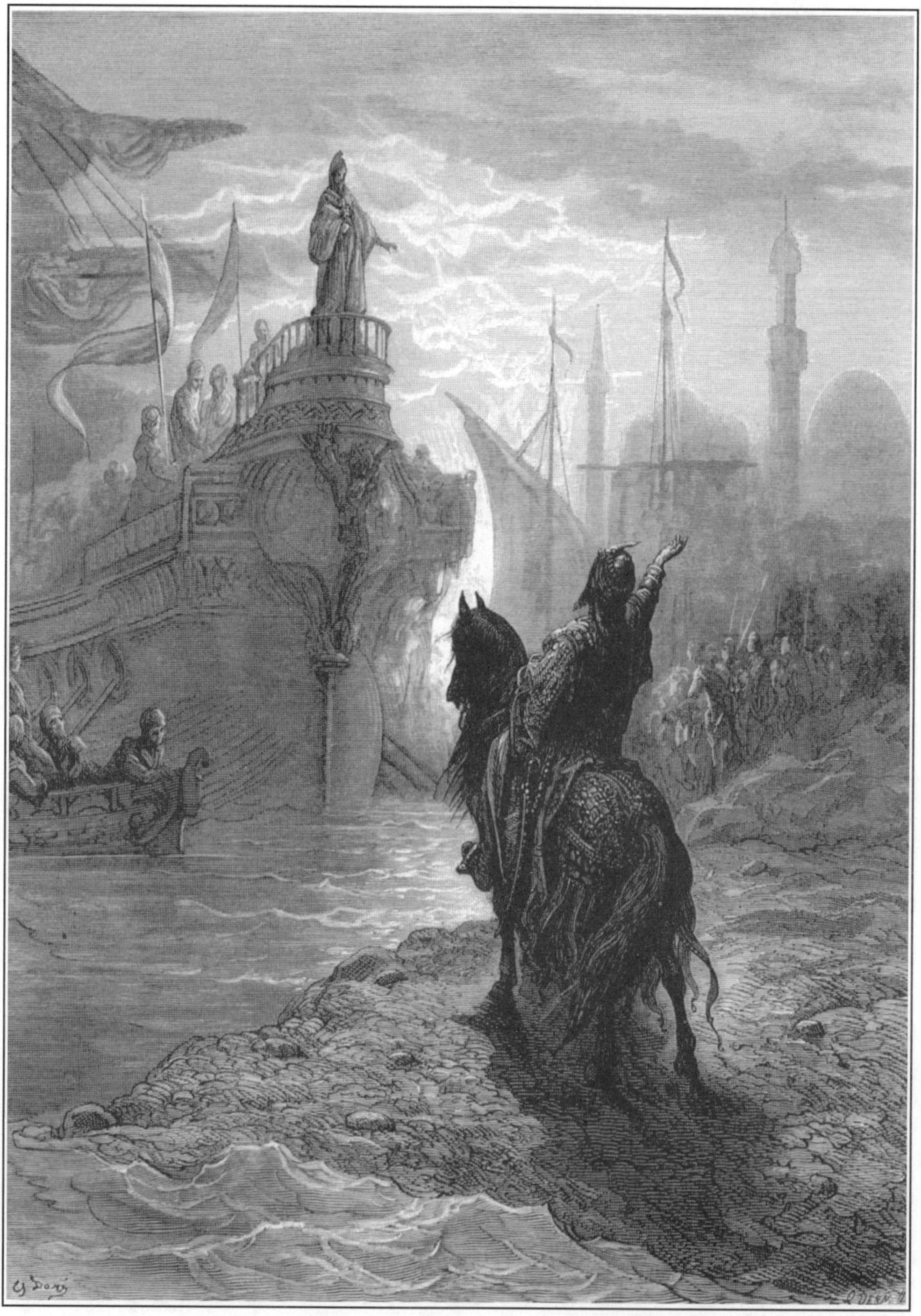

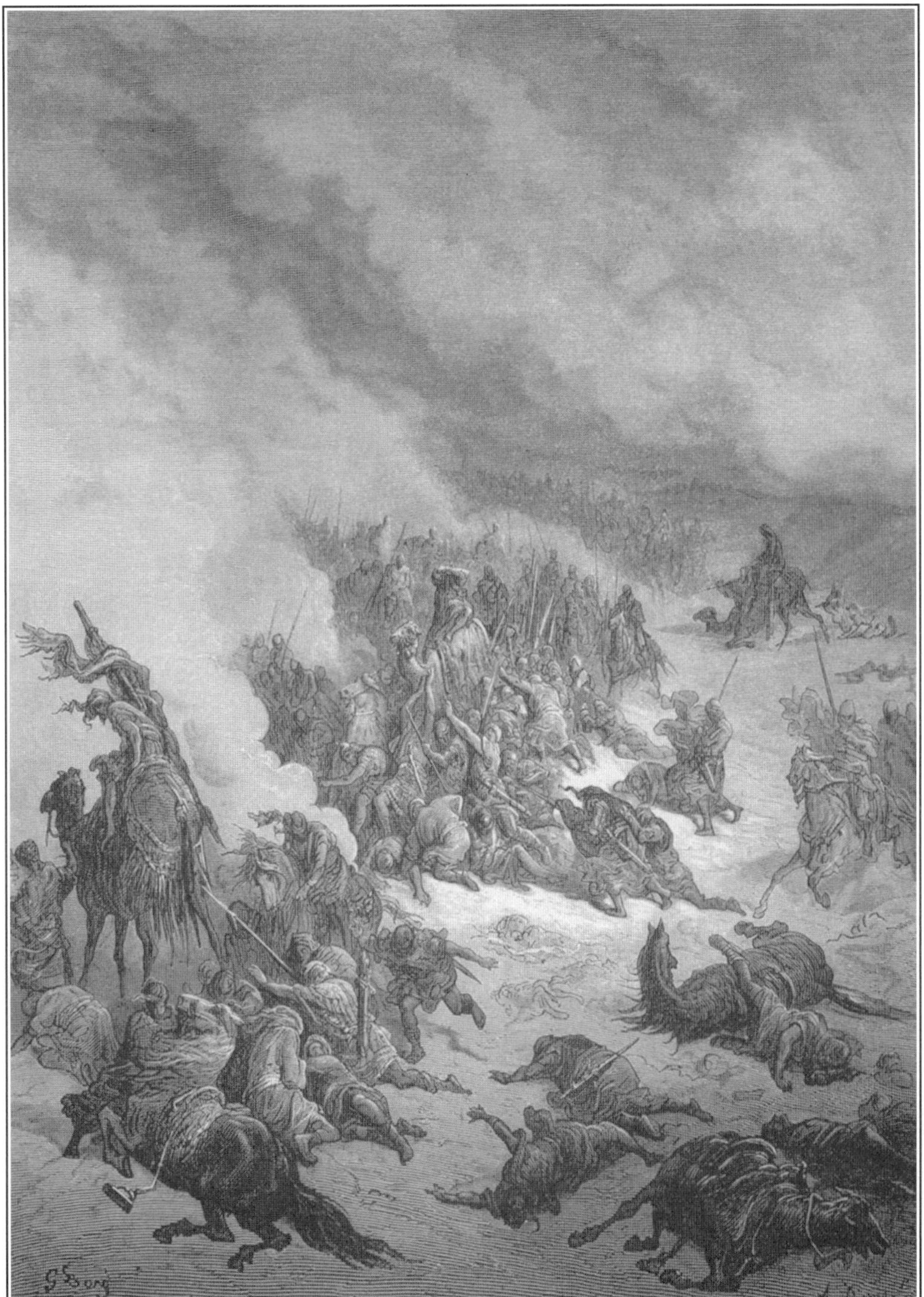

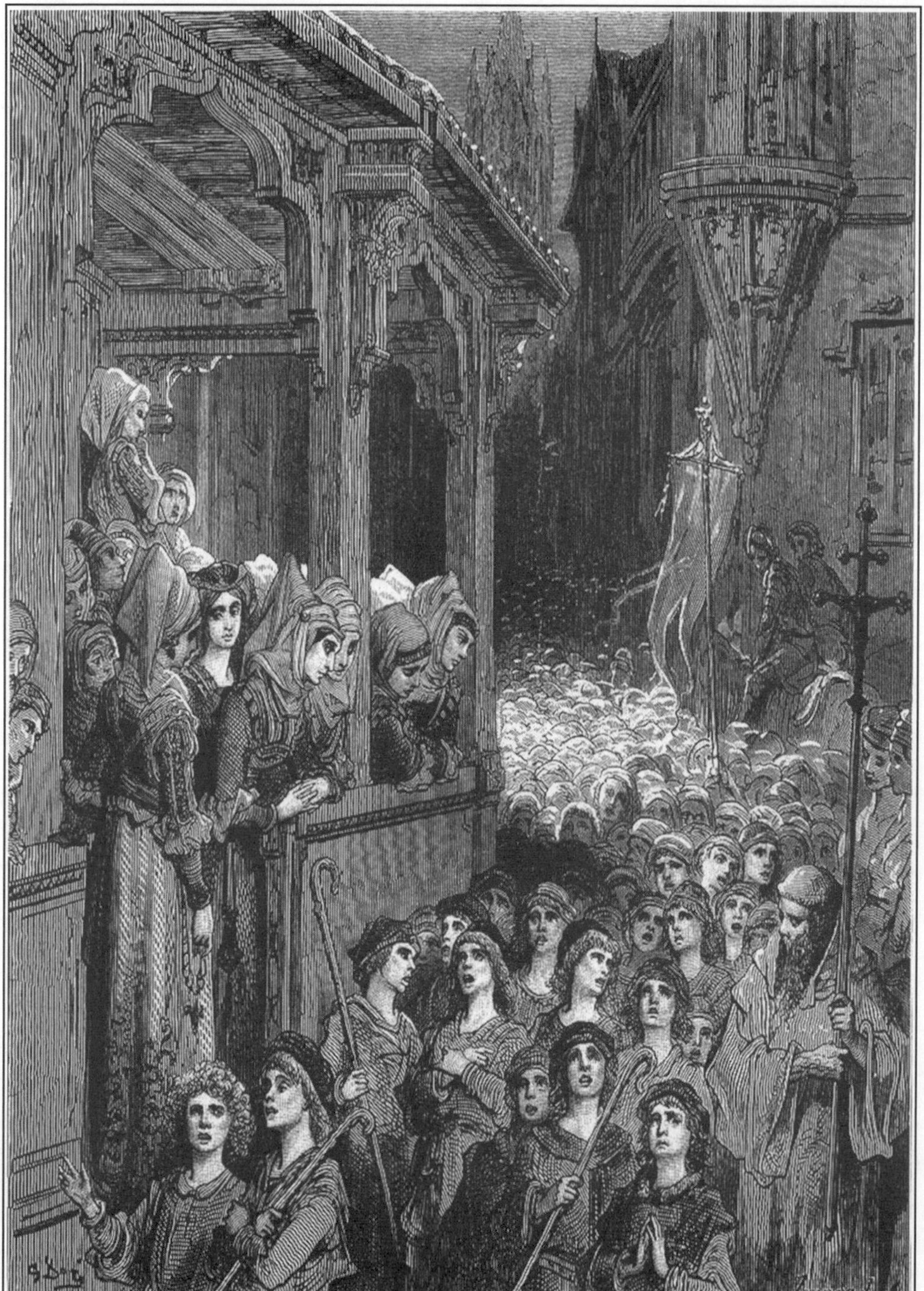

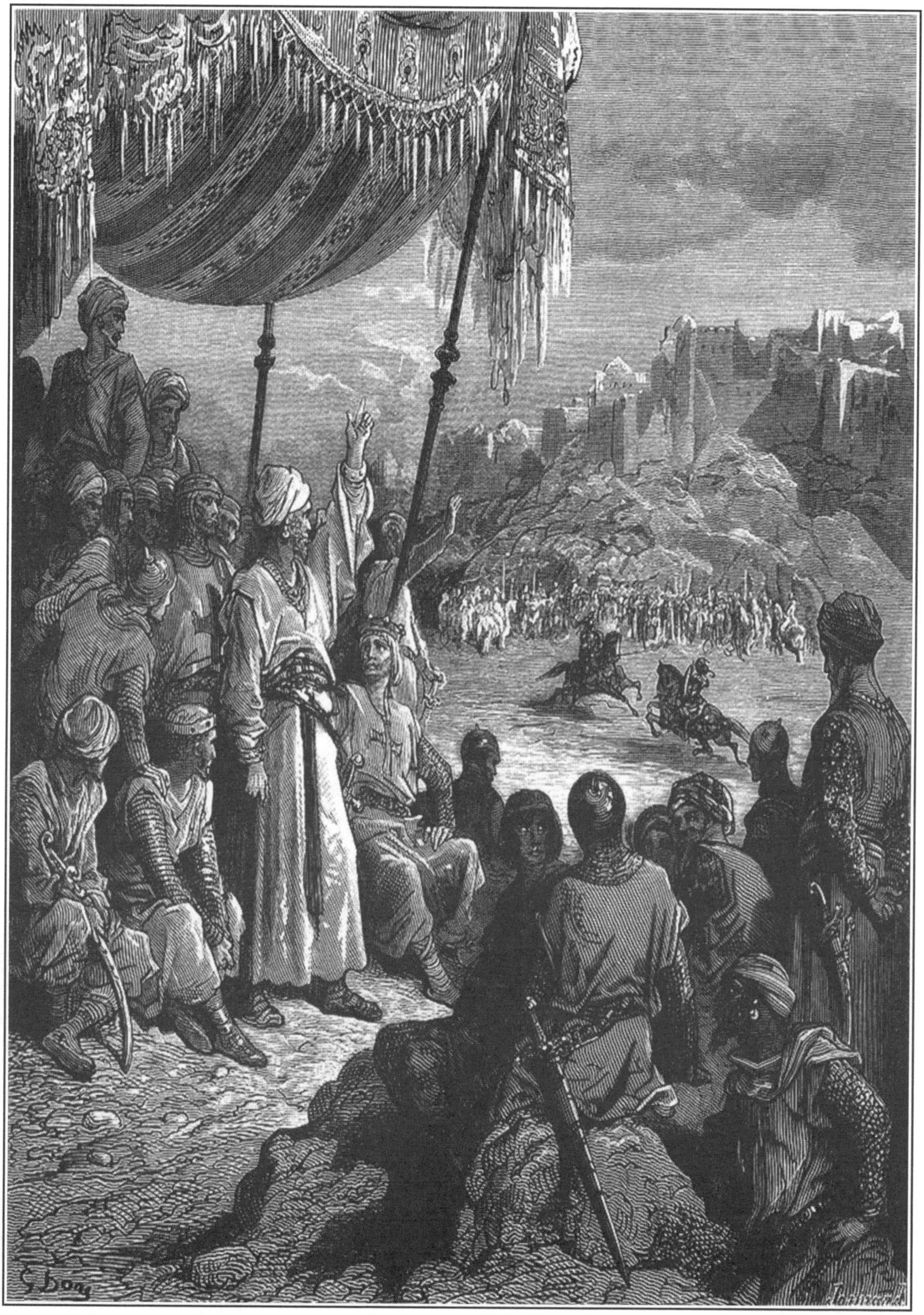

História das Cruzadas

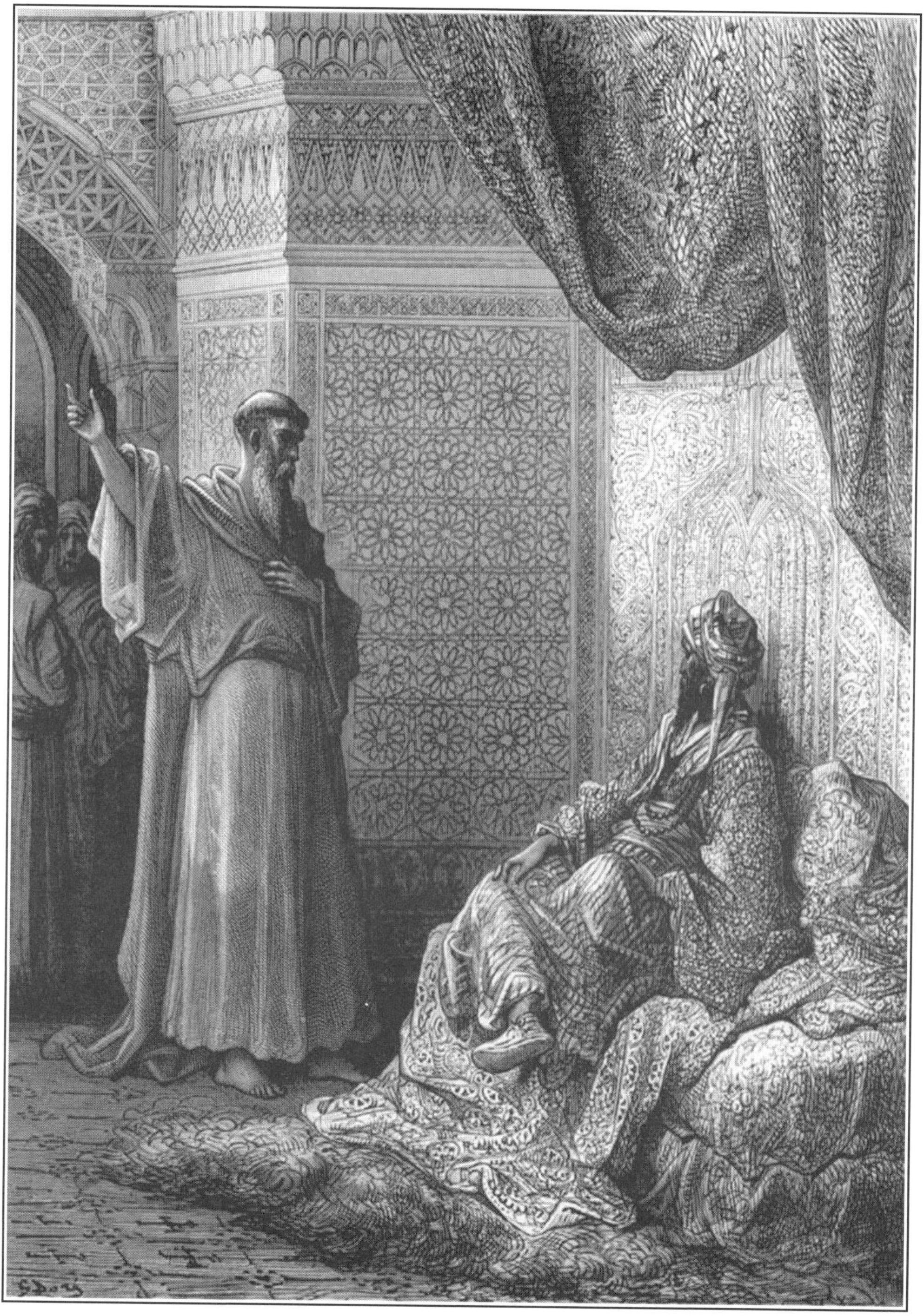

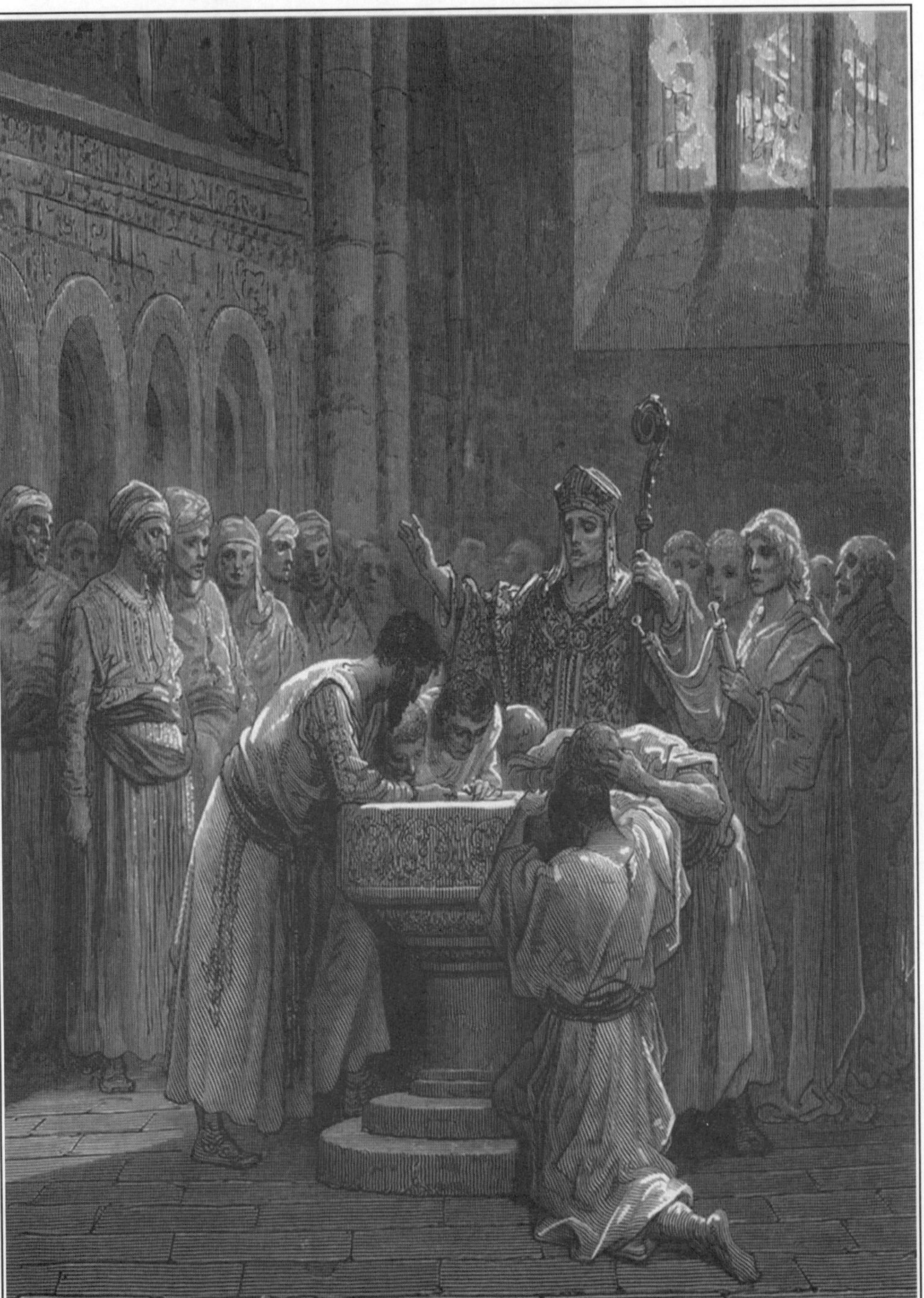

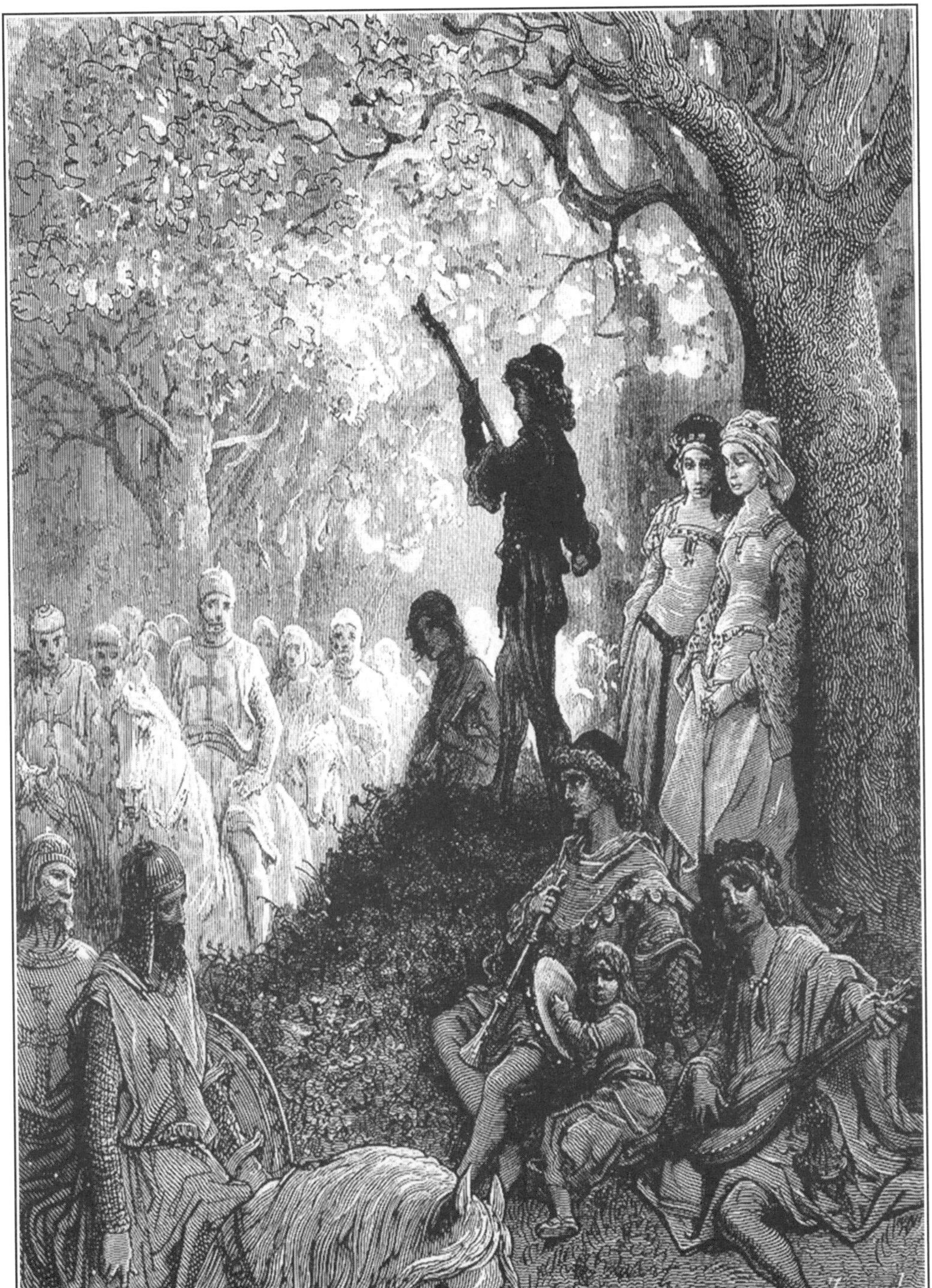

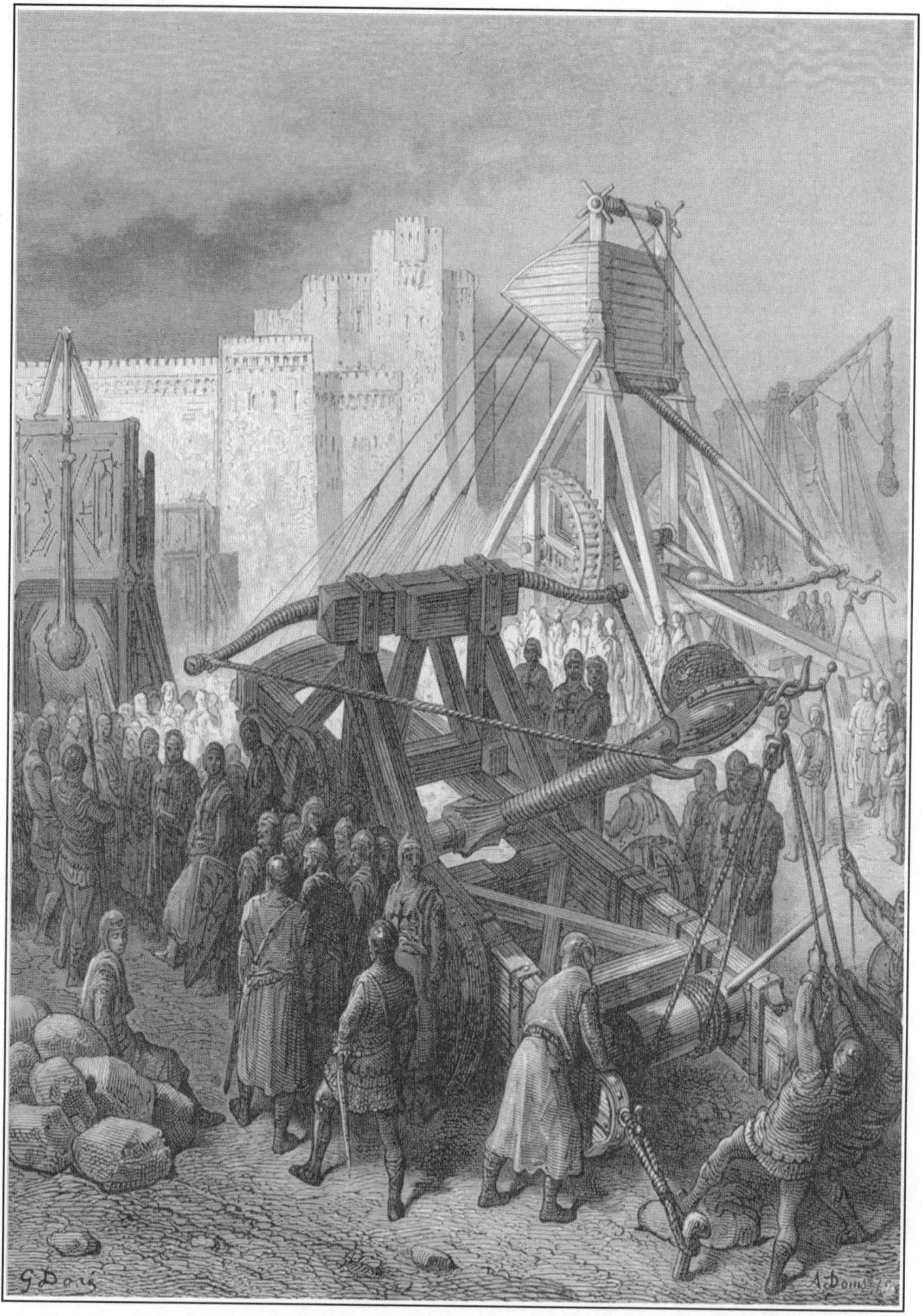
G. Doré
A. Doms

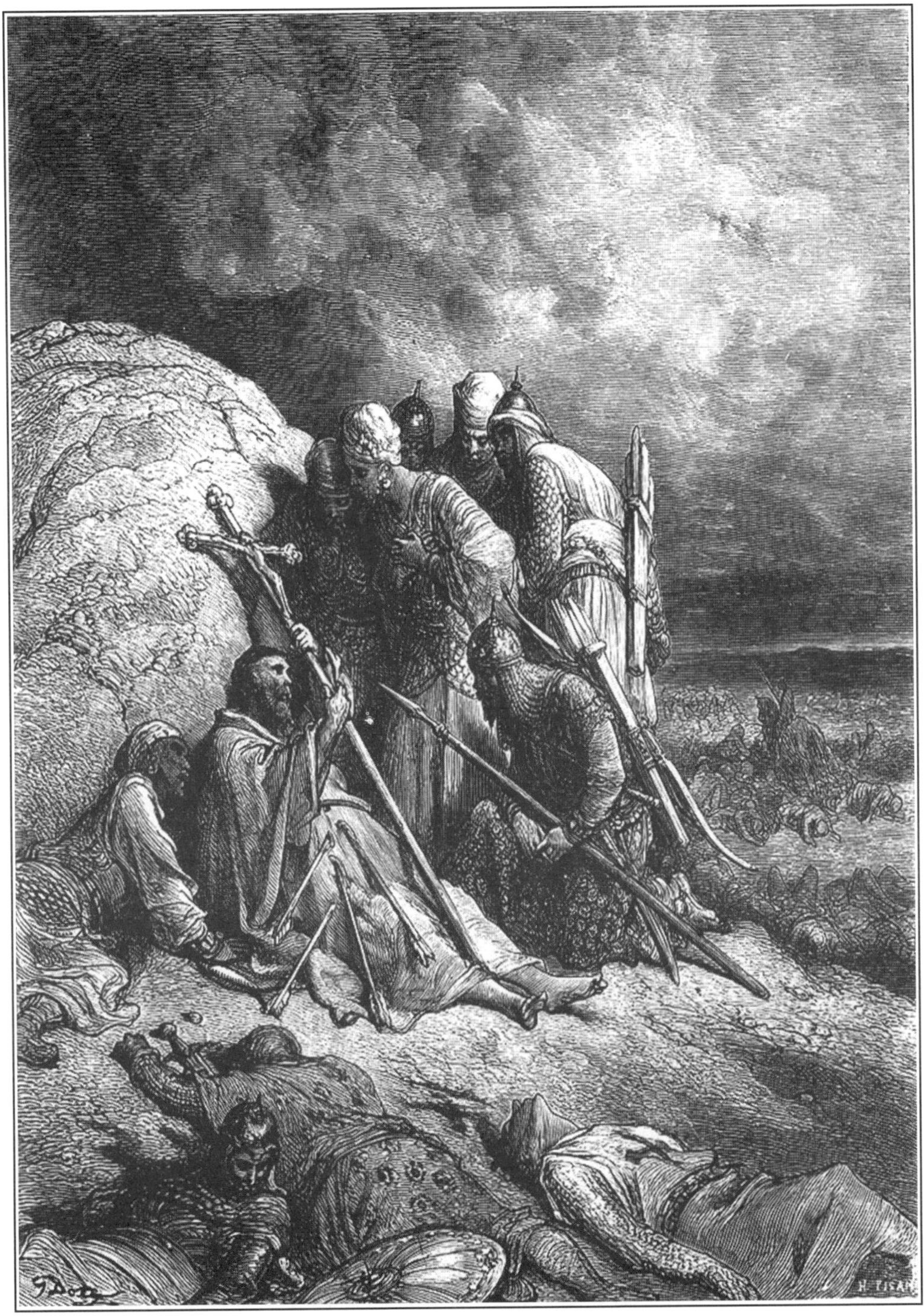
G. Doré
H. PISAN

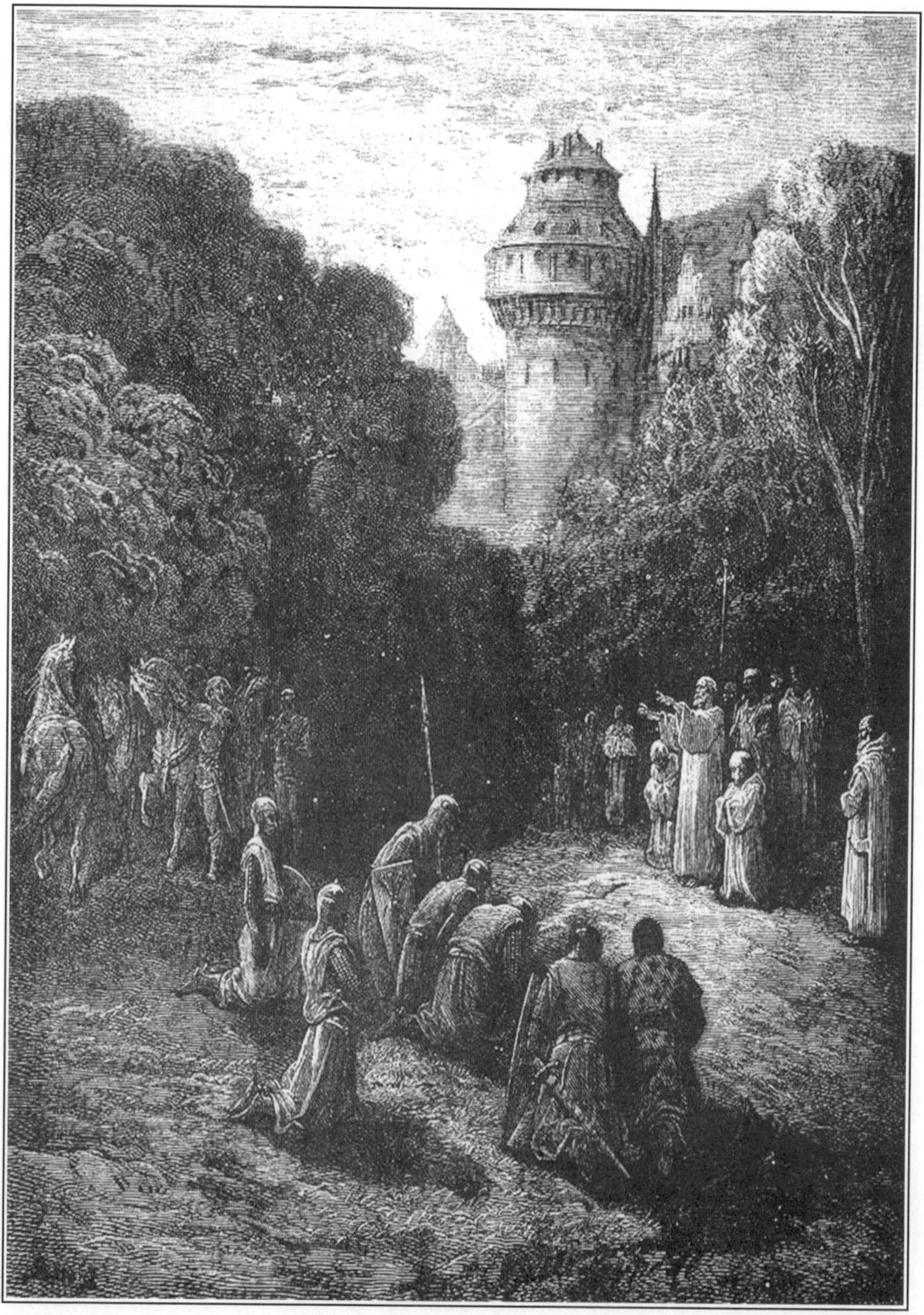

Ilustrações de Doré sobre as Cruzadas 205

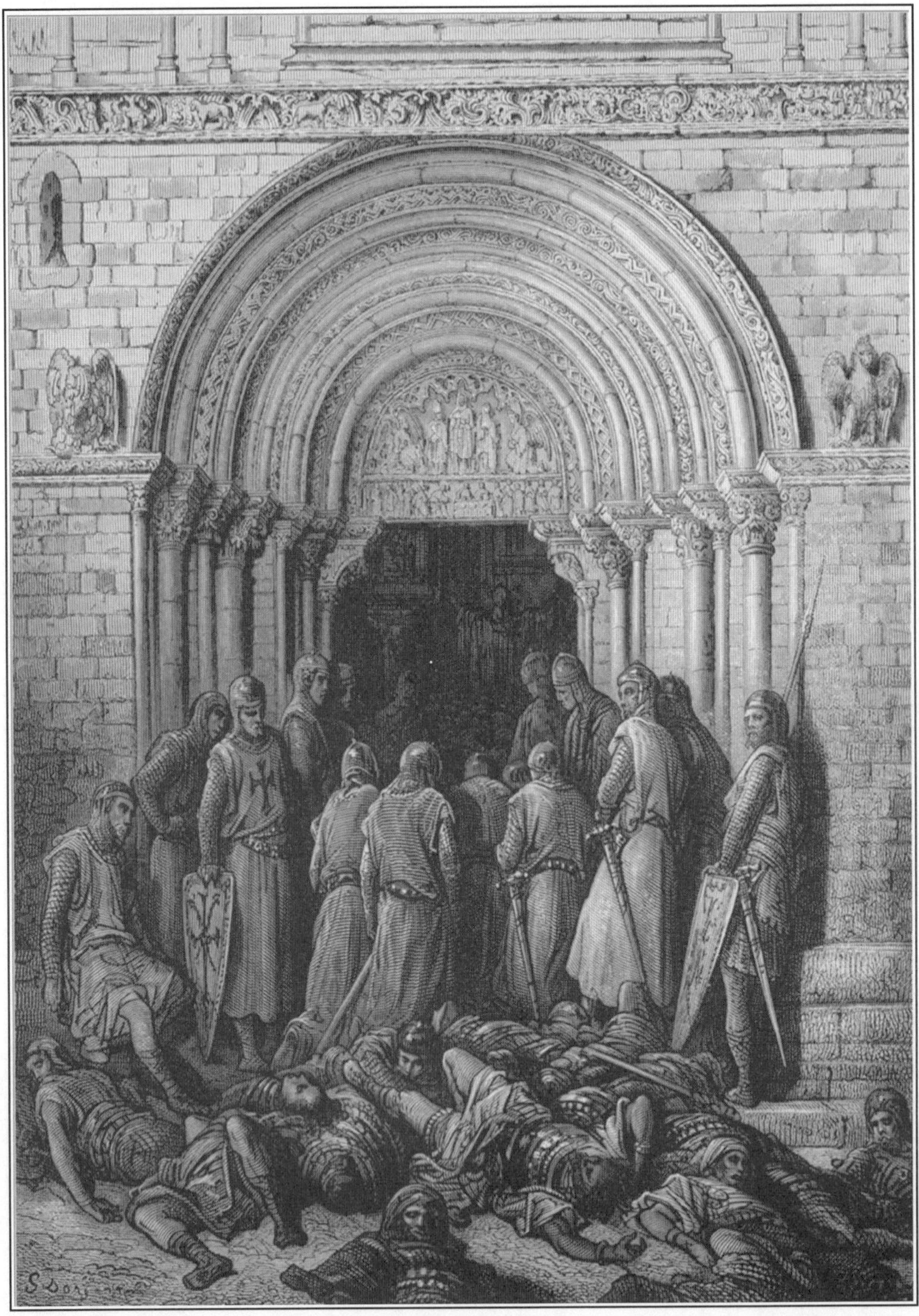

Ilustrações de Doré sobre as Cruzadas

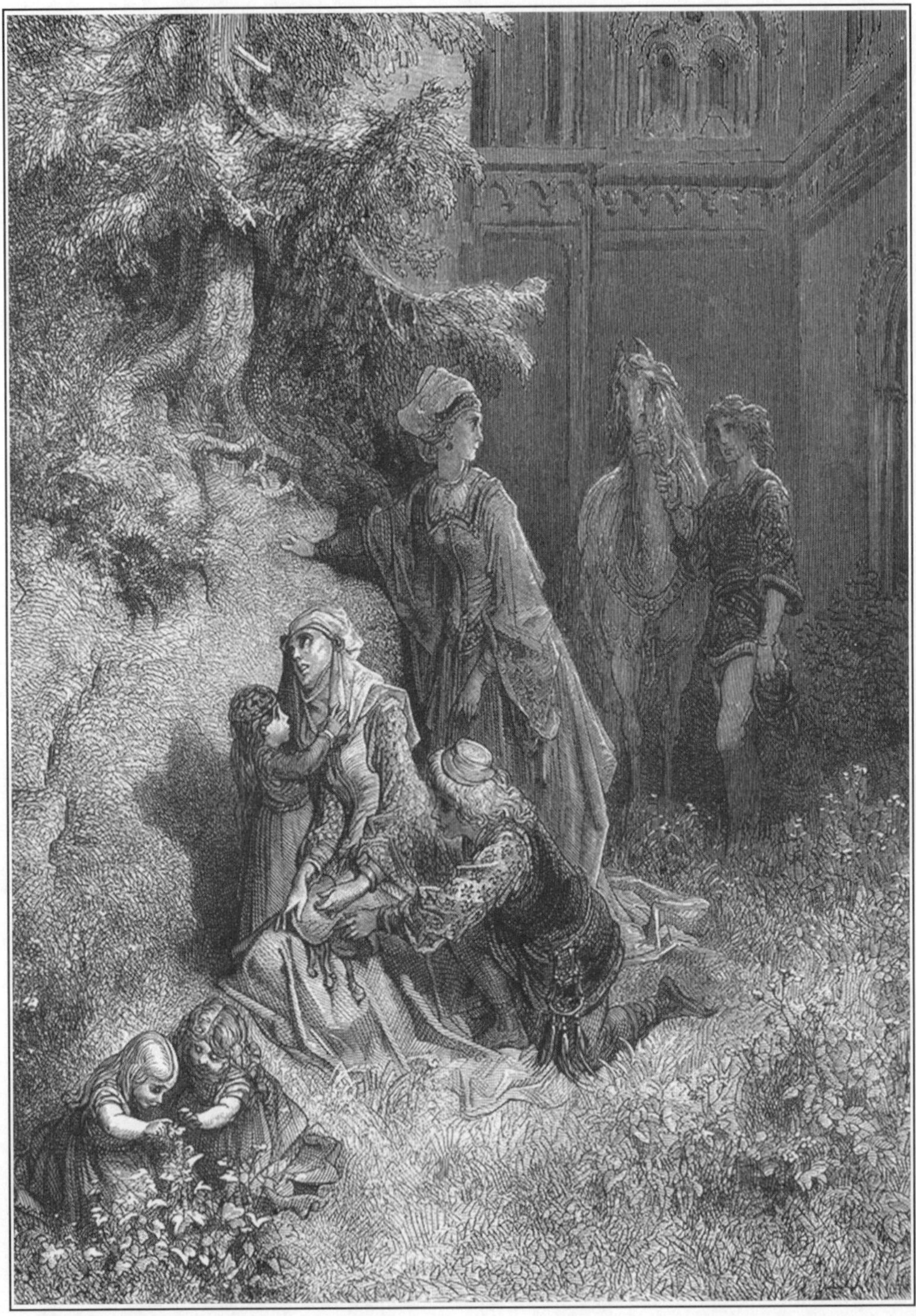

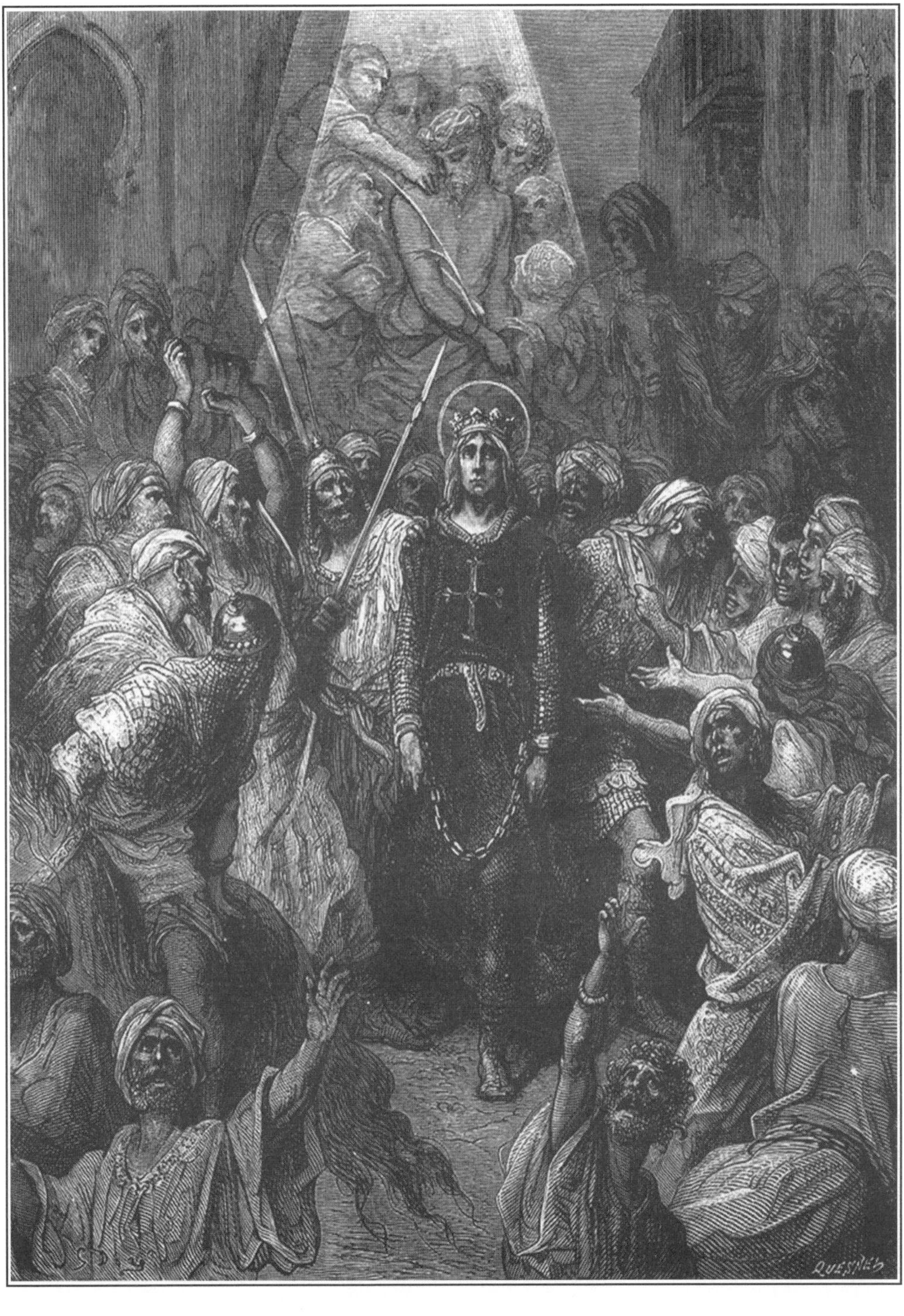

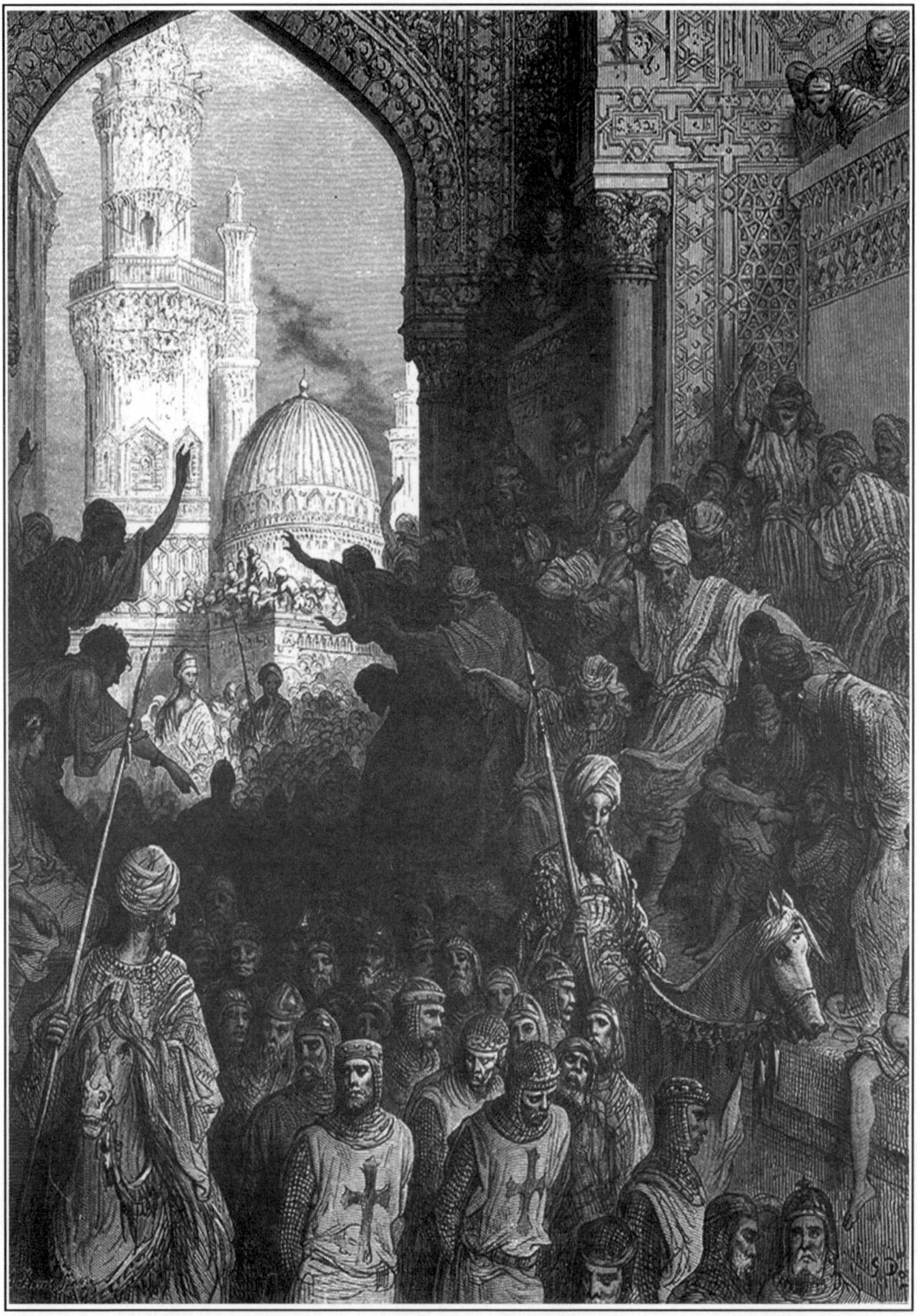

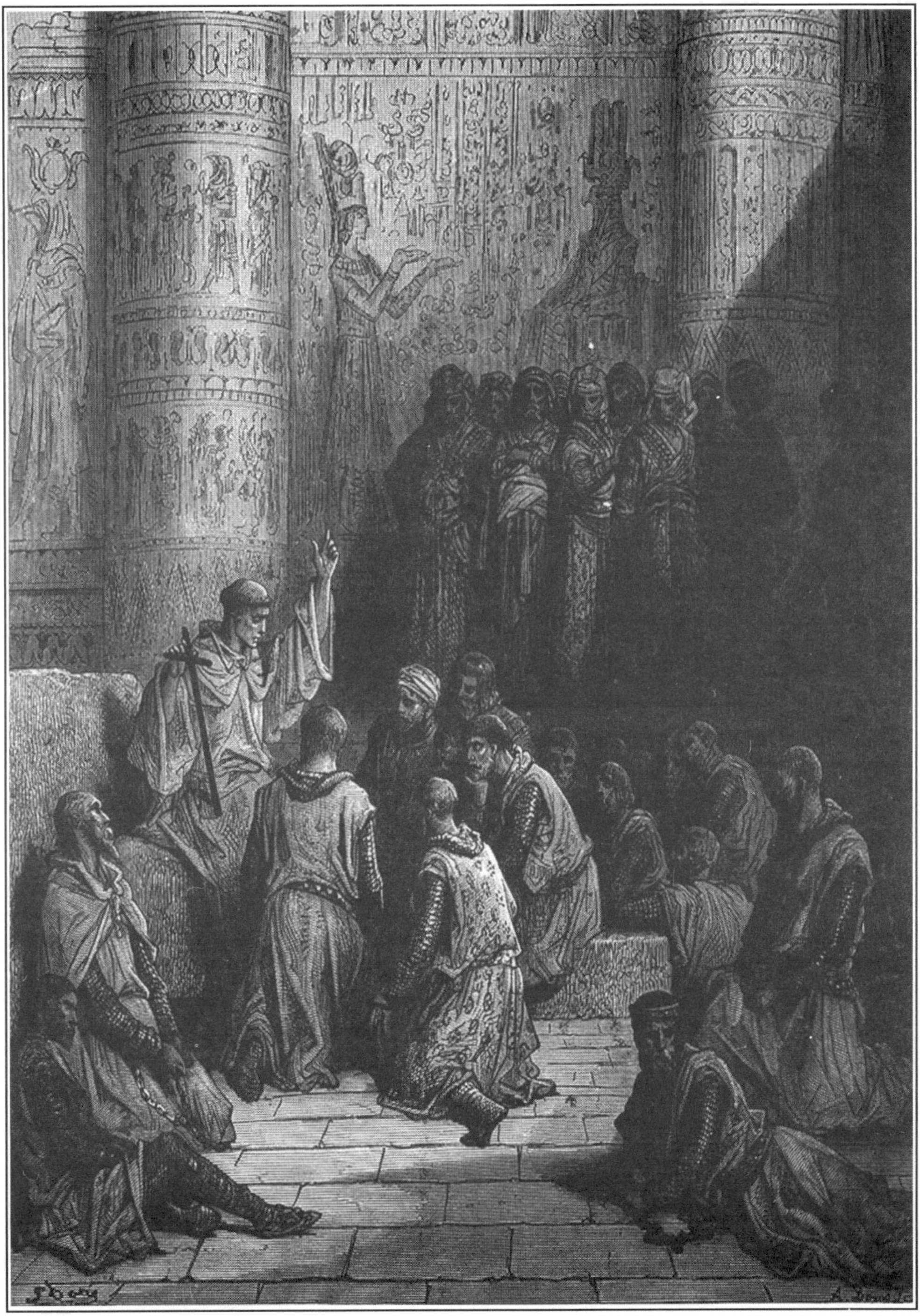

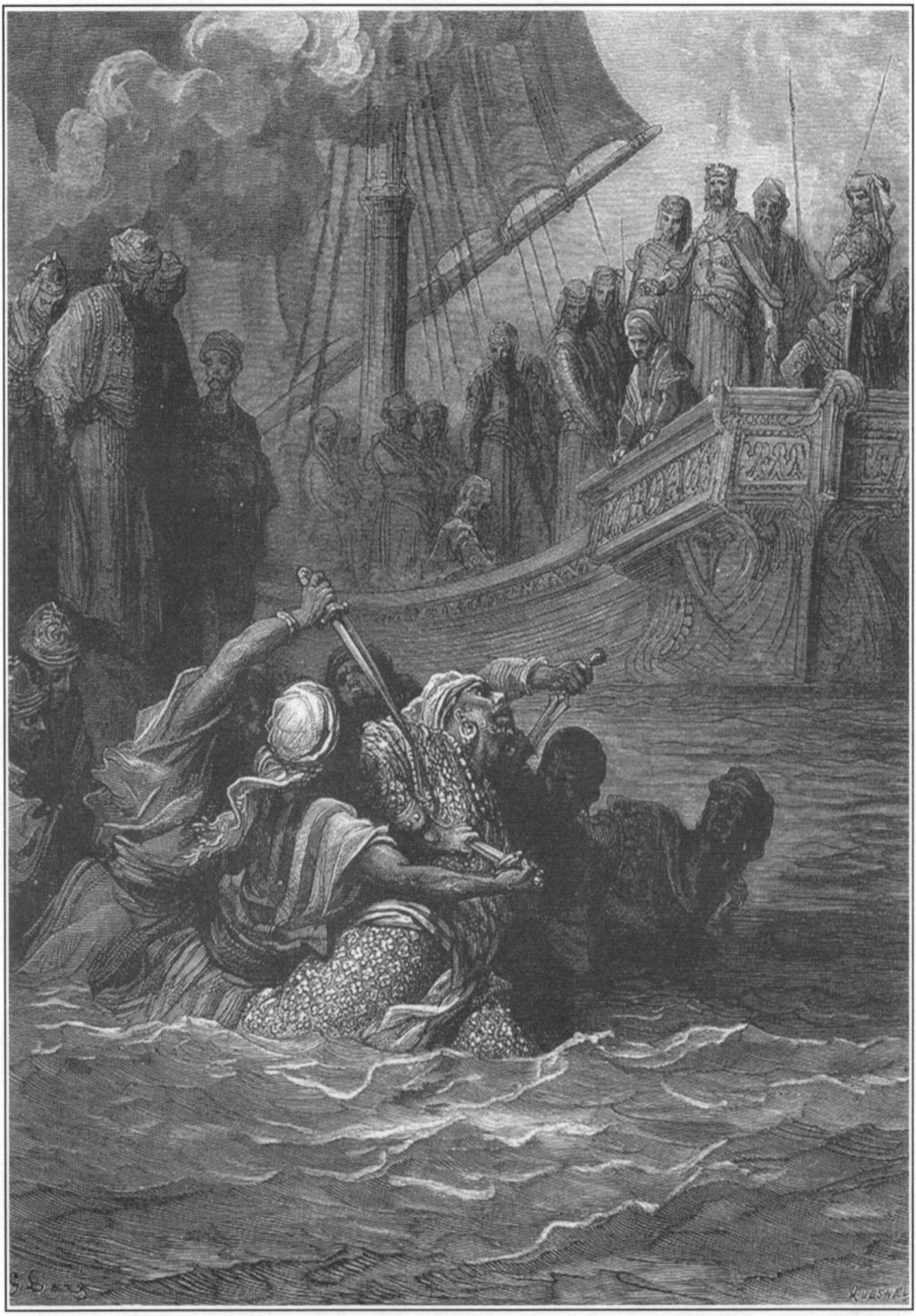

Ilustrações de Doré sobre as Cruzadas   213

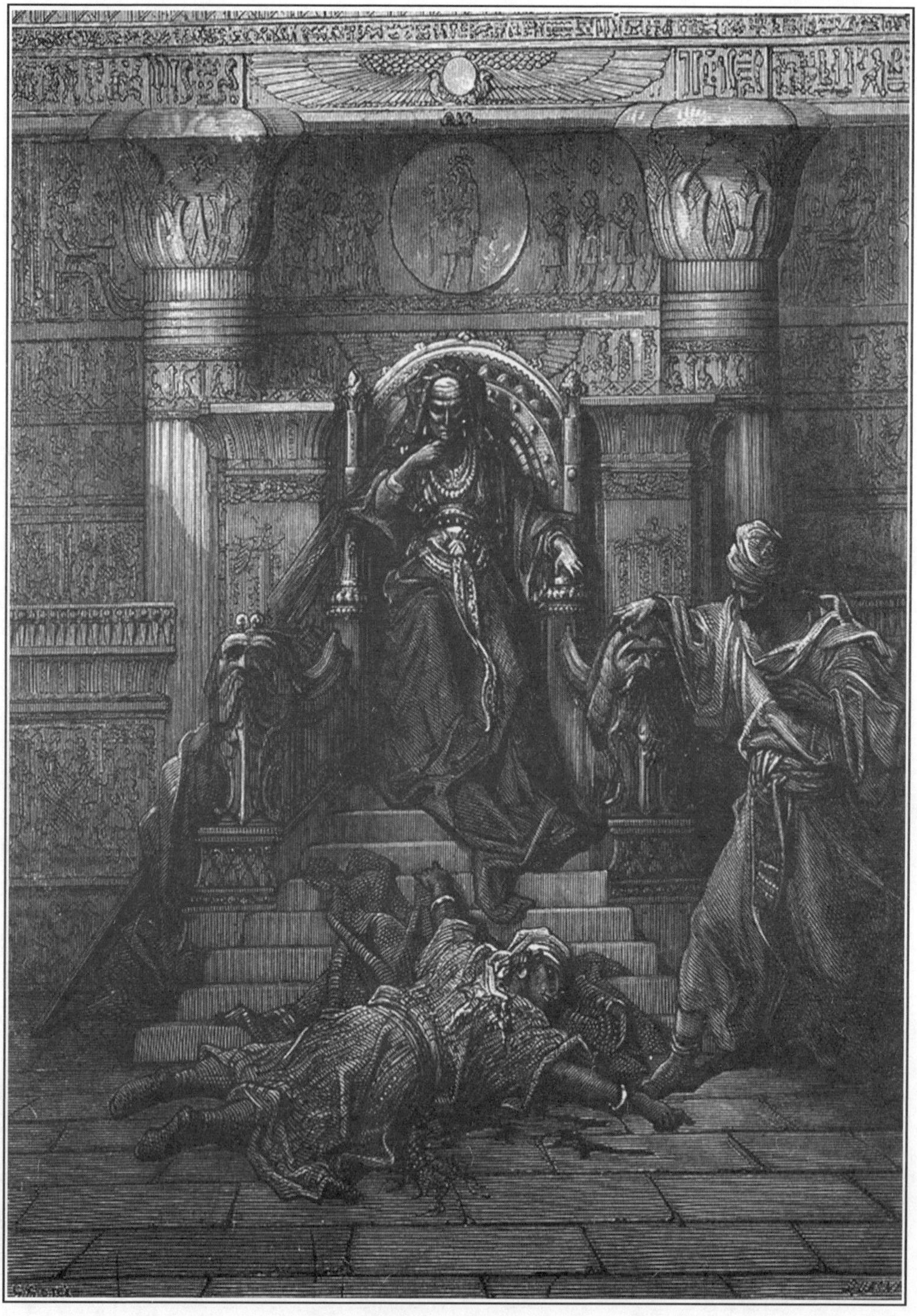

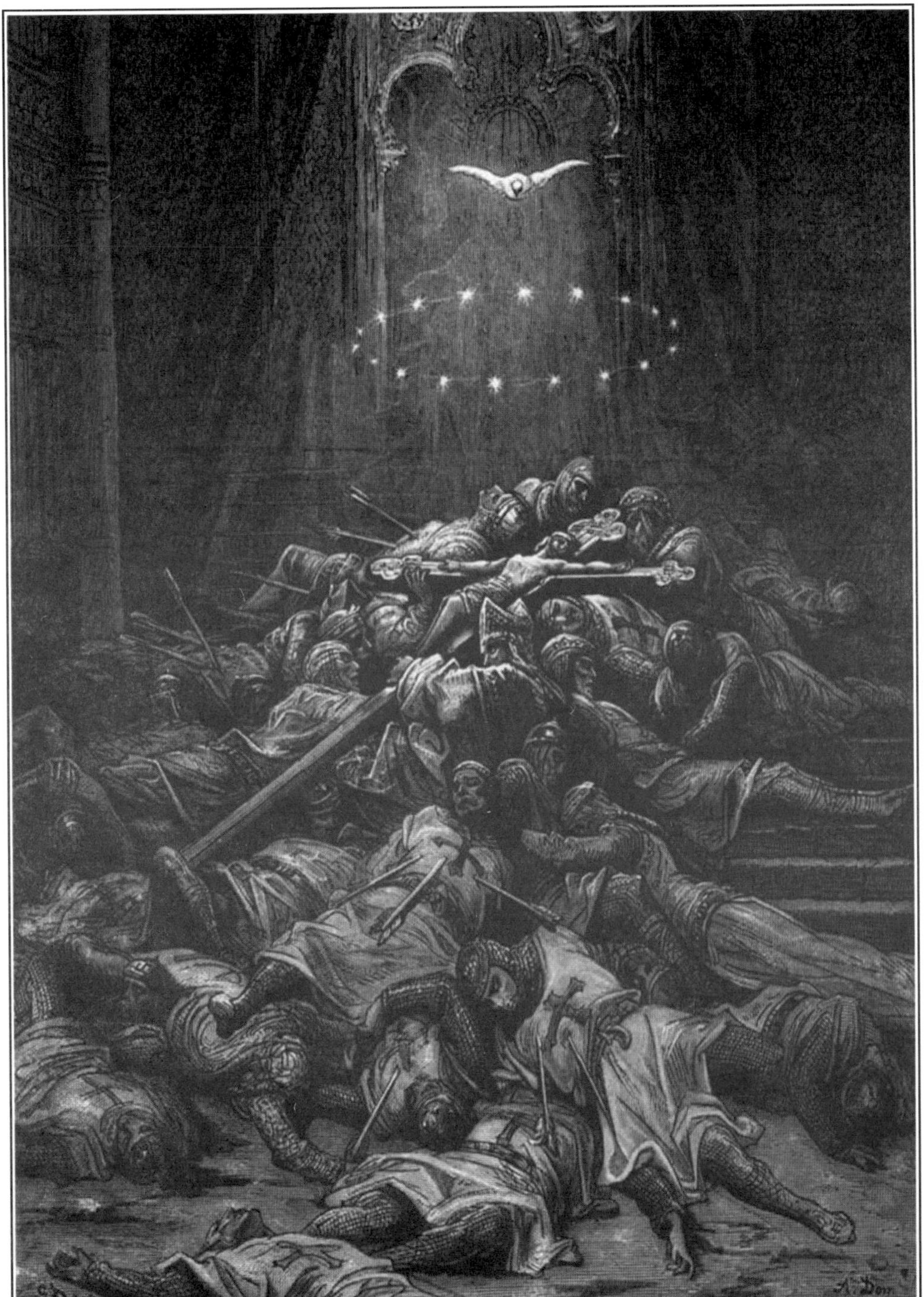

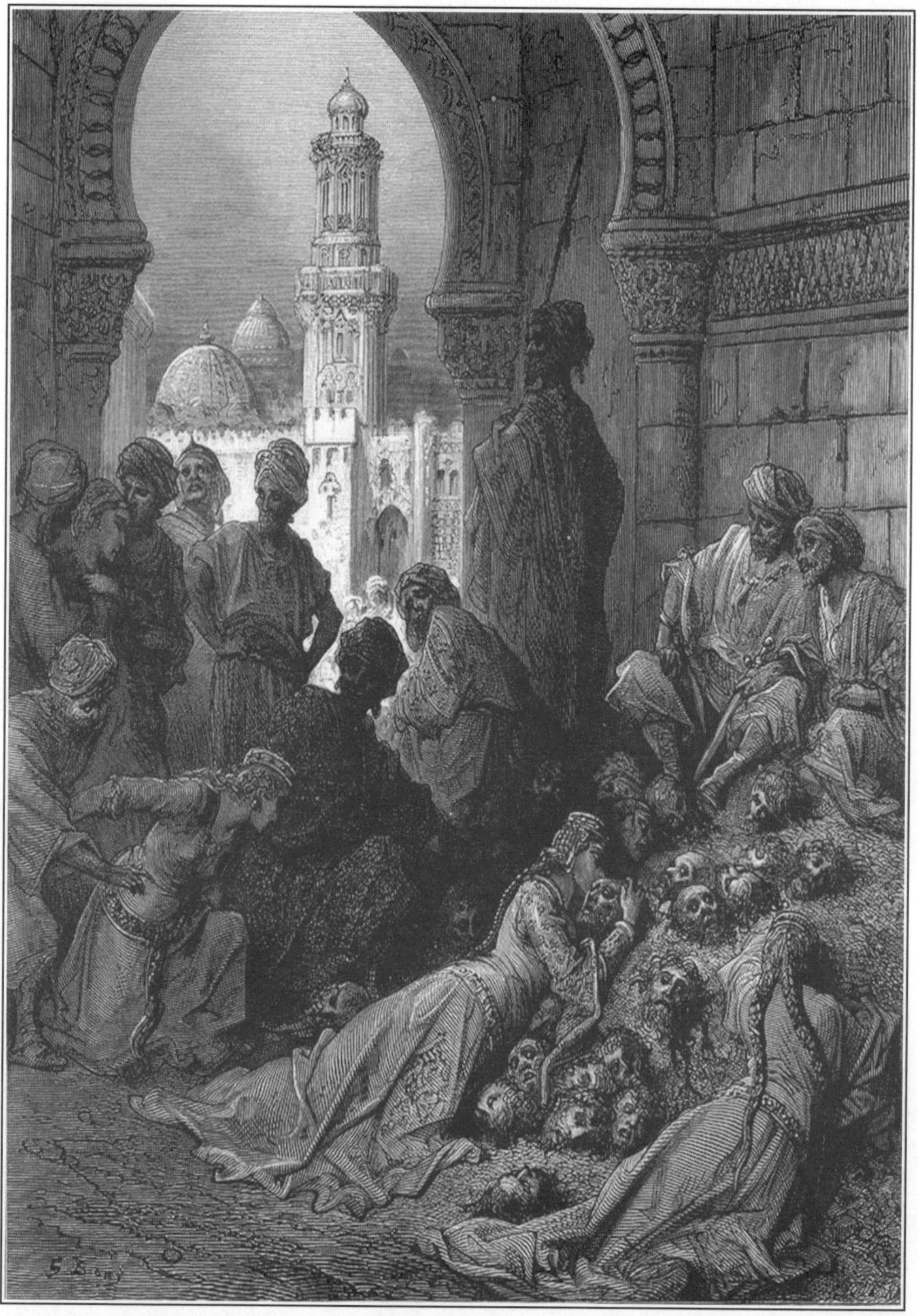

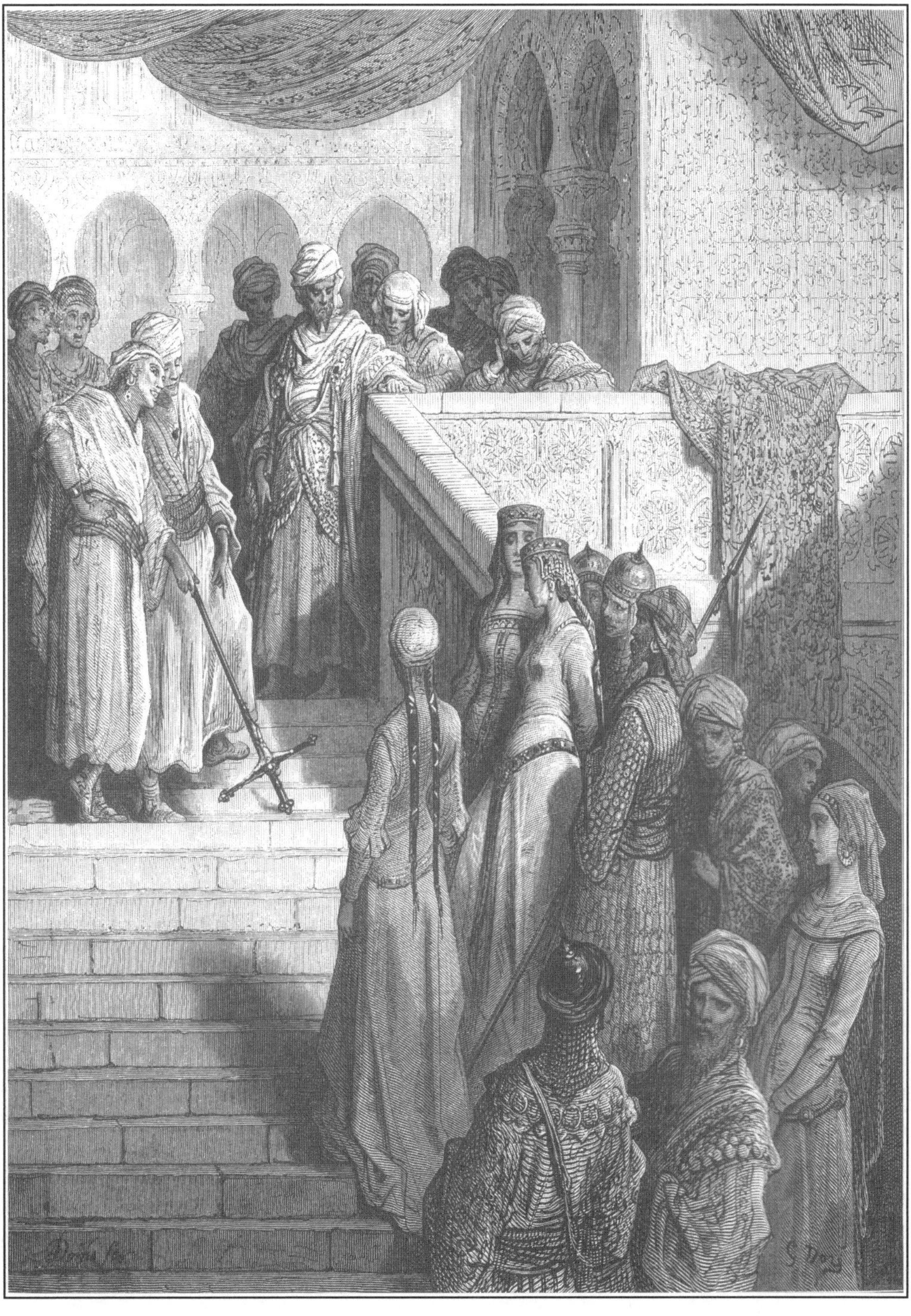

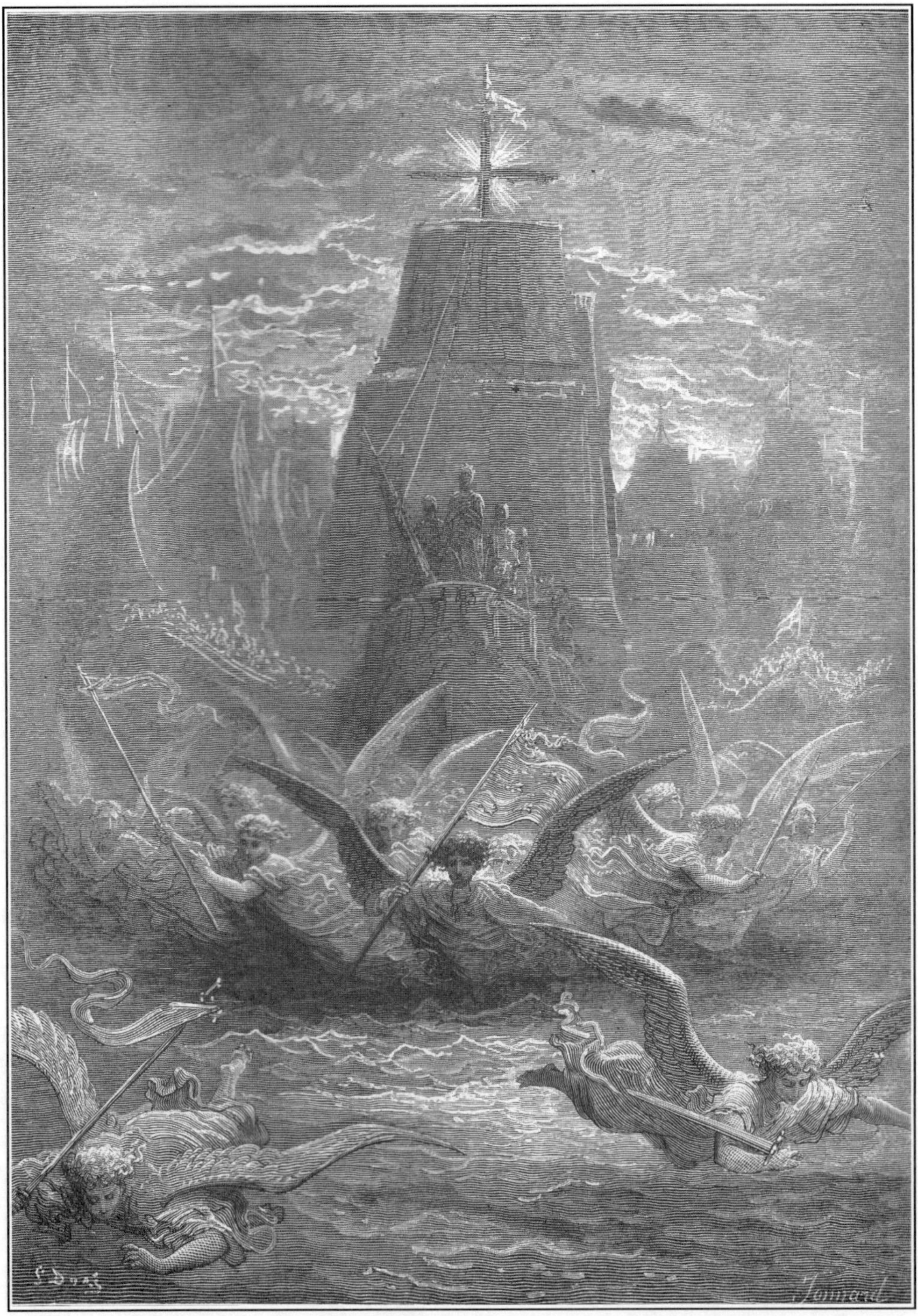

Ilustrações de Doré sobre as Cruzadas 219

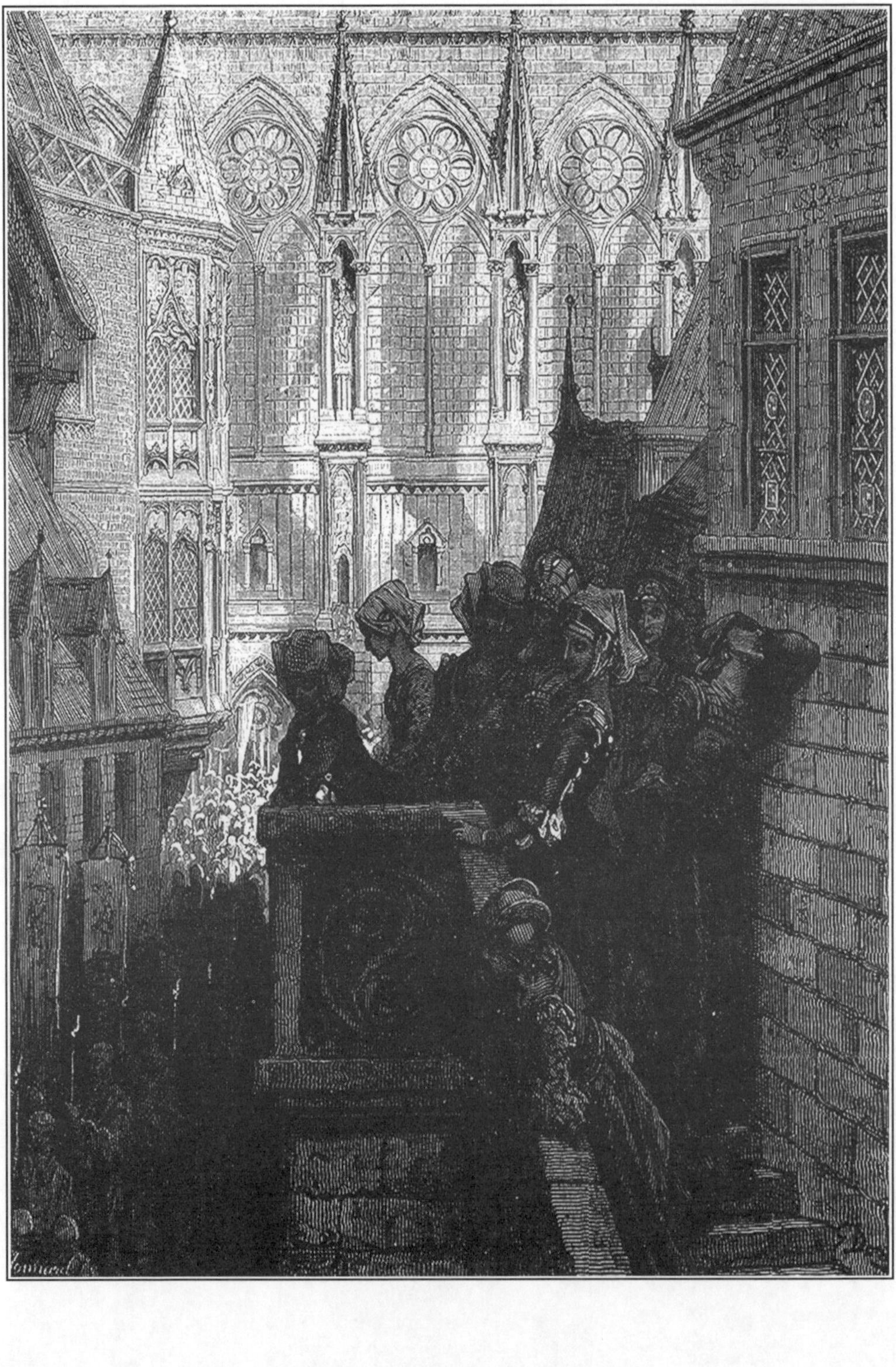

Ilustrações de Doré sobre as Cruzadas 221

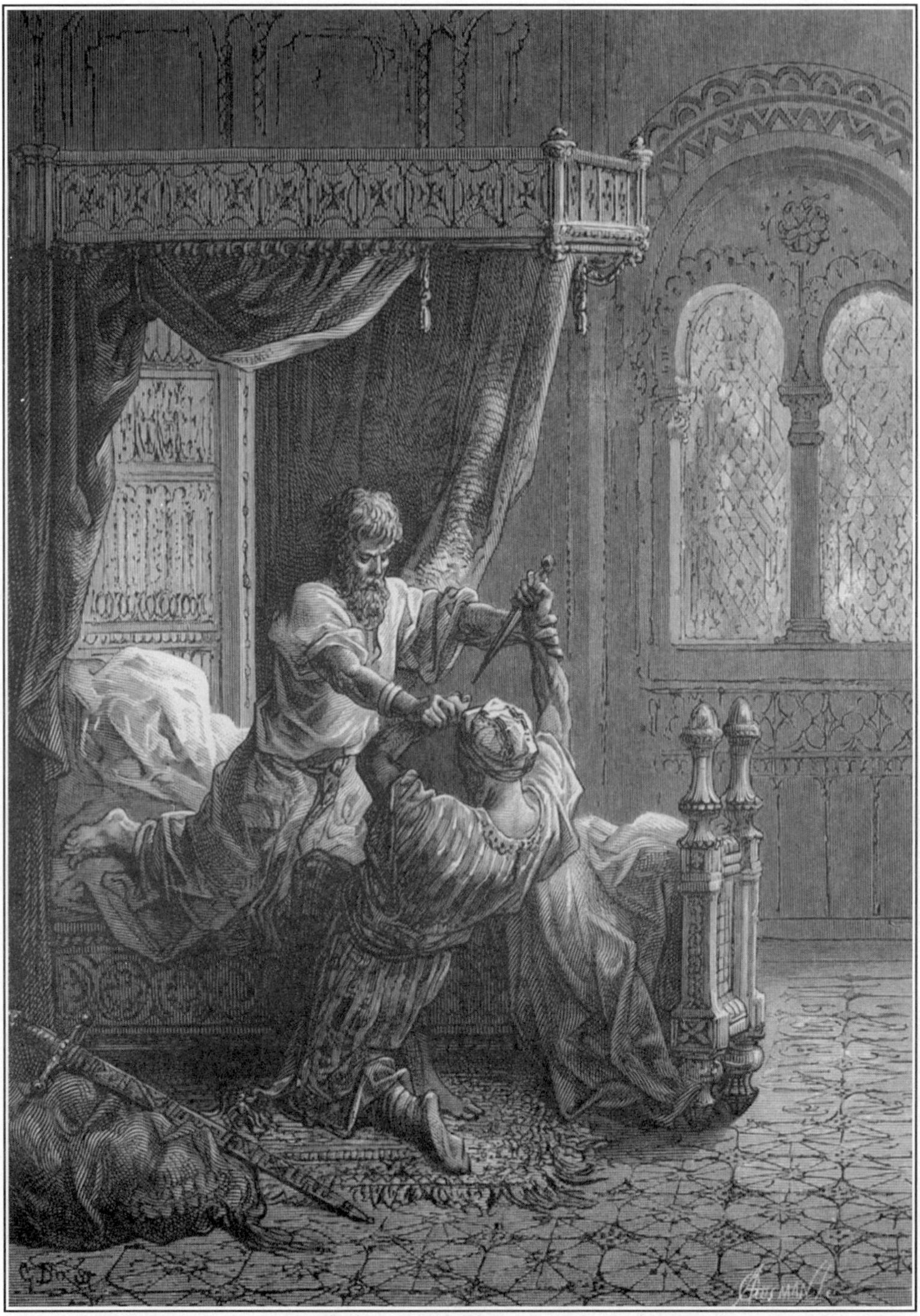

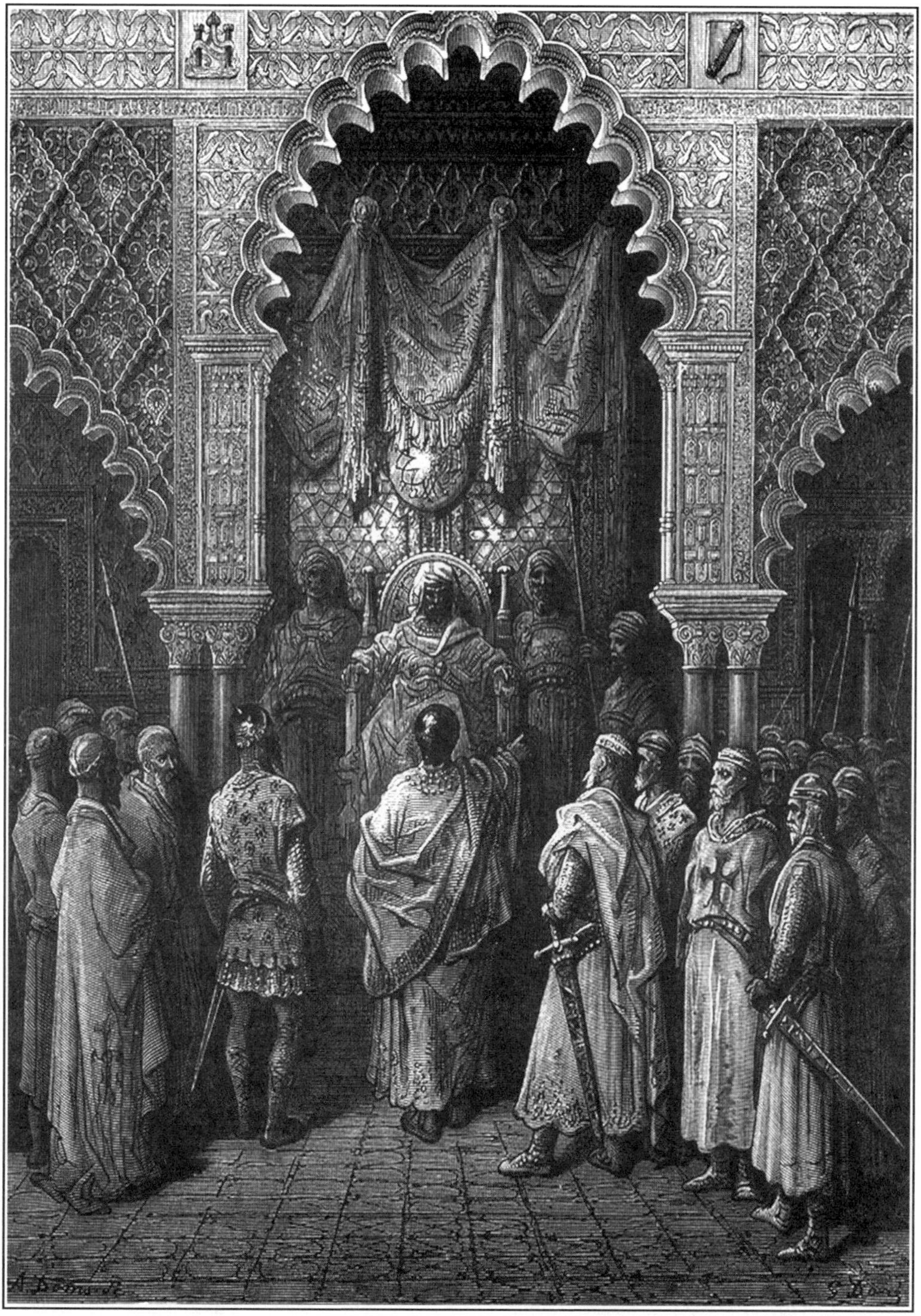

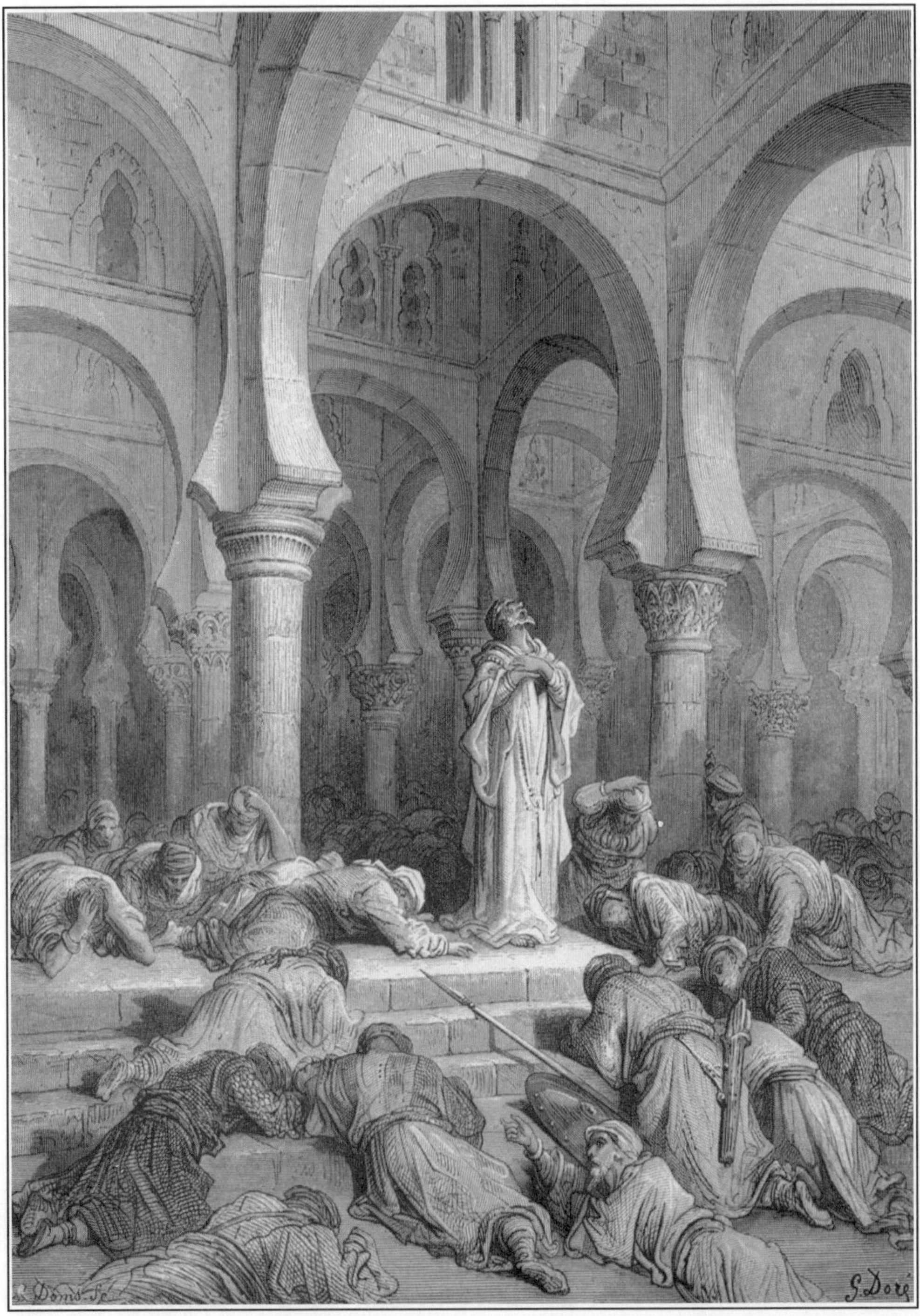
G. Doré

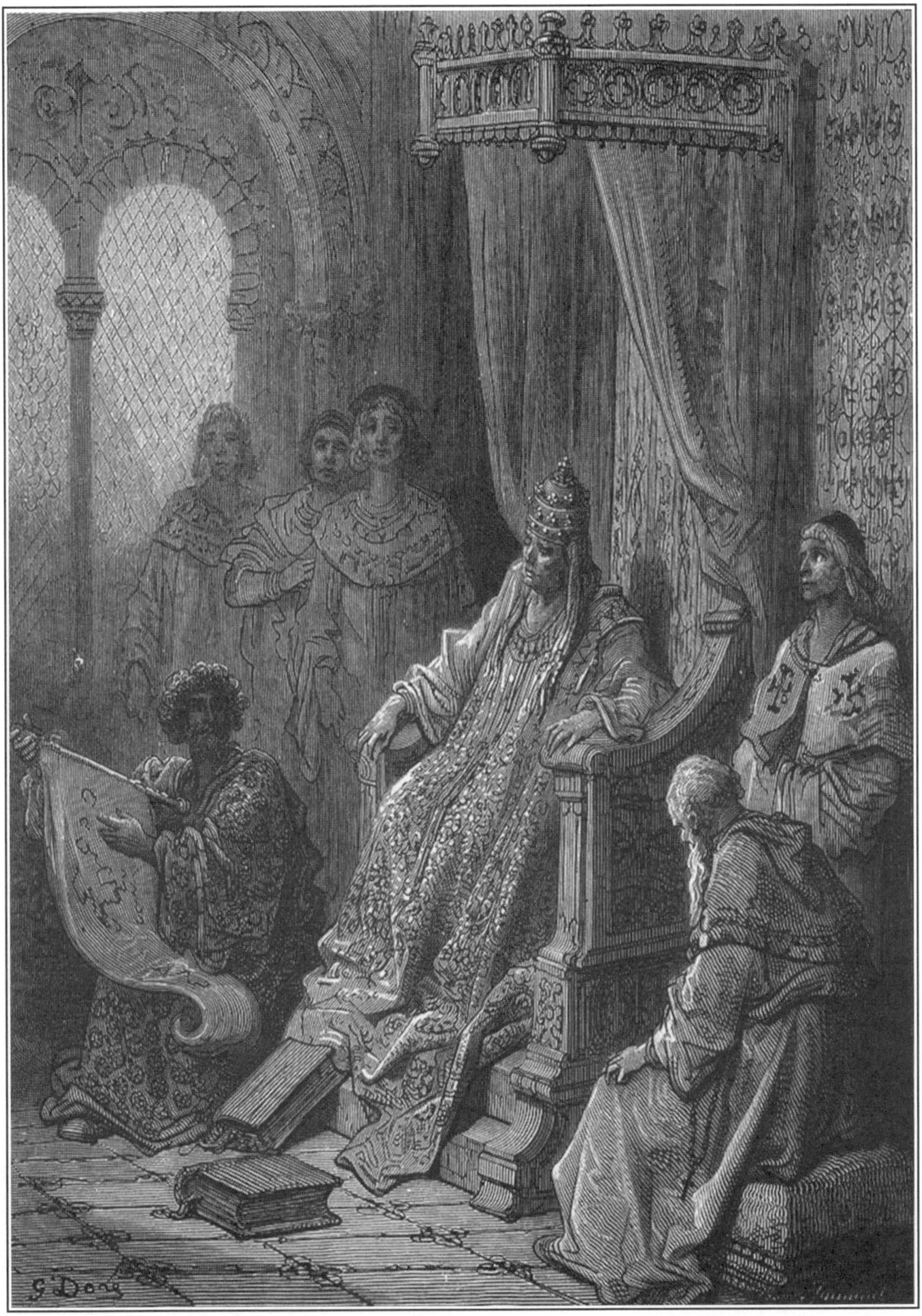
G. Doré

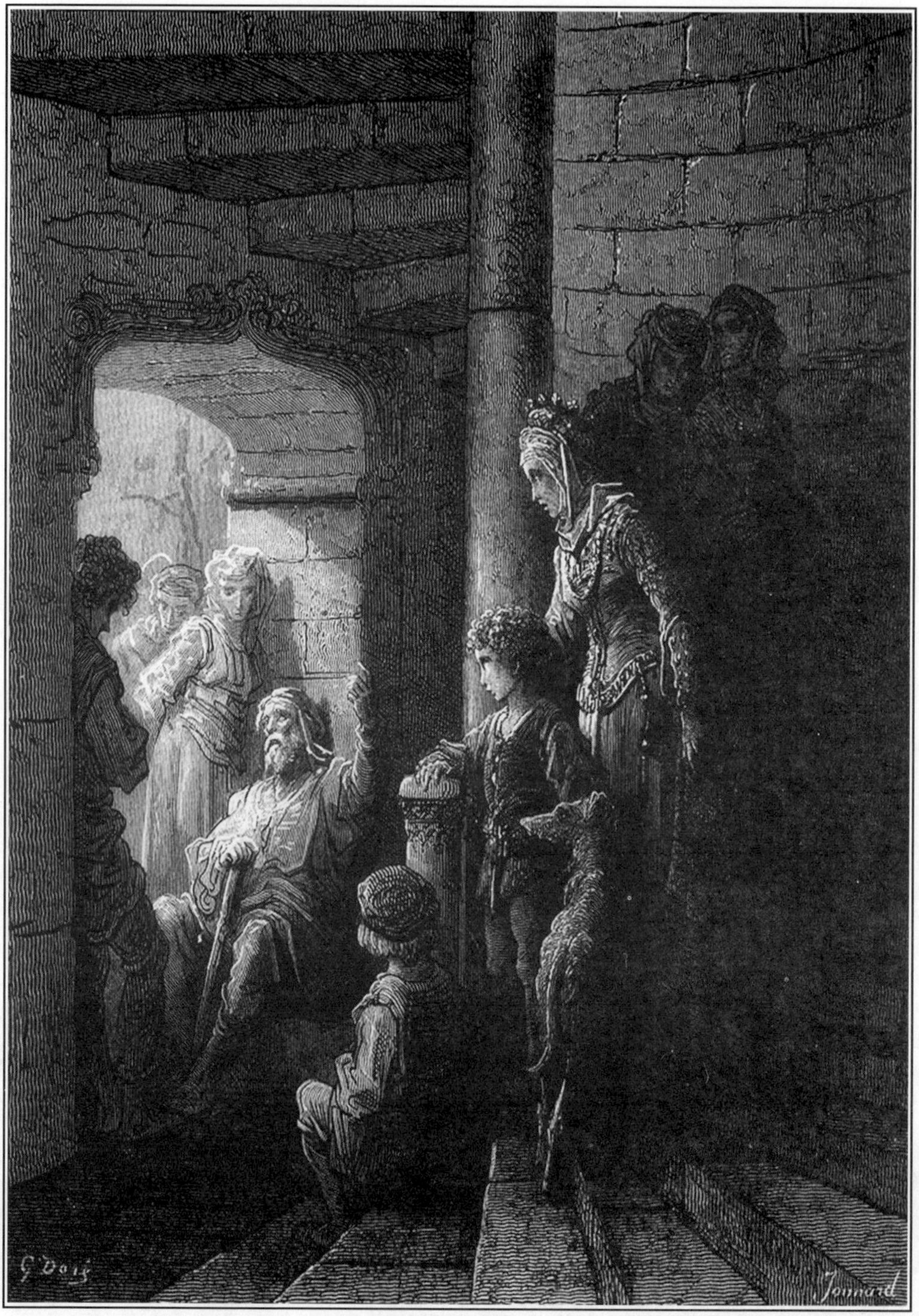
G. Doré
Jonnard

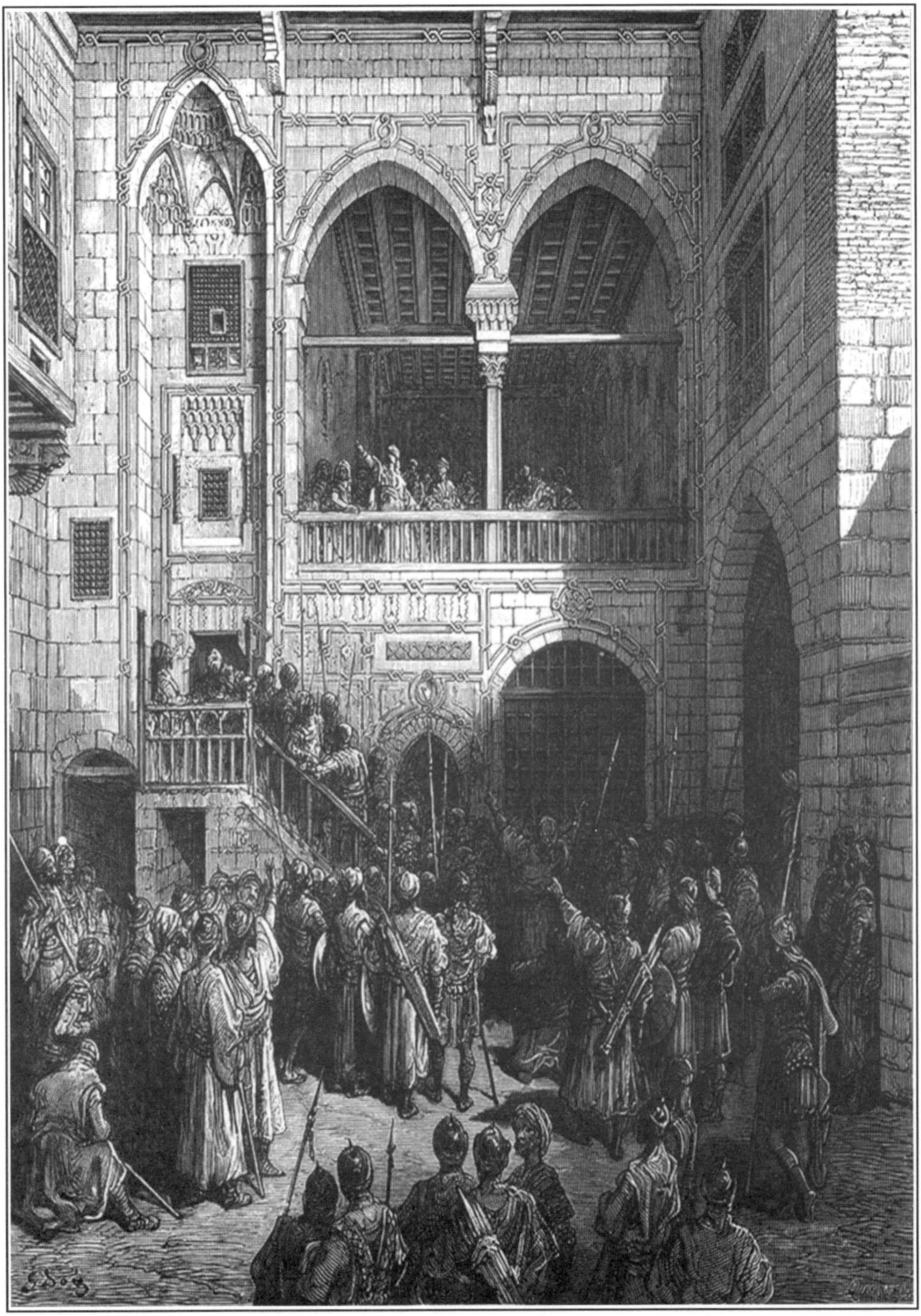

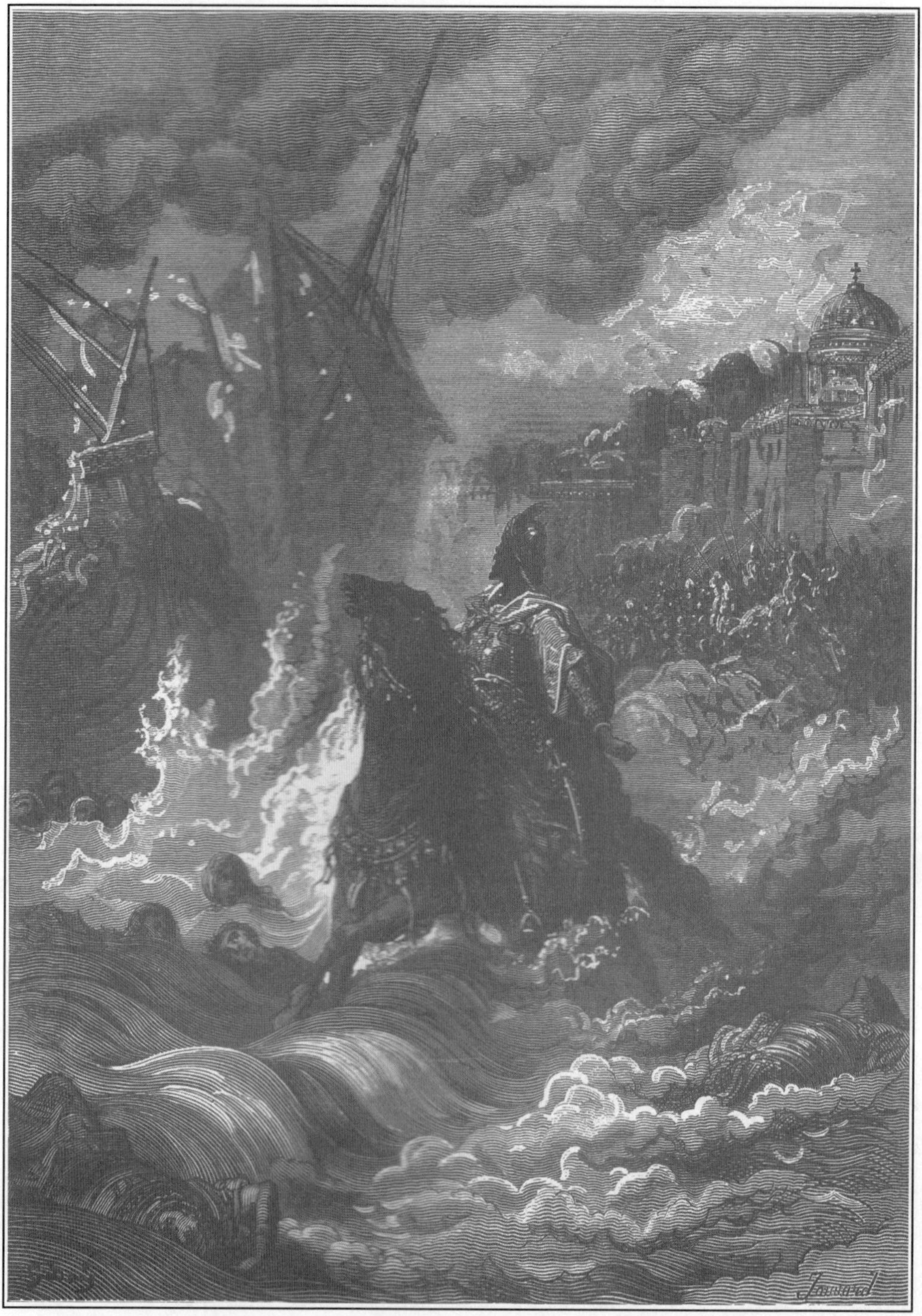

Ilustrações de Doré sobre as Cruzadas 229

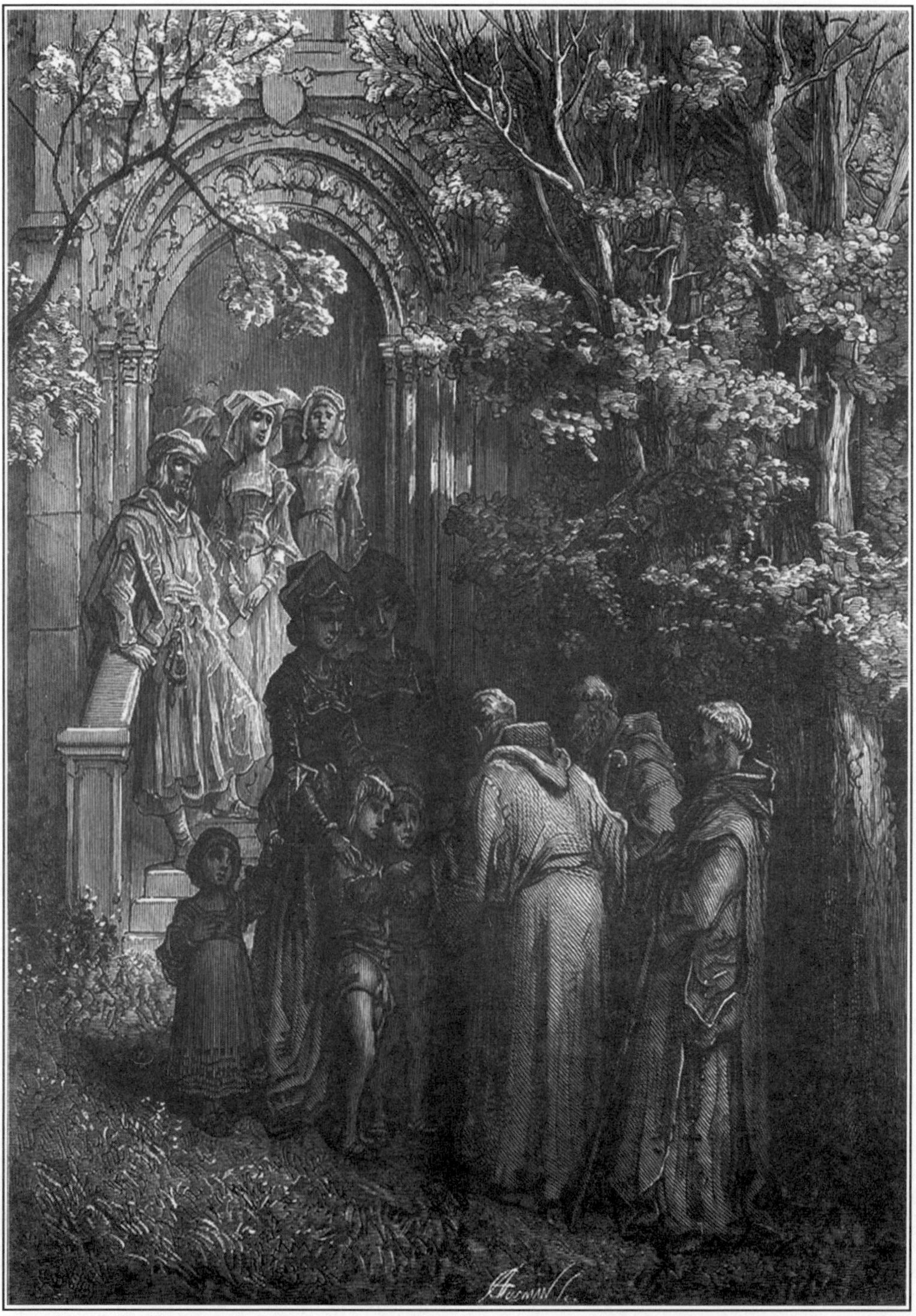

Ilustrações de Doré sobre as Cruzadas

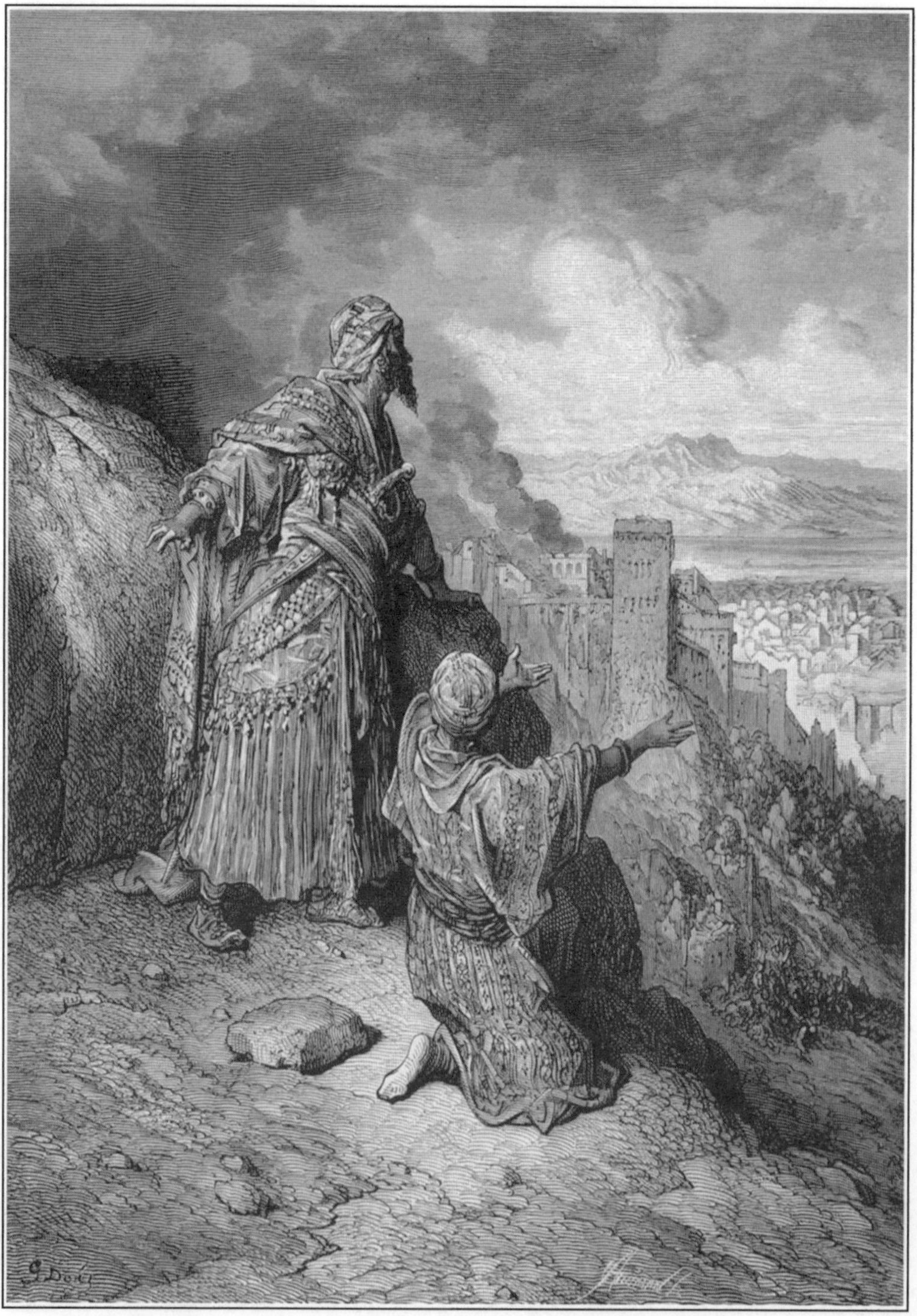

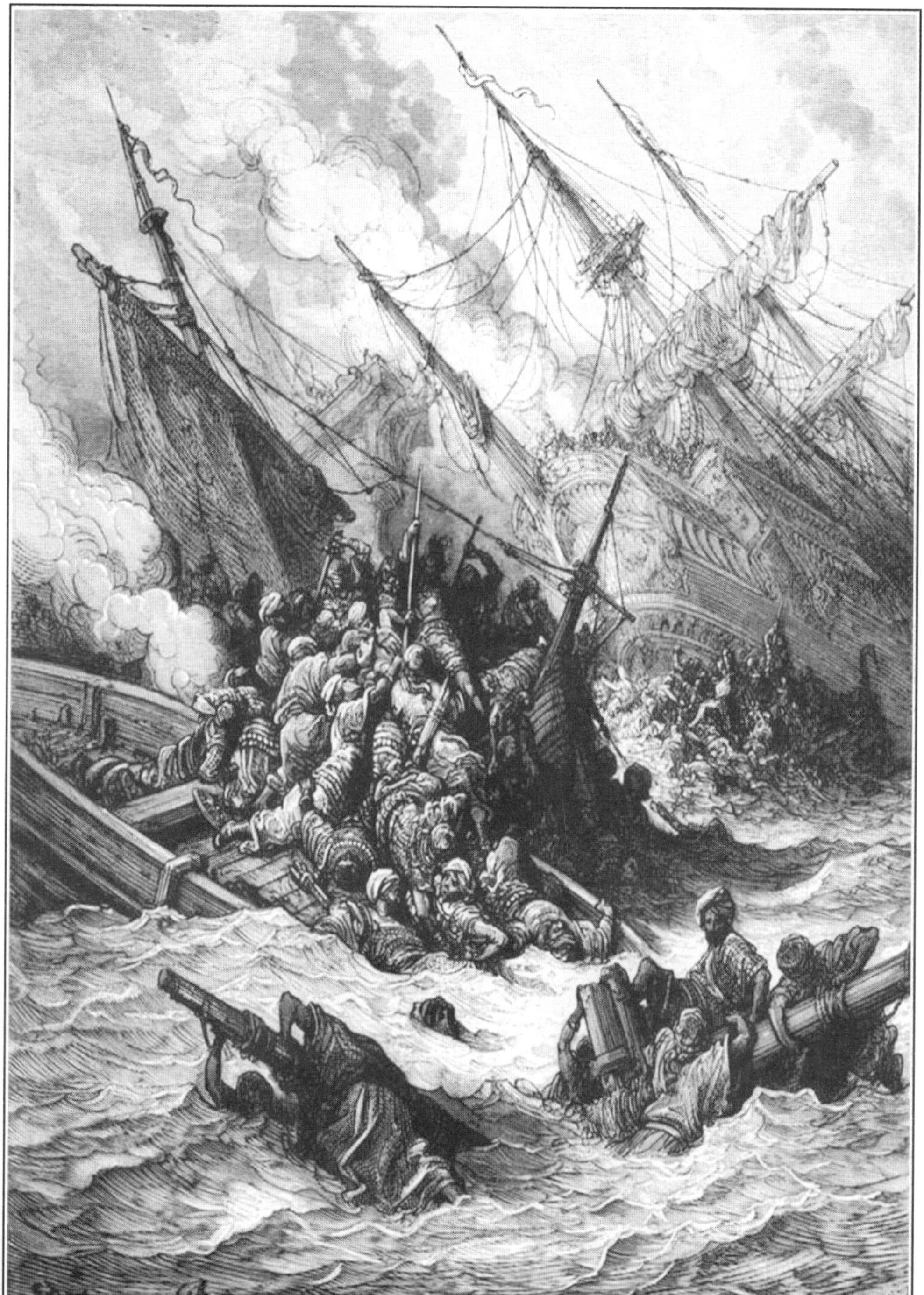

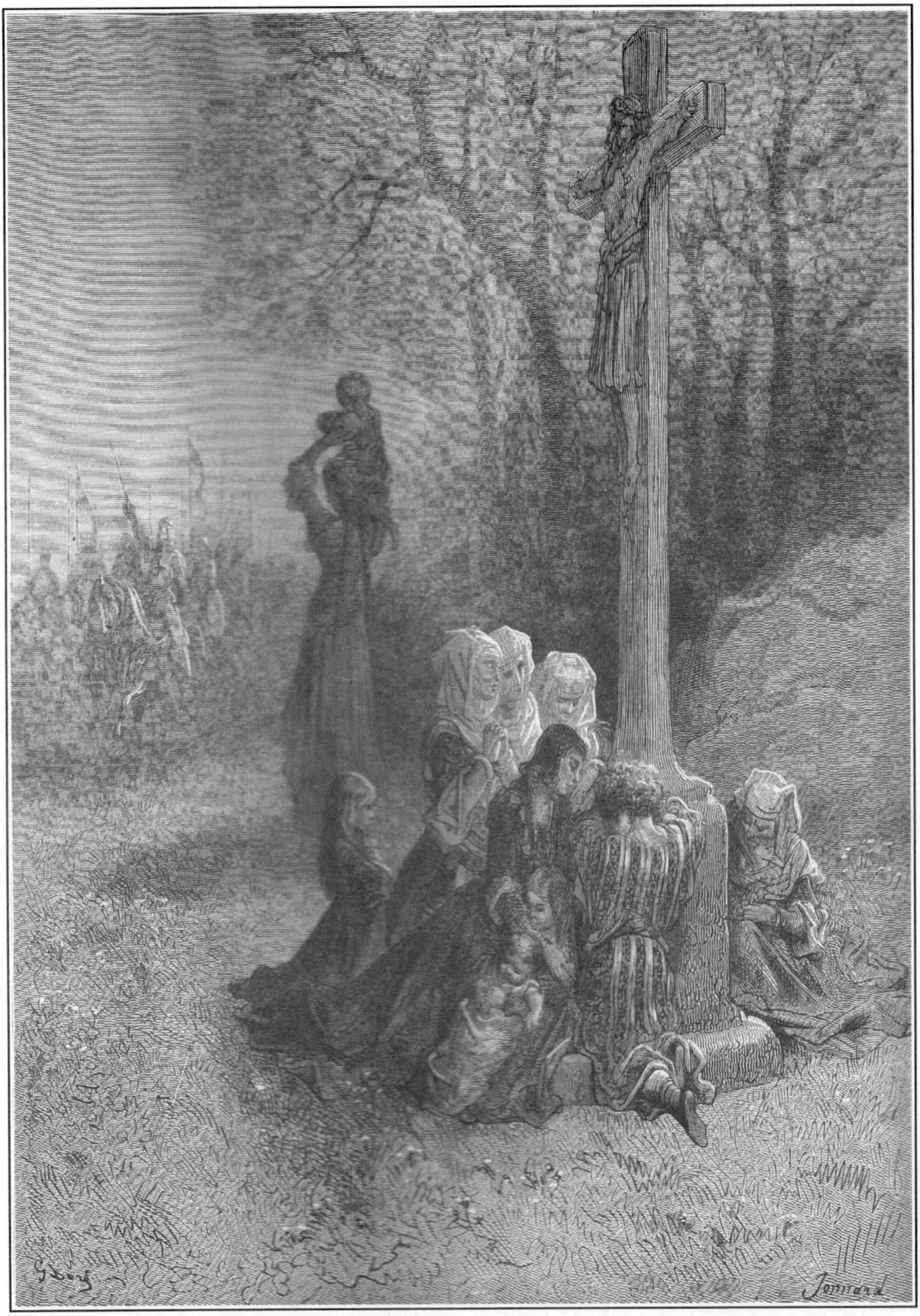

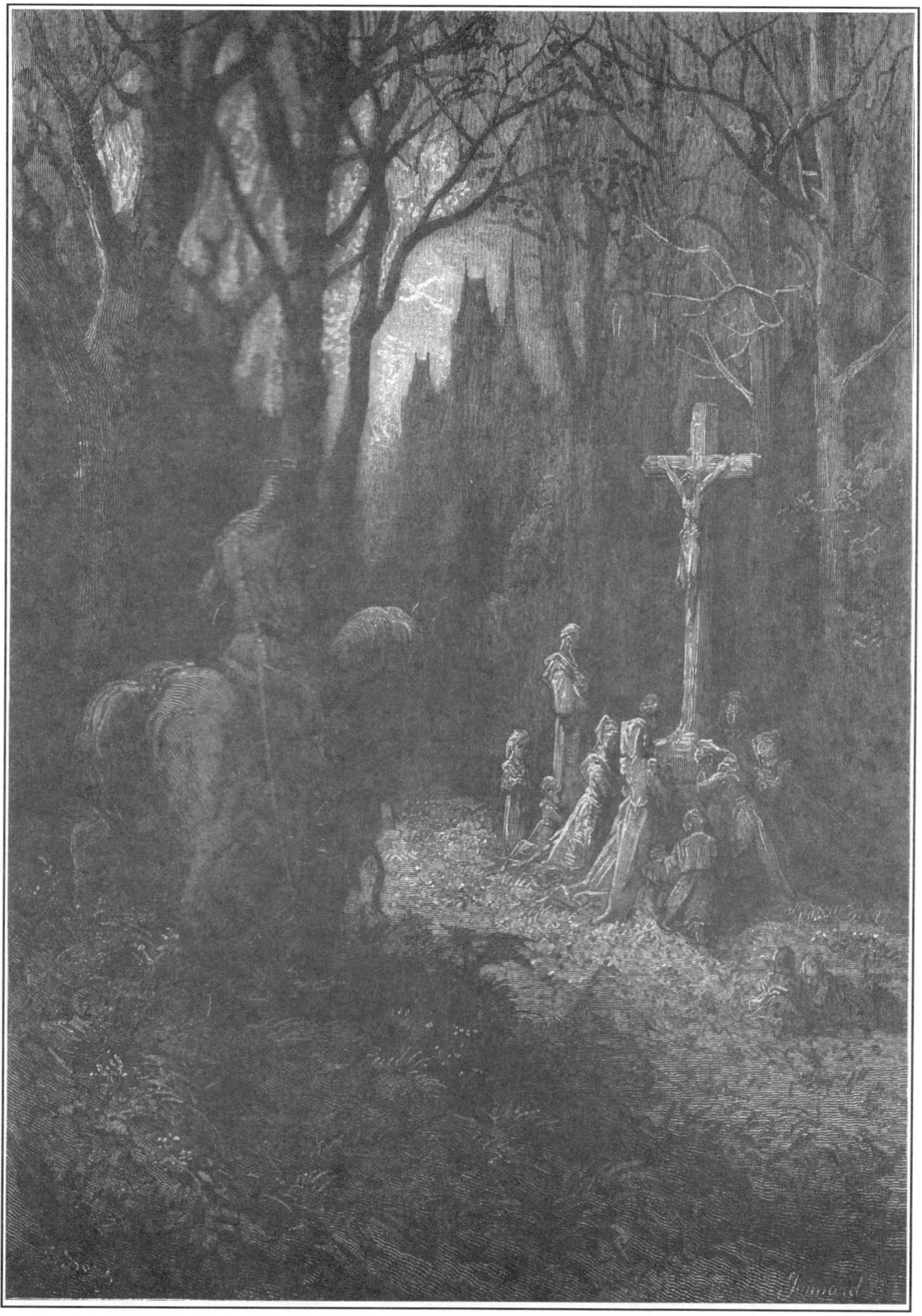

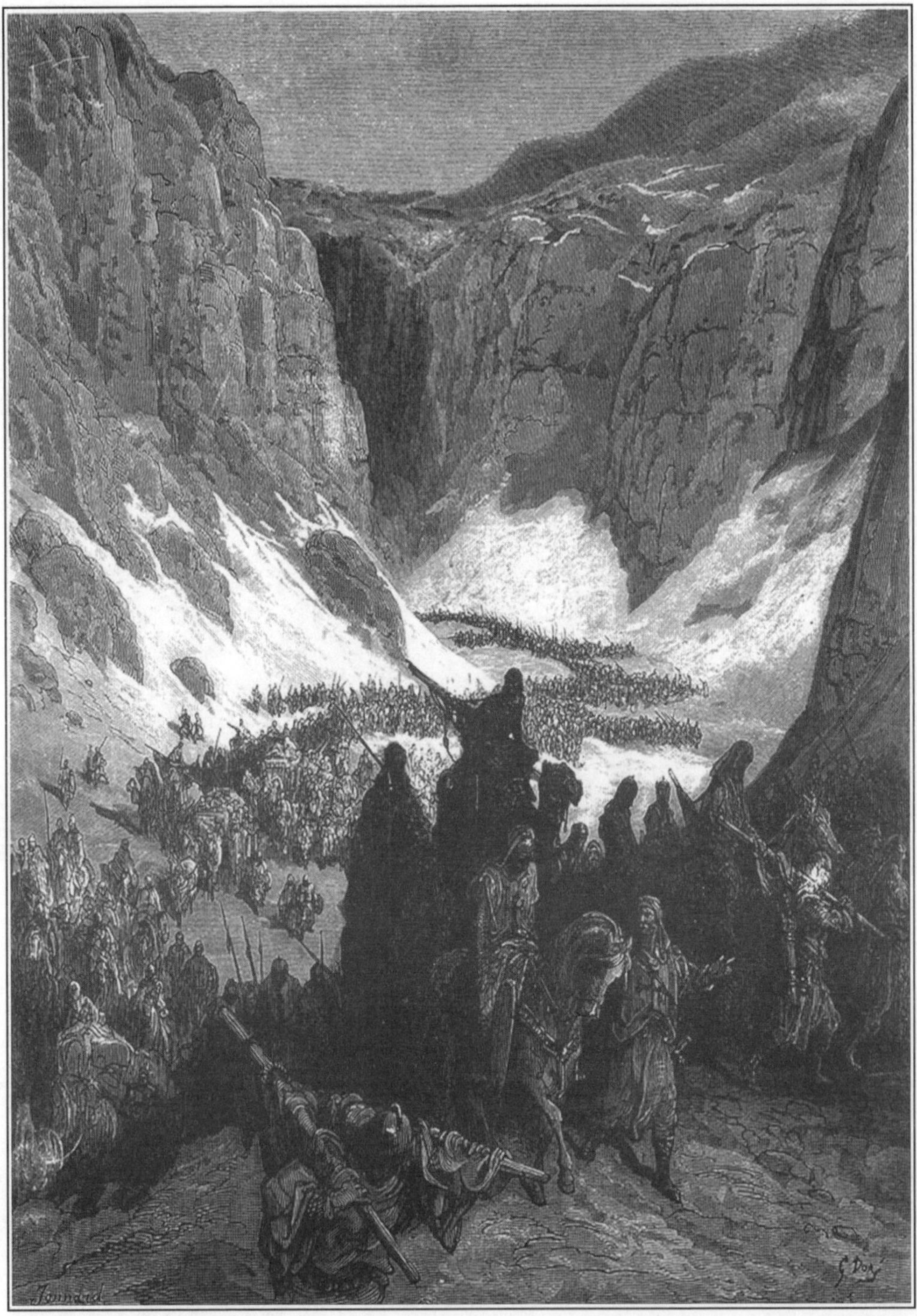
Jonnard
G. Doré

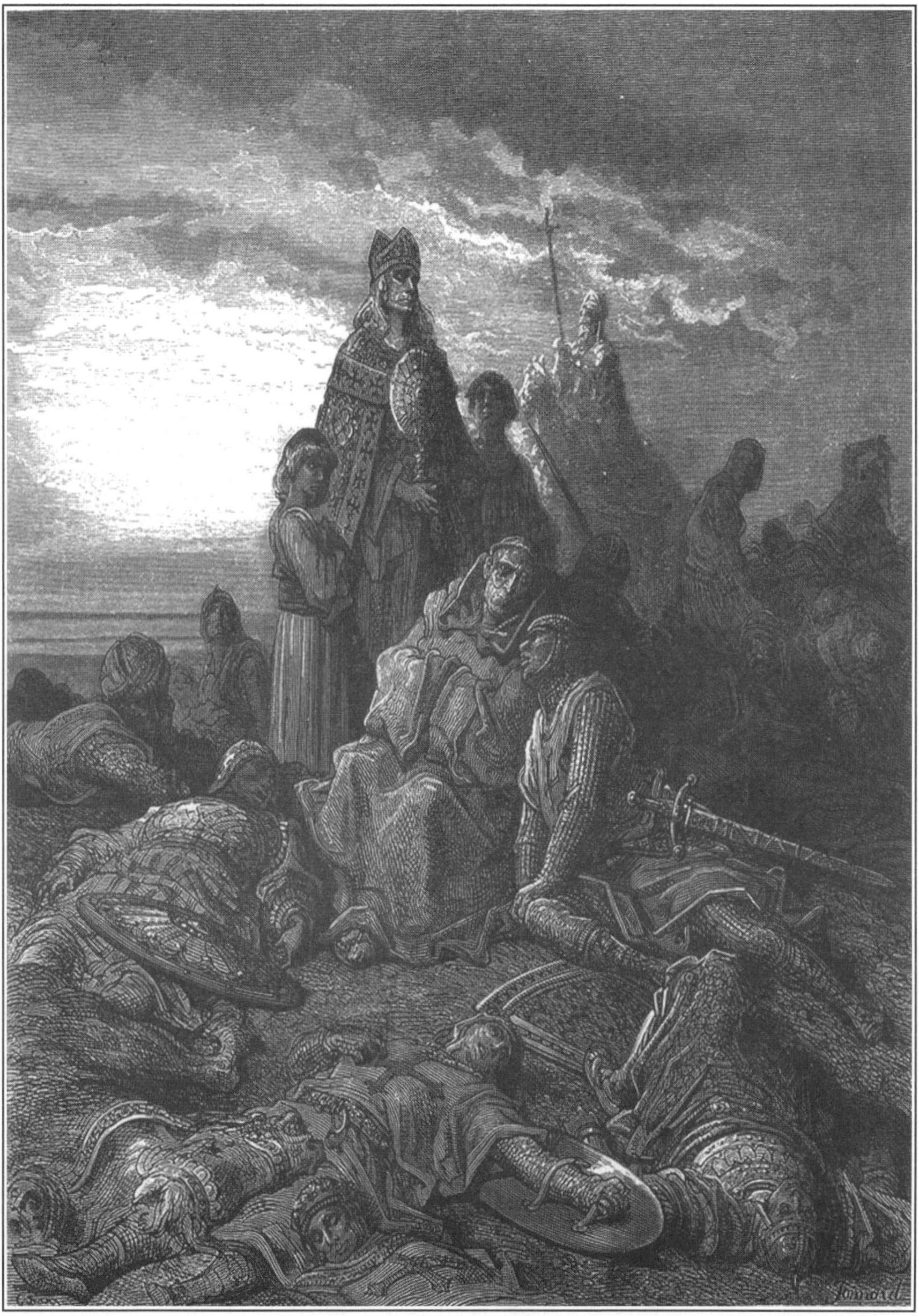

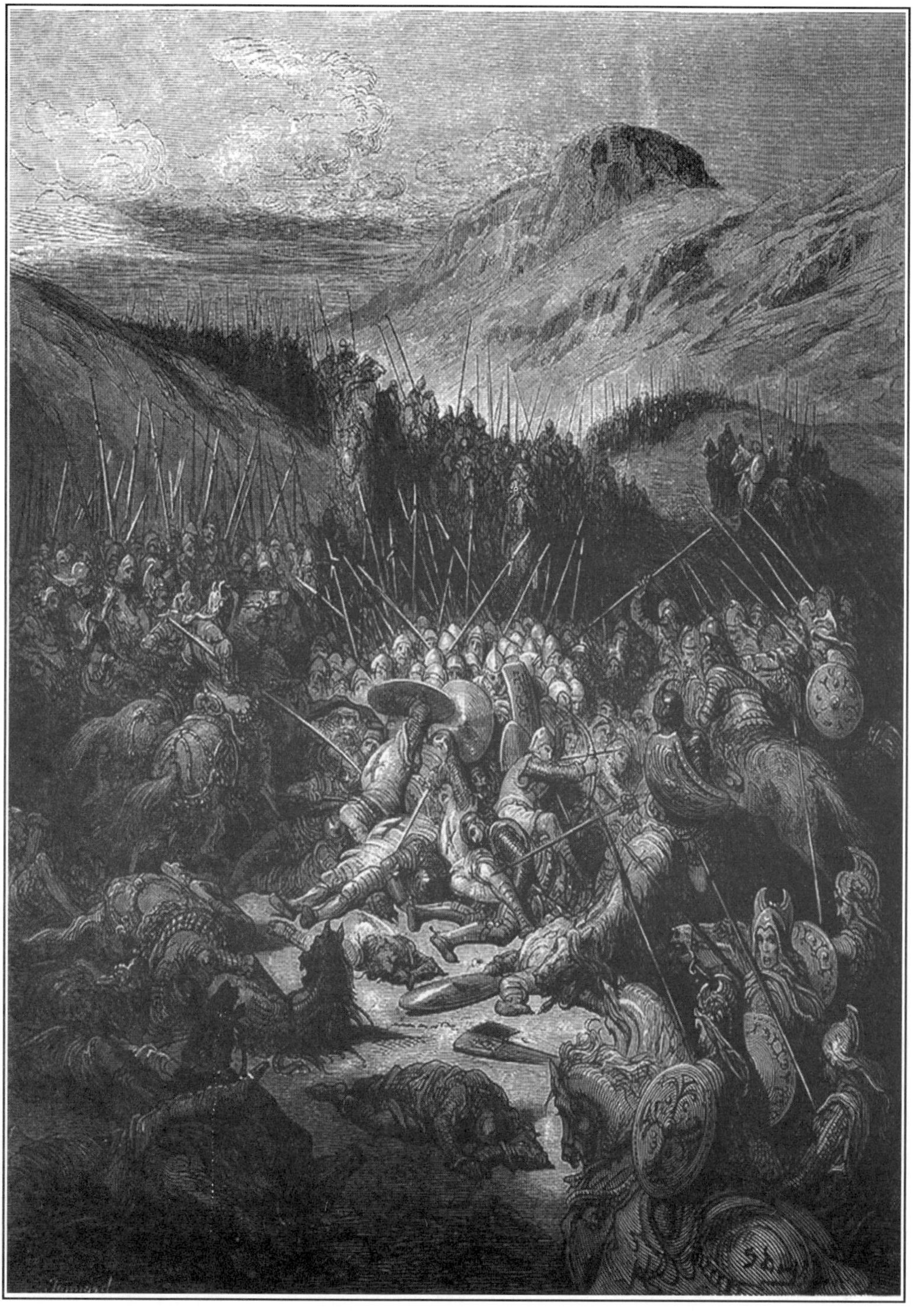

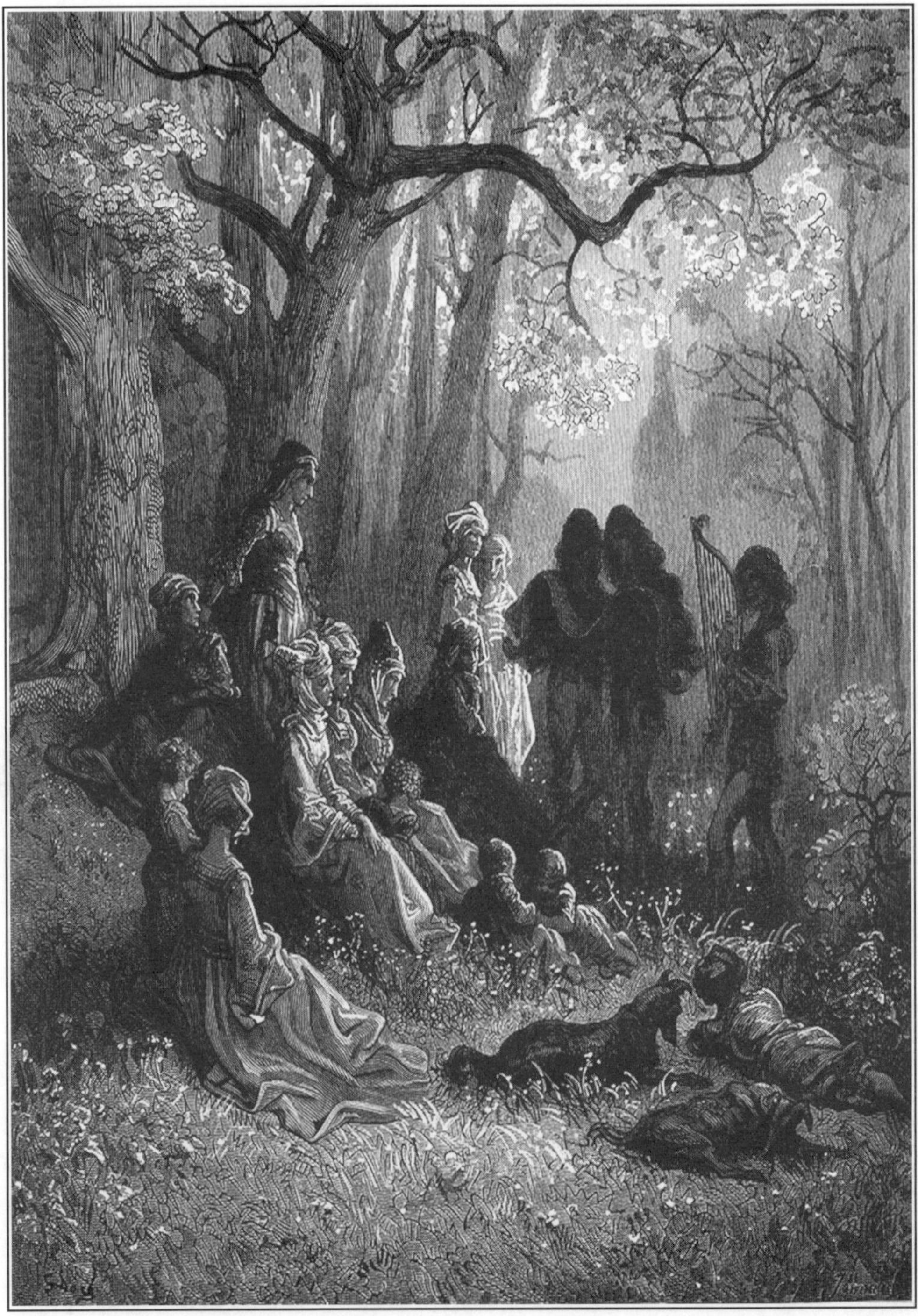